KB041193

이분법적 사고방식
- 그 특성과 문제점 -

이분법적 사고방식

그 특성과 문제점

안건훈 지음

서광사

이분법적 사고방식
그 특성과 문제점

안건훈 지음

펴낸이―김신혁, 이숙
펴낸곳―도서출판 서광사
출판등록일―1977. 6. 30.
출판등록번호―제 406-2006-000010호

(413-756) 경기도 파주시 교하읍 문발리 534-1
대표전화 · (031) 955-4331 / 팩시밀리 · (031) 955-4336
E-mail · phil6161@chol.com
http://www.seokwangsa.co.kr / http://www.seokwangsa.kr

지은이와의 합의하에 인지는 생략합니다.

제1판 제1쇄 펴낸날 · 2012년 11월 30일

ISBN   978-89-306-2351-3   93160

이분법적인 사고방식은 대상, 사건, 현상 등을 크게 둘로 나누어 대비되는 개념들을 정리하는 방식으로, 주로 모순개념이나 반대개념에서 찾아볼 수 있다. 이런 사고방식은 주어진 상황을 간결히 파악하고 정리하는 데 유용하기는 하지만 이로 말미암은 부작용도 만만치 않다. 필자는 본 저서에서 이런 이분법적인 사고방식에 속하는 대표적인 예들과 그 특징들을 정리하는 한편, 그 역기능이나 문제점도 지적하려 한다.

이런 이분법적인 사고방식은 철학사를 보더라도 곳곳에서 나타난다. 예를 들면, 고대 그리스 아테네기(期)의 철학에서는 플라톤에 의해, 세계가 이상세계인 이데아계(界)와 경험계로 크게 나뉘어 논의되었으며, 근세에 와서는 데카르트에 의해 사유라는 속성을 지닌 정신의 존재와 연장(延長)이라는 속성을 지닌 물체의 존재로 크게 나뉘어 제시되었다. 진리에 있어서도 라이프니츠의 경우는 크게 필연적 진리와 우연적 진리로 나누어, 전자에는 논리적·수학적 지식이, 후자에는 경험적·과학적인 지식이 각각 속하는 것으로 간주했다. 20세기에 와서는 논리실증주의자들이 인식적으로 유의미한 명제를 분석명제와 종합명제로 여기면서, 명제이원론을 주장했다. 윤리학에서는 무어(G. E. Moore)와 같은 직각론자들(intuitionists)이 세계를 크게 사실의 세계와 가치의 세계로 나누고, 그런 식으로 나누지 않는 사람들을 자연주의적 오류(naturalistic fallacy)를 범했다고 비판했다. 어떤 학자는 인간이 지닌 특성으로 이성(理性)을 강조하면서 이성의 산물인 문화를 근거로 인간과 자연을 대비시켰다. 한국, 중국 등에서는 이(理)와 기(氣), 음(陰)과 양(陽)으로 나누어 이분법적인 사고방식을 전개해 나갔다. 조화라는 개념을 함께 논의하기도 하지만 말이다.

그런데 이런 이분법적인 사고방식 가운데 어떤 것들은 그 설득력에 문제가 있다. 경우에 따라서는 '선결문제요구의 오류'와 같은 잘못을 범할 수도 있다. 그래서 이런 이분법적인 사고방식에 대해 이의를 제기하는 경우도 나타났다. 화이트(Morton White)나 콰인(W. v. O. Quine)이 어떤 명제가 분석적인지 종합적인지는 그 명제가 어떤 구체적인 상황에서 언급되었는지에 따라 결정되어야 한다고 주장한 것이나, 2003년에 하버드 대학의 퍼트남(Hilary Putnam) 교수가 『사실/가치 이분법의 붕괴(The collapse of the fact/value dichotomy)』란 소책자을 펴내, 사실과 가치의 이분법에 대해 비판한 것이 그런 경우이다. 심신이원론의 경우는 기능론, 수반적 물리주의 등에 의해 비판을 받아 왔다. 인간(문화, 이성)과 자연의 이분법은 북친(Murray Bookchin)으로 대표되는 사회생태주의(social ecology)에 의해 비판의 대상이 되었으며, 남성과 여성이라는 이분법도 생태여성주의(ecofeminism)에 의해 심한 비판을 받고 있다. 사회생태주의나 생태여성주의에서는 환경파괴의 실마리를 그릇된 이분법적인 적용방식에서 찾기까지 한다.

그러나 이런 이분법적인 사고방식에 관해 전반적이고도 체계적으로 정리한 저술은 아쉽게도 드물다. 이분법적인 사고방식이 싹트게 된 연원이나, 이분법의 종류와 특징에 관해 정리된 문헌이 있었으면 하는데 말이다. 이분법적인 사고방식이 지닌 적극적인 순기능과 소극적인 역기능에 관한 체계적인 저술은 국내뿐만 아니라, 외국에서도 찾아보기 힘들다. 이에 필자는 이곳저곳에서 발견되는 이분법적인 사고방식의 예들을 찾아 정리하여 한 권의 책으로 펴내려 한다. 이런 이분법적인 사고방식이 과연 설득력이 있는지를 논리적인 분석이나 구체적인 예들을 제시하면서 서술할 것이다. 설득력이 없는 이분법적인 사고방식은 학문의 세계에서 재검토되어야 하며, 사람들은 그들의 사고활동이나 언어생활에서 그런 사용에 조심해야 한다.

경우에 따라서는 이분법적인 사고방식이 논리적으로는 가능하나 사실적으로는 가능하지 않은 경우도 있고, 그 역이 성립될 수도 있다. 이분법적인 사고방식이 단지 하나의 믿음의 소산일 경우는, 그런 믿음이 현실에서 유용한 경우도 있고 그렇지 않은 것도 있으며, 바람직한 경우도 있고 그렇지 않은 것도 있다. 일상인들에게 유입된 잘못된 사고방식이나 바람직하지 않은 이분법은 후진문화를 싹트게 할 위험도 있다. 후진사회나 문화의 특징은 바로 이런 유형의 잘못된 이분법적인 사고방식에 머무르는 이중구조에 있기 때문이다. 말과 행위 사이에, 도시와 시골 사이에, 계층 사이에, 세대 간에 이런 구조가 짙게 깔려 있는 경우가 많다.

필자가 펴내려는 책의 주요 내용은 크게 「1부 대비개념인가, 아닌가?」, 「2부 반대개념과 그 문제점」, 「3부 모순개념과 그 문제점」으로 나뉜다. 「1부 대비개념인가, 아닌가?」에서는 예로부터 학문의 세계나 일상생활에서 담론의 중심을 이루었던 주요 개념들에 초점을 맞추어 정리했다. 얼핏 보아 나뉠 수 있는 듯이 여겨지지만 여전히 논쟁 중에 있는 이분법들을 중심으로 다뤘다. 여기서는 '사실/가치', '인간(문화, 이성)/자연', '이상/현실; 합리론/경험론', '분석판단(명제)/종합판단(명제)', '창조론/진화론', '음/양; 여성/남성', '이(理)/기(氣)'를 다뤘다.

한편, 「2부 반대개념과 그 문제점」, 「3부 모순개념과 그 문제점」에서 각각 다루는 상당수의 반대개념이나 모순개념들은 일상생활이나 현실사회에서도 갈등을 야기하는 실마리가 되어 온 것들이다. 「2부 반대개념과 그 문제점」에서는 '밝음(빛)/어두움(그늘); 흰색/검은색', '착함[선]/악함[악]', '아름다움[미]/추함[추]', '이성/감정', '찬성/반대; 적극적/소극적', '동양/서양; 남(한)/북(한)', '사회·정치적인 개념들에서의 이분법'을 다뤘다. 필자는 이분법적인 사고방식을 나타내는 대비되는 개념들 가운데, 반대개념으로 여겨지는 것들을 중심으로 정리했다. 여기서 말하는 반대개념은 두 개념이 그 분량이나 정도에서 서로 상당한 차이를 드러낼 때 일컫는 개념이다. 그래서 반대개념에는 그 사이에 중간개념들이 있게 마련이다.

「3부 모순개념과 그 문제점」에서는 '우연/필연', '삶/죽음; 생물/무생물', '내세/현세', '마음/몸; 정신/물체', '있음[有]/ 없음[無]', '개별자/보편자; 부분/전체', '자유의지와 결정론에서 양립가능론/양립불가능론'을 서술했다. 여기서 말하는 모순개념은 두 개념이 있다고 할 경우에 그 가운데 어느 한 개념이 다른 나머지 개념을 부정한 것과 같은 것이 되는 경우로, 그 사이에 제3의 다른 개념이 개입될 수 없다.

필자는 1, 2, 3부에서 나타나는 특징들을 정리하면서, 문제점이 있을 경우에는 가능한 그 치유방법에 관해서도 다뤘다. 상당수의 이런 대비되는 개념들이 학문의 세계에서나, 현실사회에서 갈등을 부추기는 요인으로 작용하면서, 진리추구기능으로서의 학문의 목적에서 벗어나 있기도 하고, 삶의 참된 모습을 왜곡하고 나아가서는 필요 이상의 긴장요인도 제공해 왔기 때문이다. 그래서 이런 점을 치유하고 극복하는 일은 더 나은 학문의 세계를 위해서나, 일상인들의 건전한 사고활동이나 언어생활, 그리고 삶의 태도를 위해서 요청된다.

　이 책을 펴내면서, 필자는 현재 우리나라 출판계의 경제사정이 어려운데도, 이 책의 출판을 감당해 주신 서광사의 김신혁 대표님, 이숙 대표님께 고마움을 느낀다. 아울러 편집부 직원들에게도 고마운 마음 전하고 싶다.

2012년 10월 25일

안 건 훈

제1부
대비개념인가, 아닌가?

1부에서는 지금까지도 사고활동이나 언어생활에서 담론의 쟁점을 이루는 '사실/가치', '인간(문화, 이성)/자연', '이상/현실; 합리론/경험론', '분석판단(명제)/종합판단(명제)', '창조론/진화론', '음/양; 여성/남성', '이(理)/기(氣)'를 중심으로 살펴보겠다. 이런 이분법적인 사고방식은 아직도 학계에서 쟁점거리로 담론이나 논전을 계속하고 있으며, 일상인들의 사고방식이나 언어사용방식에도 큰 영향을 미치고 있다. 그러나 이런 개념들 가운데 예컨대, '음/양'의 경우는 대립적인 대비개념이라기보다는 조화를 전제로 하는 그런 개념이라고 주장되기도 하고, '분석판단(명제)/종합판단(명제)'의 경우는 이렇게 나누는 것 자체가 문제시되기도 한다. 그렇다면 이런 개념들이 지니는 각각의 특성은 무엇이며, 그로 말미암은 문제점으로는 어떤 점들이 지적될 수 있는가?

1. 사실/가치

1.1 두 가지 접근방법

학문의 세계에서, 특히 철학계에서 사실과 가치의 관계에 관한 것처럼 예로부터 담론이 활발하게 있어 온 것도 드물다. 이는 과학의 세계나 도덕의 세계와 맞물려 더욱 그렇게 되었다. 예컨대, 과학자의 학문탐구 자세는 가치중립적인지의 여부와도 관련되어서 말이다. 그렇다면 사실과 가치는 과연 나뉠 수 있는 것일까?

이런 질문에 대해 어떤 사람들은 사실의 세계와 가치의 세계는 서로 다른 것으로 당연히 구별된다고 하는 반면에, 다른 사람들은 사실의 세계나 가치의 세계는 모두 경험계와 관련을 맺고 있으므로 원칙상 구분될 수 없다는 주장을 펼치기도 한다. 이런 논의는 예로부터 있어 왔다. 현대에 이르러서는 직각주의자들과 자연주의자들이 그런 구별에 대해 서로 첨예하게 대립한 것에서 찾아볼 수 있다.

직각주의자들은 사실과 가치의 세계는 서로 다른 것으로 여기면서, 자기들의 견해와 다른 주장을 펼치는 자연주의자들에 대해 '자연주의적인 오류'를 범했다고 주장하는 한편, 자연주의자들은 직각주의자들의 그런 비판에 대해 그들이 '논점절취의 오류'를 범했다고 응수하고 있다.

도덕원리에 관한 담론에서 자연의 이법(理法)과 관련시켜 언급하는 경우도 많은데, 그 가운데 하나가 유가철학에서의 접근방법이다. 자연의 순리적인 운행관계에서 인간사회의 질서도 찾아보자는 것이다. 고대 그리스의 자연철학자들도 자연의 운행질서와 관련시켜 역사의 운행을 언급했지만, 중국의 유가철학에서도 인간세계의 도덕내원(道德來源)을 자연에서 찾자는 주장이 이어져 왔다.

1.2 직각주의자들이 내세우는 자연주의적 오류

학계에서 사실과 가치를 나누어 생각하려는 전형적인 견해는 윤리적 비자연주의(ethical non-naturalism)를 표방하는 직각주의(intuitionism)자들에게서 찾아볼 수 있다. 그 대표자인 무어(G. E. Moore. 1873-1958)는 이 세상에는 정의할 수는 없으나, 우리에게 확실히 알려질 수는 있는 단순관념들이 있다고 했다. '노랑(yellowness)'이나 '선(good)'과 같은 것들이 그것이다. 특히, 후자의 경우는 이제까지의 규범적인 윤리설에 대해 새로운 윤리설을 낳는 디딤돌이 되었다. 그에 의하면, 선이란 직접적이며 더 이상 정의할 수 없는 성질을 지닌다. 선은 우리의 직관에 의해서만 파악될 수 있으며, 더 이상 분석될 수 없는 단순관념이다. 정의할 수 없는 것을 정의할 때 예컨대, '선은 쾌락이다.'라고 '쾌락'이라는 자연적인 성질을 지닌 용어를 넣어 선을 정의하면, 자연주의적 오류(natural fallacy)에 빠진다는 것이다(Moore, 1903 : 9-16). 원칙상 정의할 수 없는 특성을 지닌 단순관념을 마치 정의한 것처럼 하였기 때문이다.

자연주의적 오류란 무어가 이름 붙인 것인데, 그는 이것을 경험론적인 윤리설을 비판하는 데 사용했다. 그의 견해에 의하면, 이 오류는 본래적 선(本來的善. intrinsic goodness) — 선은 직각(直覺)에 의해서만 파악될 수 있는 특수한 종류의 비자연적인 속성 — 을 '자연적인 어떤 것' 또는 '경험에 의해 관찰할 수 있는 특성과 같은 것'으로 보는 점에서 빚어진다.

무어의 중심문제는 '선이란 무엇을 의미하는지'에 관한 것이었다. 그가 밝히려 한 점은, 선이란 개념은 어떤 고유성을 의미하는 것이기는 하나, 경험적으로 관찰할 수 있거나, 심리학·물리학 기타 어떤 과학으로 기술할 수 있는 그런 고유성을 의미하는 것이 아니라는 데 있었다. 그런데, 경험론자들은 선의 본질은 '즐거움', 또는 '욕망을 일으키는 힘(capacity to arouse desire)'과 같은 특색에 있다고 보면서, 기본적인 가치고유성(價値固有性. value property)은 자연에 속하는 것이며, 경험에 의해 관찰할 수 있는 것으로 간주한다. 그러나 무어는 이런 견해에 대해 이의를 제기하면서, 선을 그런 고유성과 동일시하는 모든 견해들에 '자연론적'이라는 낙인을 찍었다. 아울러 비자연적인 성질인 '좋음'을 자연적인 성질과 혼동해서 나타나는 오류를 무어는 자연주의적인 오류라 했다.

이처럼 직각주의자들은 자연주의적 오류라는 개념을 상대방을 공격하는 무기로 사용했다. 직각주의자들이 말하는 윤리적인 것과 비윤리적인 것의 관계는 다음의 세 가지 명제로 요약될 수 있다.

첫째, 윤리적인 명제는 비윤리적인 명제로부터 이끌어 낼 수 없다.

둘째, 윤리적인 특성은 비윤리적인 특성을 가지고 정의할 수 없다.

셋째, 윤리적인 특성은 비윤리적인 특성과는 종류가 다르다.

하지만 직각주의자들처럼 이렇게 윤리적인 것과 비윤리적인 것을 구별·규정하여 놓고 상대방을 비판하는 것은 일종의 '논점절취의 오류'를 범한 것이 된다. 그들이 제시하는 주장이 사실적·객관적으로 참인지의 여부가 밝혀질 수 없는 상태에서 자기들의 주장이 참이라고 간주

하면서, 그것에 의해 타인들의 견해를 공격하는 것은 논점을 절취한 것
이 되기 때문이다. 논점절취의 오류 가운데서도 '선결문제 요구의 오
류'를 범한 것이 된다. 무엇보다도 '선', '선이 아닌 것', '좋음(선)이
아닌 것'이 지닌 특성을 좀 더 철저히 구명하려는 노력이 먼저 있어야
했기 때문이다. 이런 것들은 참이나 거짓에 속한다기보다는 객관적인
검증이 불가능한 믿음의 영역, 동의(同意)나 부동의에 속하는 분야라고
볼 수 있다.

　그러나 직각주의자들의 주장에 의하면, '좋음'이나 '옳음'과 같은 성
질은 객관적으로 존재하기는 하나 자연적인 성질을 지니지는 않는다.
그런 것은 정의하기가 불가능하며, 오직 직관에 의해서만 파악된다. 우
리는 그런 것이 있음을 직각적으로 알 수는 있지만 정의할 수는 없다.
물론, '좋음'이라는 것이 정의될 수 없지, '좋은 것(the good : that which
is good)'이 정의될 수 없는 것은 아니다. 무어는 정의할 수 없는 것을
정의하려는 잘못을 '자연주의적인 오류'라고 일컬으면서 윤리적인 자
연주의자들을 비판했다(안건훈, 2007a : 144).

　그들의 주장을 정리하면 윤리적인 가치는 객관적으로 존재하며, 인식
될 수 있다는 점에서는 윤리적인 자연주의와 같으나, 윤리적인 가치가
자연적인 성질을 지니지는 않는다고 보는 점에서 윤리적인 자연주의와
다르다. 이런 견해는 무어, 프리차드(H. A. Prichard), 로스(W. D.
Ross), 유잉(A. C. Ewing) 등의 견해에서 나타난다(145).

1.3 자연주의자들이 내세우는 논점절취의 오류

반면에 경험론자들은 사실의 세계도 가치의 세계도 모두 경험계에 근거
한 것으로 파악하면서, 두 세계의 특성을 엄격하게 구별하지 않는다. 경

험론자인 흄(David Hume. 1711-1776)의 견해에서 드러나듯이 말이다. 현대의 경우, '사실과 가치의 관계'에서 그 연속성을 부단히 주장하는 철학으로는 윤리적인 자연주의를 표방하는 프래그머티즘의 윤리를 들 수 있다. 프래그머티즘에서는 사실인식과 평가의 관계, 사실과 가치의 관계를 나누려 하지 않는다. 프래그머티즘은 나누거나 분리하는 것에 소극적이다. 오히려 역동성이나 연속성을 중시한다. 삶의 현장에서 종종 설정되거나 계획되는 목적과 수단의 관계도, 단지 시간적인 선후관계나 정도차이로 파악하면서 일관성과 연속성을 내세운다. 이처럼 사실과 가치, 과학과 도덕, 목적과 수단과 같은 용어들의 관계를 연속선상에서 파악하는 경향이 프래그머티스트들의 견해에서는 종종 발견된다(142).

프래그머티즘에서 지향하는 가치나 선의 특성도 이런 맥락에서 제시된다. 대표적인 학자로는 존 듀이(John Dewey. 1859-1952)를 들 수 있다. 듀이는 유기체로서의 인간은 환경(물리적·사회적 환경)과 상호작용을 하면서 성장한다고 했다. 그는 일생 상호작용의 원리(principle of interaction)와 연속성의 원리(principle of continuity)를 옹호했던 사람이다. 듀이는 이런 원리들에 근거하여 소위 사실/가치 이원론에도 소극적인 견해를 나타냈다. 사실/가치 이원론은 그가 우리의 사고활동으로

존 듀이(John Dewey, 1859-1952, 미국의 대표적인 프래그머티스트이며 진보주의 교육사상가임)

부터 몰아내려 했던 매우 많은 그런 철학적 이원론 가운데 하나이다.

　듀이는 가치를 지적으로 조작된 행위의 결과로 간주했다. 그에 의하면 우리의 생활은 환경과의 상호작용에서 이루어지므로, 이러한 상호작용을 원활하게 할 때 '선'이 나타난다. 그래서 선은 그것이 나타나는 주위의 여러 조건과 관련을 맺는다(최동희 외, 1978: 235). 듀이에 의하면 선이라는 가치도 다른 가치들처럼 불변적인 것이 아니며, 상황과의 관련 속에서 파악된다. 그는 가치를 능동적·동적인 활동 속에서 구했다. 가치는 명사적이거나 동사적인 성질을 지니는 것이 아니라, 동명사적인 성질을 지닌다. 선과 악의 문제는 구체적인 상황과 관련되어 있다. 유일하고 절대적인 그런 선은 없다. 선과 악은 단지 비교급에서만 나타날 뿐이다. 악이라고 하는 것은 단지 어떤 상황 속에서 보류된, 거부된 선일 뿐이다. 그러므로 선은 상당히 상대적·동적·가변적이다. 물론, 선은 사회성을 지닌다. 좋음에서 더 좋음으로, 선에서 더 나은 선으로 되었을 때, 그것을 성공이나 행복으로 본다. 이런 측면에서 도덕도 정적인 것이 아니라 동적이며, 성장한다(안건훈, 2007a: 142).

　윤리적인 자연주의(ethical naturalism)자들은 '좋음'과 같은 윤리적인 언사는 자연적인 성질을 지시하는 언어로 정의하거나 번역될 수 있다고 주장한다. 아울러 윤리적인 자연주의에서는 '도덕적인 언사의 진위를 밝힐 수 있다는 데 적극적이다. 이런 측면에서 윤리인식 긍정론에 속한다(김태길, 1992: 163).

　이런 맥락에서 듀이(John Dewey, 1922)는 "선이란 여러 가지 대립된 충동과 습관의 갈등과 혼잡성이 하나의 통일되고 정연한 행동으로 풀려지는 것을 경험할 때"(210) 파악되는 것이라 했다. 또한 그(1908)는 "도덕성에 관한 정확한 이론의 관건은, 행위가 어떤 도덕적인 의미를 지니는 경우는 자아와 그 행위의 본질적인 통일성을 인정할 때인 반면에, 이

론적인 오류는 자아와 행위가 서로 분리되고 도덕적인 가치가 심한 우
열상태로 귀착될 때 발생한다."(318)고도 했다. 이처럼 그는 분리보다
는 통일을 우선시하는 주장을 펼쳤다. 아울러, 선이나 행복의 문제도 상
당히 심리적인 측면에서 접근했다. 이런 윤리적인 자연주의의 특징은
듀이, 페리(R. B. Perry), 루이스(C. I. Lewis) 등의 주장에서 잘 드러난
다.

　철학사조를 크게 정적(static)인 구조(structure) 파악에 힘쓰는 부류
와 역동적(dynamic)인 과정(process)에 치중하는 부류로 정리한다면,
듀이의 견해는 후자에 속한다. 그(1938)에 의하면, 논리란 탐구의 도구
가 되는 것으로, 과학탐구의 여러 방법이 개선 · 발전하게 됨에 따라, 논
리도 점진적으로 개선 · 발전된다고 했다. 논리학이 최종의 정식을 가질
수 있다는 관념은 극장의 우상화 — 잘못된 원칙이나 학설에서 유래하
는 선입견 — 라는 것이다(105). 듀이는 예술도 인간의 구체적인 일상생
활에 그 근본토대를 두는 것으로 간주했다. 그에 의하면 예술적인 경험
(aesthetic experience)과 일상적인 경험(ordinary experience)은 본질적으
로 서로 다를 바 없으므로, 예술철학의 임무는 예술과 일상생활과의 관
계를 회복시키는 데 있다. 이처럼 그는 인간과 환경과의 구체적인 상호
관계 속에서 사실과 가치 사이에서도 그 연속성을 밝히려 했다.

1.4 유가철학에서의 도덕과 자연

가정에서나 사회에서나 인간이 취해야 할 도덕적 행위에 관해 유가철학
처럼 구체적으로 제시하면서 그 실현을 강하게 촉구한 경우도 드물다.
그렇다면 유가철학의 경우, 도덕적 행위의 근거는 어디에서 구하는지
살펴보기로 한다. 유가철학에서 제시하는 도덕원리는 그 연원이 자연에

서 터득된 것이 많다는 데 주목할 필요가 있다. 유가에서는 인간이 자연의 법칙이나 질서 속에서 무엇을 배워야 할 것인지에 관해 깨닫고, 그 배운 것의 효험과 효능을 인간이 지향하여야 할 가치에도 적용하려는 경향이 짙다.

자연현상은 겉보기에는 끊임없이 변화한다. 그러나 계속적인 관찰을 하면 이런 변화 속에서도 일정한 규칙성이 있음을 우리는 알게 된다. 유가철학에서도 이런 규칙성을 파악하고 그 규칙성의 배후에 관해 생각하게 된 것은 매우 그럴듯한 일이었다. 이어서 그 배후를 어떤 절대적인 힘과 관련시켰다. 절대적인 힘에 의한 그런 변화나 규칙성이기에, 유가에서는 자연이 가장 완전하다는 최선관을 지니게 되었다. 이런 경향은 유가철학에 관한 담론 곳곳에서 엿볼 수 있는데 예컨대, 김충렬(1977)은 그의 책인 『중국철학산고』에서 이런 특징을 아래와 같이 서술하기도 했다.

> 유가에 있어서 자연은 삶의 유일한 터전이자 가장 위대한 스승이다. 말하자면 유가철학의 기조는 구체적인 자연현상을 절실하게 경험하여 삶의 가장 합당한 방법을 실용적인 면에서 찾으려고 한 데 있고, 따라서 그 철학의 실천적 목적은 인간세를 자연과 같이 완만한 경지로 제고시키려는 데 두었던 것이다. … 이처럼 자연의 법칙을 도덕적인 의미로 윤식(潤飾)해서 인간세에 끌어들였다는 데 유가의 특징이 있는 것이다(61-62).

그래서 유가철학에서는 하늘의 이치이며 자연의 이치인 천리(天理)를 중요시하면서, 그에 따른 인도(人道)를 생각하게 되었고, 그런 인도의 구체적인 표현이 윤리다. 윤리란 인간사회에서 요청되는 질서다. 자연세계에는 자연의 이법(理法)인 도(道)에 의해 천지를 중심으로 질서나 조화가 이루어지며, 인간세계는 이런 이치가 인도(人道)나 인륜(人倫)의 형태로 나타나며, 구체적인 인간의 생활 속에서는 예(禮)로서 나타난다고 했다.

『논어(論語)』「요왈편(堯曰編)」에는, "천명을 모르면 군자가 될 수 없고, 예를 모르면 몸을 세울 수 없고, 언어를 모르면 사람을 알 수 없다."는 공자의 표현이 있다. 이것은 천명과 더불어 인륜·인도의 구현인 예의 소중함을 나타낸 말이다. 그는 하늘·자연계·인간계를 같은 일맥선상에서 생각하면서, 천명에 대한 자각을 인간사회의 실천윤리로 드러내고자 했다. 그 속에 이르는 것은 결국 '일관의 도(一貫之道)'라는 점이다.

노자를 찾아간 공자

이런 점에서 대표적인 프래그머티스트인 듀이와 유가철학의 개조(開祖)인 공자의 견해는 모두 그 사상 기저에 자연주의적인 사고방식이 흐른다. 공자는 자연의 이치와 인륜을 동일한 원리 속에서의 양면으로 이해하였다. 듀이에게서도 자연주의적 형이상학이나 자연주의적 경험론이라는 개념들에서 알 수 있듯이 그런 면모를 찾아볼 수 있다. 요컨대, 공자도 듀이도 인간의 가치와 경험계인 자연을 이분법적인 측면에서 파악하지 않고, 연속적인 것으로 파악했다. 사실과 가치는 분리될 수 있는 그런 것이 아니라는 점이다.

1.5 요약 및 시사점

사실과 가치의 관계에 관해 경험론자들은 기본적인 가치고유성은 자연에 속하는 것이므로 경험에 의해 관찰될 수 있는 것으로 간주하나, 직각론자들은 가치고유성은 비자연적인 특질이라고 불리는 독특한 종류의 성질로서, 우리들이 지니는 지각기관과는 다른 특수한 심적 기관이나 기능에 의해 발견된다고 본다. 경험론자들은 좋음이나 선의 본질은 즐거움이나 욕망을 일으키는 힘과 같은 특색에 있다고 말하나, 직각론자들은 선이란 직각으로 파악할 수 있는 특수한 종류의 비자연적인 속성이라고 주장한다.

경험론자들은 윤리적 지식을 획득하는 방법이, 사실을 밝히는 과학(factual science)과 차이는 있다 하더라도, 그래도 과학과 유사하게 관찰과 경험에 있음을 인정한다. 그러나 직각론자들은 선천적인 직각(a priori intuition)을 중시하면서 경험적인 방법이 지닌 문제점을 지적하려한다. 이런 견해들을 근거로 직각론자들은 상대방을 향해 자연주의적 오류를 범했다고 비판을 가하고, 이에 대해 경험론을 중시하는 자연주의적 윤리설에서는 직각론자들이 논점절취의 오류를 범했다고 반격을 가한다. 선이란 직관에 의해 객관적으로 알려진다는 그들의 주장에 과연 그런 객관성이 있는가 하는 문제제기에서 이런 지적이 나타난다.

유가철학에서 제시하는 도덕원리는 그 연원이 자연에서 유래한 것이 많다. 유가에서는 인간이 자연의 법칙이나 질서 속에서 무엇을 배워야 할 것인지에 관해 깨닫고, 그것을 인간사회의 윤리에도 적용하려는 경향이 짙다. 그런 점에서 사실과 가치의 연속성을 중요시한다. 유가에서는 자연이 가장 완전하다는 최선관을 지닌다. 유가철학에서는 자연의 이치인 천리(天理)를 중요시하며, 그에 따른 인륜(人道)을 내세운다. 자연이나 인간이나 그 속에 이르는 것은 결국 '일관의 도(一貫之道)' 라는 점이다. 인간의 가치와 경험계인 자연을 이분법적인 측면에서 파악하지 않고, 연속적인 것으로 파악했다. 사실과 가치는 분리될 수 있는 그런 것이 아니다.

전형적인 사실/가치 이분법적인 사고방식은 직각론자들의 견해에서 찾아볼 수 있다. 이런 견해는 과학의 가치중립성 주장으로 이어지기 쉽다. 그러나 과연 과학자들이 자기의 연구결과로부터 자유로울 수 있는가 하는 것은 문젯거리다. 다이너마이트를 발명한 노벨(Alfred B. Nobel)이 그의 유언장에서 '내 재산의 이자를 인류복지를 위해 큰 공헌을 한 사람들에게 상금으로 지급하라.' 고 한 것도 이런 맥락에서 되새겨 볼 필요가 있다.

노벨상을 창설한 노벨(Alfred B. Nobel, 1833-1896)의 유언장

그래서 학계나 일상인들이 지지하는 주류적인 견해는 사실과 가치를 연결시키려는 태도다. 현실적인 요청으로 본다 하더라도 그렇다. 현재와 같이 과학의 발전과 더불어 그 역기능이 심각한 상황 속에서는, 과학의 중립성을 위한 주장이 현실적·윤리적으로 받아들여지기 힘든 면이 있다.

2. 인간(문화, 이성)/자연

2.1 머리말

여기서는 인간 · 문화 · 이성을 한 축에, 자연을 다른 축에 각각 넣고 두 가지를 대비시키면서, 후자를 극복의 대상으로 여겨 왔던 기존의 사고 방식이나 생활양식에 이의를 제기하려 한다. 이를 위해 전자의 우월성을 드러내 보이려는 일단의 경향에 대해 비판적인 견해들을 다루려고 한다.

인간/자연, 문화/자연, 이성/자연 간의 관계를 대비시키면서 그 문제점을 파헤친 대표적인 견해들로는 '사회생태주의(social ecology)'와 '생태여성주의(ecofeminism)'를 들 수 있다. 이들 견해는 이런 이분법적인 대비점을 파헤치고 그 문제점을 제거하거나 감소시킴으로써 환경문제에 대해 근본적인 해결방안을 제시하려 한다는 점에서 사람들이 귀담아 들어야 할 필요가 있다.

여기서는 사회생태주의, 생태여성주의와 더불어 생태민주주의에 관해서도 다루려 한다. 현대에 이르러 생태계에서 종(種)이 멸종하거나 멸종위기에 처하게 된 가장 큰 원인은 인간에 의해서다. 우리 인간도 생존을 위해 다른 동식물들을 먹거리로 삼는다. 그러나 먹이사슬에서 필요이상으로 다른 동식물들에게 해를 끼치는 것은 삼가야 한다. 이런 모습을 우리는 다른 동식물들로부터 배워야 한다.

생태민주주의는 인권에 근거한 민주주의를 자연의 권리에 근거한 생태계까지 확장시킨 견해다. 자유와 평등의 정신을 생태계까지 확산시킬 필요가 있다. 인간사회에서는 이성이 중요시되지만 생명공동체에선 '고통'이 중심개념이다. 다른 생명체들에게 고통을 주면서 군림하는 것은 종차별주의(speciesism)다. 생명공동체에서 인간의 역할은 다른 생명체들이 당하는 고통에 대해 염려하는, 도덕성을 생물에게도 확장시켜 생각하는 그런 성숙된 이성을 바탕으로 해야 한다.

2.2 사회생태주의

사회생태주의는 북친(Murray Bookchin. 1921-2006)이 주로 펼친 견해로 그의 저작을 살펴보면 그 특성을 비교적 뚜렷이 알 수 있다. 북친은 '사회에서의 지배'와 '인간의 자연에 대한 지배'간의 연관성에 대해 40년 이상 글을 써 온 사회이론가이다.[1] 사회생태주의는 주로 북친 한 사람의 견해에 근거하므로, 그 주장이 비교적 통일된 시각에 의해 펼쳐진다. 반면 생태여성주의는 주장하는 사람이 많고, 다양한 시각들을 지니기 때문에 하나의 통일된 생태철학이론으로 파악하기 힘든 점이 있다. 그럼에도 사회생태주의와 생태여성주의는 생태문제에 관한 분석에서 공통점이 많다. 둘 다 생태파괴를 '통제와 지배'라는 사회문제와 관련된 것으로 파악한다는 점에서 그렇다(DesJardins, 1999 : 370).

---

1   그의 견해는 자유주의적 사회생태주의, 생태아나키즘(eco-anarchism), 사회생태주의 등 다양한 이름으로 불리지만, 가장 일반적으로 사회생태주의라고 불린다. 사회생태주의는 마르크스주의적 사회주의, 자유주의적 아나키즘, 아리스토텔레스와 헤겔의 유기체주의 등 다양한 철학적 전통에 뿌리를 두고 있다.

M. 북친(Murray Bookchin, 1921-2006, 사회이론가이자 철학자로, 『자유의 생태학(*The ecology of freedom*)』 등을 집필함)

사회생태주의와 생태여성주의는 환경위기, 생태위기의 근원을 사회적인 요인에서 찾는다. 특히 그들은 인간의 지배와 자연의 파괴가 '지배'와 '위계(hierarchy)'라는 사회적인 유형에서 나온다고 주장하는데, 북친(1982)은 위계에 관해 다음과 같이 서술하기도 했다.

복종과 명령의 문화적 · 전통적 · 심리적 체계는 계급과 국가라는 개념이 지칭하는 단순한 경제적 · 정치적 체계가 아니다. 따라서 위계와 지배는 '계급 없는', '정부 없는' 사회에서도 여전히 지속될 수 있다. 내가 지배라고 말할 때, 그것은 '젊은이에 대한 늙은이의 지배', '어떤 인종에 의한 다른 인종의 지배', 자신들이 더 고상한 사회적인 이익을 갖고 있다고 주장하는 '관료들에 의한 대중의 지배', '도시에 의한 농촌의 지배', '정신에 의한 육체의 지배', '피상적 · 도구적 합리성에 의한 영혼의 지배'를 말한다(4).

그에 의하면 위계는 최소한 두 집단 곧, 피지배집단과 그 집단에 대해 권력을 행사하는 지배집단의 존재를 함축한다. 이러한 권력이 있기 때문에 '우월한 집단'이 '열등한 집단'에게 복종을 명령하는 것이 가능하다(DesJardins: 384). 우월한 집단은 쾌락적이고 만족스런 삶을 즐기는 반면, 열등한 집단은 고역과 희생적인 삶을 받아들이게 되는 위계의 사회구조의 '내면화(internalize)'에 그는 주목했다. 그는 이를 뒷받침하기 위해 그의 저서인 『자유의 생태학』에서, 구석기시대부터 현대에 이르기까지 사회에 존재했던 다양한 위계와 지배의 형태와 관련된 글을 썼다.

사회생태주의와 생태여성주의에서는 이분법적인 사고방식에 근거한 관심의 방향을 형이상학과 윤리학의 문제로부터 사회정치철학의 문제로 바꾼다. 억압적인 사회구조는 자연계에 대한 인간의 지배를 포함하여, 인간사회에서 나타나는 일체의 지배형태를 조장하는 사고방식과 생활방식을 강화한다는 점에서이다. 북친은 인간이 '1차자연'으로부터 진화하고 이 과정을 통해 '2차자연'을 창조한다고 했는데, 여기서 2차자연은 제도, 기술, 언어, 식품관리 등 인간문화 전반을 가리킨다.

특히 북친은 이분법적인 사고방식을 인간과 자연의 관계에 적용시키면서, "인간에 의한 자연의 지배라는 관념은 인간에 의한 인간의 지배에 뿌리를 둔다."(Bookchin, 1982 : 1)고 간결하게 나타냈다. 사회생태주의에 의하면, "고도의 위계가 존재하는 사회가 자연을 학대하고, 파괴할 가능성도 높다. 사회적 위계는 자연을 지배하고 착취하는 동기와 수단이 되는 심리적인 조건과 물질적인 조건을 제공한다"(DesJardins : 386).

그래서 생태위기를 제대로 이해하기 위해서는 사회정치철학에서의 근본문제를 다루어야 한다. 사회 안에 존재하는 지배와 억압의 유형을 규명하고 분석해야 하고, 정의라는 관점에서 평가해야 한다. 대안적인 생태적인 입장도 모든 인간이 지배와 억압에서 자유로운 사회정의가 실현된 그런 모델에 기반해야 한다(372). 정의로운 공동체는 공동의 필요와 목표에 이바지하도록 만들어진 사회다. 그것은 자연에 대한 지배이건, 인간에 대한 지배이건 지배가 없는 사회다. 그런 사회는 참여나 자유와 같은 민주주의적인 가치가 규범이 되는 사회다. 그래서 북친은 그런 정의로운 사회란 어떤 개인이나 집단이 타자에 대해 권력행사를 가능하게 해 주는 그런 제도와 관습이 없는 사회라고 했다. 그런 사회는 의사결정이 탈중심화되고, 개인들이 서로 보완해 주고, 협력하며, 서로를 지배하지 않는 사회다. 그런 사회는 생태계에도 적용된다. 다시 말해 그것은 다양성과 더불어 균형이 있고, 조화로운 사회다(388-389).

이런 점이 뿌리를 내린 인간사회에서는 지속가능한 농업과 적정기술 같은 관행이 형성되리라는 것이다. 지속가능한 농업과 적정기술은 지역 공동체가 지속가능하고, 자급적이게 하는 공동체의 생활양식을 강화한다. 이런 세계에서 인간은 참된 자유를 경험하고, 이런 세계에서만 인간은 자연환경과 조화롭게 살 수 있다는 점이다. 북친에 의하면, 인간의 지배로부터의 자연의 해방은 인간이 인간의 지배로부터 자유로운 세계에서만 가능하다(388).

이처럼 사회생태주의자들은 다양한 사회지배의 유형분석과 더불어 추구해야 할 정의에 관해 언급한다. 사회생태주의자들은 환경파괴를 지배와 위계형태의 하나로 본다. 이러한 지배와 위계형태에는 사유재산권, 자본주의, 관료주의 국가뿐만 아니라 인종주의, 성차별주의, 계급구조 등의 사회적 관행과 사회구조가 모두 포함된다. 이들 사회적 관행과 제도는 어떤 인간이 다른 인간에 대해 권력과 지배를 행사하는 사회적 위계를 확립한다. 사회생태주의자들은 정의에 대한 아나키스트적 관점을 옹호하기도 한다. 그것에 따르면, 인간의 자유는 외적 강제와 심리적 조작이 없는 상태인데, 인간의 자유야말로 정의의 본질적인 요소이기 때문이다(372).

2.3 생태여성주의

반면 생태여성주의자들은 여성의 억압을 사회적인 지배의 주요 유형으로 본다.[2] 생태여성주의자들은 여성의 억압과 자연의 억압 사이에 존재하는 밀접한 연관을 규명한다. 그 결과 그들은 페미니즘 운동의 목표는 환경운동의 목표와 비슷하다고 믿는다. 하지만 생태여성주의자들은 여성의 억압에 대해 다양한 분석과 비판을 가하면서 대안적·비지배적인 사회 모델을 발전시키기 위해서도 다양한 설명을 한다(373). 많은 생태여성주의자들이 다양한 각도에서 주장하고 있기 때문이다.

생태문제와 여성문제의 유사성과 관련성에 관해 로이터(Rosemary Radford Reuther, 1975)와 워렌(Karen Waren)은 각각 다음과 같이 강조하고 있는데 이는 주목할 만하다.

관계의 기본 모델이 지배의 모델인 사회에서는 여성의 해방도, 생태문제의 해결도 불가능하다는 점을 여성들은 인식해야 한다. 따라서 여성들은 사회 경제적인 관계와 이러한 사회의 기본가치를 근본적으로 변혁하기 위해서는 여성운동의 요구와 생채운동의 요구를 결합시켜야 한다(Reuther: 204).

여성의 지배와 자연의 지배의 역사적·경험적·개념적·이론적·상징적 관계에 주목해야 한다. 생태여성주의에 따르면, 이러한 연관을 보지 못할 경우, 여성과 자연에 대한 착취가 계속될 것이고, 페미니즘의 관점에서 적절하지 못한 정책, 이론, 관행이 계속 나올 것이다(DesJardins: 373).

---

2   이것은 단지 일반적인 성격규정일 뿐이다. 로이터(Rosemary Radford Reuther), 플럼우드(Val Plumwood), 워렌(Karen Warren) 등은 여성의 억압이 중요한 것이긴 하나, 지배적인 억압의 형태는 아니라고 본다. 하지만 다른 페미니스트들은 여성의 억압을 중요한 사회적 지배형태로 본다. 예를 들면, 급진적 페미니스트들은 여성의 억압이 다른 좀 더 기본적인 억압형태로 환원될 수 없다고 본다.

생태여성주의는 여성과 자연의 억압에 공통적인 지배의 형태를 규명하고, 인간과 자연에 대한 대안적 · 비이원론적인 사고방식을 모색한다는 점에서 페미니즘과 생태주의의 공통점을 찾으려 한다. 이런 유형의 생태여성주의는 위계와 지배에 대한 북친의 분석과도 상당히 공통점을 지닌다(404).

생태여성주의가 특히 관심을 갖는 이원론적인 사고방식은 남성과 여성, 인간과 자연, 이성과 감성, 정신과 육체, 객관과 주관의 분리다. 이것들은 여성에 대한 남성의 지배, 자연에 대한 인간의 지배, 감정에 대한 이성의 지배, 육체에 대한 정신의 지배, 주관에 대한 객관의 지배를 후원하고, 그것들의 문화적 배경이 된다. 따라서 생태여성주의의 목표는 이원론을 일소하고, 대안적인 사고방식을 발전시키는 일이다(404).

이러한 생태여성주의가 추구하는 가장 흥미로운 방향 가운데 하나는 자연에 대한 과학적 지식과 관련된 부분이다. 서구에서 과학은 이원론의 지배적인 부분으로, 남성적 · 인간적 · 이성적 · 정신적 · 객관적인 것으로 규정되어 왔다. 예컨대, 페미니스트 과학자인 켈러(Evelyn Fox

2003년 우리나라를 방문했을 때의 V. 플럼우드(왼쪽부터 김명식, 한면희, E. 하그로브, 필자, V. 플럼우드)

Keller)는 자연, 여성, 결혼에 대한 특정한 이해방식이 서구 과학의 초기 발전에 미쳤던 영향을 상세히 설명한 바 있다. 켈러는 초기 과학자 베이컨(Francis Bacon)의 말을 인용하면서, 초기 과학이 어떻게 여성과 자연에 대해 적대적인 태도를 드러냈는지를 밝혔다. 베이컨은 아래와 같이 말했다.

> 나는 자연에 이르는 진실에 도달해서, 자연을 당신을 위한 존재로, 당신의 노예로 만들 것이다. 과학과 기술은 자연의 과정을 부드럽게 인도할 뿐만 아니라, 자연을 정복하고 복속시켜, 그 밑바닥에서부터 흔들 힘을 갖고 있다(Keller, 1985: 36).

베이컨의 이런 묘사에 근거한다면, 자연은 여성이고 그녀는 남자와 결혼하게 되었다. 그리고 남자는 그녀를 복속시켜 노예로 만들었다. 베이컨은 자연을 여성과 동일시했을 뿐만 아니라, 그것을 지배적이고 학대적인 결혼 형태와 관련시켰다.

생태여성주의는 인간이 자연환경의 한 부분이라는 점을 강조한다는 점에서 전체주의적이다. 이런 접근방법은 인간이 자기 고유의 의식, 사고, 선택에 의해 형성되는 그런 단독자로서의 개인이라는 관점을 거부하면서, 인간은 사회적·자연적 환경과 뗄래야 뗄 수 없는 부분이며 그것에 의해 창조됨을 인정하는 방법이다.

이런 측면에서 보면, 네스(Arne Naess)의 근본생태론(Deep Ecology)이나 레오폴드(Aldo Leopold)의 대지윤리(Land Ethic)처럼, 사회생태주의나 생태여성주의도 모두 인간과 자연의 관계에 관한 현대의 지배적인 사유방식을 급진적으로 변혁시켜야 한다는 데 공감한다. 자연에 대한 인간의 지배는 위계에 의한 통제유형에서 유래하기 때문이다. 환경문제의 개선을 위해서는 이런 이분법적인 사고방식에 근거한 지배유형을 인식해서 철폐해야 한다는 것이다.

2.4 생태민주주의[3]

이성을 강조하는 인간중심의 사고방식은, 인간 이외의 다른 동식물들을 열등한 것으로 간주하고, 나아가서 생태계를 훼손하거나 파괴하는 하나의 요인으로 작용하기도 하였다. 이런 문제점 때문에 지금까지의 그런 사고방식에 대한 회의(懷疑)와 더불어, 인간중심의 이성이나 도덕성이 아닌 생태계 중심의 '고통'이 새로운 담론의 중요 개념으로 부각되게 되었다. 고통은 생태계를 구성하는 생명체들에게 공통으로 적용되는 그런 것이기 때문이다. 이어서 고통중심의, 자연중심의 사고방식을 제시하면서 자연보전이나 환경보전 운동도 나타나게 되었다. 아울러, 자연권(自然權, natural rights)도 인간의 이성에 초점이 맞춰진 그런 것에서, 고통이나 생태계 전체에 그 초점이 맞춰진 자연의 권리(the right of nature)로 확장되기에 이르렀다.

민주주의의 경우도 유사하다. 자유와 평등에 기초한 민주주의도 이제는 그 정신을 자연에까지 확장하자는 주장들이 싹트고 있다. 인간사회의 민주주의를 생태계까지 확장시키는 생태민주주의가 그것이다. 동물들의 처지를 좀 더 이해하려는 움직임이 일부 지역이긴 하지만 있는 것은 그나마 다행이다. 한 예로 1993년에 구성된 영국의 농장동물 복지회의(Farm Animal Welfare Council)는 동물복지의 내용으로 동물에게 다

---

3   이 부분은 한국환경철학회(2007)에서 엮은 책인 『생태문화와 철학』 가운데 필자의 글인 「자연권, 자연의 권리, 생태민주주의」(13-33)에서 발췌한 내용이다.

섯 가지 자유가 있다고 했는데, 1) 배고픔과 갈증으로부터의 자유, 2) 불편함으로부터의 자유, 3) 통증, 상해와 질병으로부터의 자유, 4) 두려 움과 고통으로부터의 자유, 5) 정상적인 행동을 표현할 수 있는 자유[4]가 각각 그것이다(박창길, 2011 : 34).

생태민주주의라는 관점에서 보면 아메리칸 인디언의 삶의 자세는 우 리에게 시사하는 바가 크다. 자연세계에 관한 아메리칸 인디언들의 관 심은 독특하며 대단했다.[5] 대체적으로 아메리칸 인디언의 자연관에는 자연세계 속에서 인간에게 그 어떤 특별한 권능도 인정되지 않는다. 인 간도 자연세계를 구성하는 하나의 성원일 뿐이다. 그들의 우주발생설에 의하면 하늘은 아버지며 땅은 어머니다. 모든 것은 정신을 지니고 있을 뿐만 아니라 우주 가족의 구성원으로 함께 관련을 맺고 있으며, 아버지 인 하늘 곧, 큰 정신(the Great Spirit)과 어머니인 땅(the Earth Mother) 으로부터 태어났다. 큰 정신, 어머니인 땅 그리고 모든 피조물들이 가족 처럼 서로 관련을 맺고 있다는 생각은 거의 모든 아메리칸 인디언들이 함께 지녀 온 일반적인 생각이다(Callicott, 1989 : 186-187).

아메리칸 인디언들에 의하면 자연세계를 이루는 모든 것들은 혈통적 으로도 정신적으로도 서로 밀접한 관련을 맺는다. "모든 피조물들 ―

4　북구의 국가들 가운데는 인공수정을 금지하는 나라도 있고, 유럽 연합의 경우는 산란계 나 새끼를 밴 돼지를 좁은 공간에서 사육하는 것을 방지하기 위해 지켜야 할 규정을 제시해 놓고 있다(박창길, 2011 : 34-35).

5　인디언들의 자연관이나 환경윤리를 이해하기 위한 연구자료는 그들이 남긴 문화유산 이외에, 그들에 관한 초창기 유럽개척자들의 기록, 수집품 등이 있다. 탐험가, 선교사, 그리고 모피 수집상들의 기록도 큰 도움이 된다. 미국이나 유럽의 정부자료도 마찬가지다. 자연환경 에 관해 새로운 인식이 요청되는 이즈음에 그들의 견해를 탐구해 보는 것은 매우 뜻깊으며, 우리에게 시사하는 바가 크리라 여겨진다. 여기에 실린 글은 필자(1998)의 논문인 「아메리칸 인디언의 환경윤리」(『철학』, 57 : 325-344)에 있는 내용임을 밝힌다.

흙, 물, 불, 바람, 풀, 물고기, 새 등 — 은 같은 아버지와 어머니의 자손
이다. 그런 것들은 하나의 혈통이며, 하나의 정신이 나뉘어 의식을 지닌
모든 것들을 활기차게 한다"(190). "세계를 구성하는 수많은 사물들은
하나의 조상정신 속에서 서로 결합되어 있다"(Erdoes, 1976 : 108-109).
자연세계 속에 정신이 스며 있다는 말은 큰 정신의 작은 조각이라고 할
수 있는 그런 것들이 모든 자연물들 속에 있음을 뜻한다. 대지는 생명의
어머니며 동식물들은 정신적인 존재(spiritual existence)들로 이루어진
그물망 속에서 한 부분을 이루면서 서로 관련을 맺는다(Udall, 1972 : 2).
동식물뿐만 아니라 물, 바람과 같은 자연현상들도 정신을 지닌다. 대부
분의 인디언들은 인류와 이런 것들 사이를 명확하게 나누지 않았다
(Owen, Deetz and Fisher, 1967 : 97).

　인디언들은 인간 상호뿐만 아니라, 인간과 인간 이외의 자연세계는
서로 책임과 의무가 있음을 강조한다. 모든 것들은 친척관계와 상호의
존관계를 통해 밀접하게 관련을 맺는다. 대가족 품에서 성장하는 어린
이처럼 주변의 모든 것에 관해 안락함과 안전함을 느끼면서 사는 곳이
바로 우리가 사는 세계다(Udall : 190).

　아메리칸 인디언들의 자연세계에 관한 지혜로움을 잘 나타내는 예로
는, 1854-1855년에 있었던 포트 엘리엇(Port Elliot) 조약 때, 인디언 추
장인 시애틀(Chief Seattle)이 당시 미국 대통령인 피어스(Franklin
Pierce)에게 한 다음과 같은 말에서도 잘 드러나 있다.

　만일 우리가 당신들에게 우리가 살아온 이 대지를 매각한다면, 우리가 이제
　껏 대지를 사랑해 왔듯이 당신들도 이 대지를 사랑하여 주길 바란다. 우리가
　대지를 보살펴 왔듯이 그것을 보살펴 주길 바란다(Callicott : 204).

　이런 아메리칸 인디언들의 사고방식이나 생활태도가 우리에게 큰 의의가 있는 것은, 이제까지 있었던 수많은 종족들 가운데 인디언처럼 구체적인 삶의 현장에서 자연을 아끼고 사랑하면서 살아온 종족은 드물었다는 점이다. 인간은 만물의 영장이며, 모든 것은 인간을 위해 존재한다는 독선적인 모습을 그들에게서는 찾아보기 힘들다. 생명공동체가 지향해야 할 것이 어떤 것인지를 시사받을 수 있는 좋은 예라 여겨진다.

　필자는 이와 비슷한 견해를 생태계까지 확대시키는 데 힘쓴 사람으로 근세의 스피노자(Baruch de Spinoza, 1632-1677)와 현대의 스나이더(Gary Snyder)를 소개하고 싶다. 스피노자는 신은 일체의 사물에 내재한다는 범신론(pantheism)을 펴면서, 신이 곧 자연(Devs sive natura)이라 했다. 그는 늑대이든, 단풍나무든, 인간이든, 별이든 그런 대상들은 창조된 실체이자 신의 현시(顯示)로 파악했다. 신이 능산적 자연(能産的自然, Natura naturans)이라면 자연은 소산적 자연(所産的自然, Natura naturata)으로, 이것들은 같은 신의 두 가지 측면에 지나지 않는다. 그는 전체체계에 궁극적인 가치를 부여한 일종의 유기체철학을 펼쳤다. 이어서 그는 나무나 바위도 인간과 마찬가지로 당연히 존재할 가치와 권리가 있음을 주장하면서, 자연공동체에는 더 낮은 존재도 더 높은 존재도 없다고 하였다. 이처럼 그는 어떤 특정 개체가 아닌 전체체계에 궁극적인 윤리가치를 부여했다(Nash, 1989 : 20).

　스나이더(1972)는 역사상 궁극적인 최고의 민주주의(ultimate democracy)가 실현된 것으로 아메리칸 인디언 문화를 높이 평가하면서, 그는 식물이나 동물도 국민으로서, 정치적인 토론에서 그들의 처지와 목소리를 내도록 되어 있는 그런 민주주의를 내세웠다. 그런 민주주의에서는 그들도 '대표권'을 지니며, '모든 국민들에 속하는 힘'이라는 그런 표현이 표어이어야 한다는 것이다(Nash : 3). 이처럼 그는 모든 생명체를 민주주의 범위 속에 포함시킴으로써 이루어지는 민주주의의 완성(perfection of democracy)을 주장했다. 그의 표현에 의하면,

> 사랑스럽고 존귀한 것은 인간만이 아니라, 순진하고 아름다운 삶을 영위하는 모든 것들이다: 미래의 위대한 공화국은 인간에게만 자선을 베푸는 것으로 한정되지는 않을 것이다(28).

그렇다면, 지구상의 다른 모든 생명체와 평화롭게 공존할 수 있는 생태나 생명중심의 도덕이나 가치관은 어떤 것이어야 하는가? 여기에 필자는 다음과 같은 특성이 깃든 것들을 제시하고 싶다.

우선, 인간은 편협한 인간 쇼비니즘에서 벗어나야 한다. 윤리의 진화나 권리 개념의 확장에서 볼 수 있듯이 하늘로부터 부여받은 자연권은 인권에서 자연의 권리로 확대되어 가고 있다. 황금률이 윤리적인 생활을 하기 위해 우리 인간이 기본적으로 지켜야 할 현실적인 도덕률이라면, 칸트의 격률들은 인류가 앞으로 영원한 평화를 얻기 위해 요청되는 이상적인 도덕률이다. 이런 황금률이나 격률들을 인간세계에서 생태공동체로 확대하여 그 구성원들에게도 점차 적용시켜 나가자는 것이다.

다음에는 자유와 평등을 양대 축으로 하는 민주주의를 인류에게뿐만 아니라 생명공동체로 확대하는 일이 필요하다. 물론, 탈인간중심주의 윤리에도 전체주의적인 접근과 개체주의적인 접근이 있으나, 생태계는 함께 어우러져 있는 공동체이므로 생명공동체를 기반으로 하는 전체주의적인 측면에서 접근하는 것이 좀 더 설득력이 있다. 전체가 없으면 개체도 없지만 그 역은 성립하지 않는다. 인간사회에는 자유와 평등이 많이 확산되어 있지만 생명공동체에서는 인간이 여전히 폭군의 자리를 지키고 있다. 이제는 인간도 그런 자리에서 벗어날 때다. 폭군이 아닌 현

군이거나, 그들과 자유와 권리를 함께하는 생명공동체의 시민의 위치로 되돌아와야 한다. 똑같은 자유나 평등을 나누어 갖기 힘들다면, 돌봄의 자세나 청지기의 자세만이라도 잃지 말아야 한다.

물론 더욱 바람직한 것은 생태민주주의를 실현하는 일이다. 생태공동체의 모든 구성원들은 자유와 평등을 지닌다. 구성원들 가운데 자유와 평등을 훼손하는 일이 있으면 제재를 받아야 한다. 예컨대, 생명공동체의 안정성이나, 온전함이나, 아름다움을 훼손하는 개체가 있으면 말이다. 인류에게서 찾아볼 수 있는 민주주의사회처럼 말이다. 이런 점에서 황금률이나, 인간의 존엄성을 윤리적으로 가장 적절하게 표현한 칸트의 격률들처럼, 자유와 평등이라는 개념도 생태민주주의를 실현하기 위한 귀한 보석이 될 수 있다.

토인비는 새로운 문명의 발생을 위해 세계종교의 역할을 강조했다. 문명의 쇠퇴 후에 나타나는 새로운 문명은 기독교, 불교, 회교, 정교 등 세계종교의 역할이 크다고 했다. 이는 새로운 문명의 씨앗을 틔워 나가는 데 있어, 세계종교에 대한 토인비의 기대를 나타낸 것이라 하겠다. 생태민주주의를 이루기 위해선 편협한 인간중심주의에서 벗어나는 패러다임의 대전환이 필요하다. 이런 측면에서 세계종교에서 엿볼 수 있는 생명존중의 정신도 이제는 생태계로 과감하게 확대시킬 필요가 있다. 종교 지도자들도 신자들도 이제는 그들이 믿는 종교에서 이런 정신을 찾아내어, 생명공동체의 존속과 조화로움 속에서 지속적인 인간의 삶을 추구할 때다.

2.5 요약 및 결론

이성과 도덕성은 다른 것들에 비교해 인간의 영장성을 드러내 보이기 위한 근거로 예로부터 사람들에 의해 많이 중시되어 왔다. 그러나 이성과 도덕성에 근거한 이런 인간중심의 사고방식은 인간 이외의 다른 동식물들을 열등한 것으로 간주하게 하고, 나아가서는 생태계를 훼손하거나 파괴하는 역기능으로 이어졌다.

이성과 도덕성을 기준으로 자연에 대한 인간의 지배와 통제를 정당화하는 것은 전형적인 이분법적 사고방식의 발로다. 그래서 그런 사고방식에 대해 회의(懷疑)하게 되었고, 인간 위주의 이성이나 도덕성이 아닌 생태계를 구성하는 생명체들이 공유하는 고통을 담론의 중요 개념으로 삼게 되었다. 이어서 자연권도 인권에서 자연의 권리(the right of nature)로 확장되기에 이르렀다. 진정한 이성과 도덕성은 인간 이외의 다른 생태계도 생각하거나 염려하는 그런 유형의 것이라는 주장도 강하게 제기되기에 이르렀다. 인간은 자연의 한 구성원이며, 자연과의 연속선 상에서 파악되어야 한다. 이분법적인 사고방식에 의한 자연의 지배자가 아니다.

인간/자연의 관계를 인간사회의 위계나 지배형태와 관련시키면서 그 문제점을 파헤친 대표적인 견해들로는 '사회생태주의'와 '생태여성주의'를 들 수 있다. 이들은 환경파괴는 자연에 대한 인간의 지배로 가장 잘 이해될 수 있다는 것에 의견을 같이한다. 이런 위기를 잘 해결해 나가기 위해선 인간에 대한 인간의 지배형태를 이해할 필요가 있다는 것이, 사회생태주의자들과 생태여성주의자들의 일관된 주장이다.

자유와 평등에 기초한 민주주의도 이제는 그 정신을 자연에까지 확장하자는 주장들이 싹트고 있다. 진정한 민주주의는 그 정신이 자연에까지 확대되어야 한다는 점이다. 인간사회의 민주주의를 생태계까지 확장하는 곧, 생태민주주의를 지향하는 견해다. 인권에 관한 열망이나 이념이 자유와 평등을 내세우는 민주주의의 기폭제가 되었던 것처럼, 환경윤리 또한 자연에 관한 인간의 태도에 근본적인 변혁을 일으킬 잠재력을 지닌다. 이런 점에서 자연의 권리를 내세우는 환경윤리도, 인간에 의해 억압당하고 있는 생명공동체의 다른 구성원들에게 해방을 안겨 준다는 점에서, 민주주의전통의 확장이나 윤리의 진화과정으로 여겨진다.

한편, 역사에서 발견되는 친환경적인 구체적인 삶의 모습으론 아메리칸 인디언들의 삶을 들 수 있는데, 이는 우리에게 시사하는 바가 크다. 그들의 자연관에서는 인간도 자연세계를 구성하는 하나의 성원일 뿐이다. 모든 피조물들은 같은 부모의 자손이다. 모든 것들은 친척관계와 상호의존관계를 통해 밀접하게 관련을 맺고 있다. 모든 것은 인간을 위해 존재한다는 독선적인 모습을 그들의 견해에서는 찾아보기 힘들다. 생명공동체가 지향해야 할 것이 어떤 것인지를 시사하는 좋은 예라 여겨진다.

생태민주주의에서는 식물이나 동물도 또한 국민이며 그들도 '대표권'을 지닌다. 모든 생명체를 민주주의 범위 속에 포함시킴으로써 민주주의는 완성된다. 이를 위해 인간이 인간 쇼비니즘에서 벗어나야 함은 물론이다. 아울러 자유와 평등을 양대 축으로 하는 민주주의이념이 생명공동체에서도 확대, 실현되어야 한다. 민주사회를 해치는 자가 민주주의사회에서 제재를 받듯이, 생태공동체의 구성원들 가운데 그런 이념을 훼손하는 일이 있으면 제재를 받아야 한다. 생태계는 함께 어우러져 사는 공동체이므로 공동체라는 측면에서 생태민주주의도 접근하는 것이 필요하다. 전체가 없으면 개체도 없지만, 어떤 개체가 없다고 해서 전체가 없는 것은 아니기 때문이다. 이런 큰 틀에서 인간의 삶도 다시 생각해 보자.

3. 이상/현실; 합리론/경험론

3.1 문제제기

사람들은 예로부터 현실적인 것에 관해 그 불완전성, 유한성, 한시성, 상대성 등에 대비되는 완전성, 무한성, 영원성, 절대성 등에 관심을 지니면서 머릿속으로 그런 속성을 지닌 대상을 종종 상상해 왔다. 그래서 사람들은 현실적인 것의 특징을 내세우면서, 그것에 대비되는 이상적인 것을 마음속에 그렸다. 그렇다면 이상(the ideal)과 현실(the actual)은 서로 대비되는 그런 것일까? 이런 의문점에 관해 철학자들은 어떤 주장을 펼쳤을까?

3.2 플라톤의 이상주의적 세계관

철학이 싹튼 대표적인 지역인 그리스의 철학자들에게서도 이런 경향은 예외가 아니었다. 예컨대, 플라톤(Plato. 기원전 427-347)에 따르면, 실재(reality)라는 것은 감각적인 지각된 세계에 의해 훼손되거나 소멸되지 않는다. 우리의 오관에 의해 지각되는 세계는 공간과 시간상에 있는 물리적인 대상계다. 그러나 그의 주장에 의하면 이런 지각이 가능한 물리적인 세계 이외에도 이런 세계와는 다르지만 밀접한 관계에 있는 또

다른 세계, 다시 말해 비물질적(nonphysical)·비공간적(nonspatial)·
비시간적(nontemporal)인 세계가 있다. 우리가 경험하는 현상계는 쉴
새 없이 생성소멸하며 변화하는 세계이지만, 그렇지 않은 영원불변한
세계도 우리는 상상할 수 있다. 후자와 같은 세계가 바로 현상계를 넘어
선 영원한 본질로서의 이상적인 세계다. 한계성을 지닌 구체적인 개체
들에 대해 그 원형을 갖춘 보편성을 띤 그런 세계다.

플라톤은 이런 세계를 ideai의 세계라고 불렀다. 여기서 ideai는 'idea'
라는 용어가 유래하는 희랍어다. 이데아(Idea)의 세계는 우리가 접하는
경험계의 모범이며, 원형이며, 원인으로 우리가 지향해야 할 목표다. 플
라톤이 내세우는 이데아의 세계란 바로 이런 것이며, 이런 세계에 관한
그의 설명을 '이데아론(theory of ideas)'이라 부른다.

어떤 사람은 이데아를 사람들의 마음속에 사고로만 존재하는 그 어떤
것으로 여기는데 이런 생각은 잘못된 것이다. 마음속에 사고로만 존재
한다면, 마음이 제거되면 이데아도 없어지게 된다. 그러나 그의 이데아
론에 의하면 우리가 지니는 이성(理性)은 없어지지 않는 것으로, 우리가
이 세상에 태어나기 전에도, 후에도 존재한다. 그런데 우리의 탄생과 더
불어 이성이 우리의 몸속에 들어오게 되면, 이데아의 세계를 잊어버린
다. 다행히 경험계에서 지각된 것이 이데아의 세계에 속한 모습에 비슷
한 것이면, 그것을 근거로 하여 잊고 살던 이데아의 세계를 다시 상기
(想起, anamnesis)하게 된다. 마치 어떤 사진을 보고 그 사진의 주인공을
상기하듯이 말이다. 이처럼 우리가 이데아를 인식하는 것은 이미 예전
에 알고 있었던 것을 다시 상기하는 것과 관련된 것이지, 새로운 그 무
엇을 창조하는 것이 아니다. 이와 같이 해서 우리는 한 송이의 장미꽃이
지닌 아름다움 속에서 미자체(美自體)를 상기하게 되고, 잊었던 미의 이
데아를 그리워하게 되는데 이런 심정이 플라톤이 말하는 사랑(eros)이

다. 마찬가지로 진(眞)의 이데아, 선(善)의 이데아도 그렇다.

우리는 흔히 경험계에서 지각되는 것들에 그 실재성을 부여한다. 그러나 플라톤에 따르면, 그가 말하는 eide나 ideai가 어떤 것보다도 훨씬 더 실재하는 그런 것이다. 그런데 이데아라는 낱말이 물리적인 대상이 아닌 어떤 것을 나타내는 한, 이데아와 물리적 대상 간에는 차이점이 있기 마련이다. 이런 실재적이나 초월적인 이데아를 현실적인 것을 통해 좀 더 알기 쉽게 하기 위해 도입된 개념이 형상(形相. eidos)이다. 그래서 그의 이데아론(theory of ideas)을 좀 더 구체적으로 이해하기 위해선 그의 형상론(theory of forms)도 살펴보는 일이 필요하다.

플라톤은 지각 가능한 감각계를 넘어선 이데아계로서의 형상계가 있다고 믿었으며, 이런 형상은 감각계와는 달리 비물리적 · 비공간적 · 비시간적이지만 좀 더 실재적이다. 비물리적이란 개념은 비공간적 · 비시간적이란 개념을 함축한다. 그리고 비공간적 · 비시간적인 어떤 것이란 대상이 없는 그런 것이다. 예를 들면, 눈으로 보여질 수도 없고, 코로 냄새를 맡을 수도 없고, 혀로 맛을 볼 수도 없고, 살갗으로 접촉할 수도 없고, 귀로 들을 수도 없는 그런 것이다. 그렇다면 형상이 감각적인 지각에 의해서는 알려질 수 없다면, 그것들은 어떻게 알려질 수 있을까? 플라톤의 답변에 의한다면, 그런 것들은 사고를 통해서만 알려진다.

플라톤의 주장에 의하면, 수학적인 사고가 가장 확실한 형상의 예가 된다. 삼각형을 예로 들면, 수학적인 사고의 대상은 분필이나 잉크로 그려진 그런 경험계의 삼각형이 아니다. 수학적인 삼각형은 세 개의 직선으로 둘러싸인 이상적인 평면형상이다. 그런데 칠판이나 종이에 삼각형이 그려졌을 경우, 칠판이나 종이는 완전한 평면이 아니다. 분필이나 잉크로 그려진 선들도 현실계에서는 약간의 어떤 넓이를 지닌다. 그러므로 잉크나 분필로 그려진 오관에 나타난 대상은 엄밀히 말하면 삼각형

이 아니다. 그렇지만 그것은 어느 정도 삼각형과 비슷하다. 그것은 참된
삼각형과 어느 정도 관련을 지니고 있다. 우리가 현실세계에서 수많은
불완전한 삼각형들을 보면서도 그것들을 삼각형이라 일컫는 것은, 그런
것들이 '삼각형의 형상'을 닮았기 때문이다. 이런 본질이나 형상이 바
로 이데아다. 물론, 현실계에 드러난 그 도형은 이미 그의 상기설에서도
언급했듯이 우리로 하여금 참된 삼각형을 생각하게 하는 데 도움을 준
다.

수학자들이 하는 사고의 대상은 특수한 개별자(particular)가 아니다.
플라톤이 주장하는 형상이 지닌 속성들은 여기저기 존재하는 그런 것에
서 지각되는 것이 아니라, 언제 어디에나 보편적으로 있는 그런 것이다.
비물질적인 · 비공간적인 · 비시간적인 그런 보편적인 대상이 플라톤이
말하는 이데아로서의 형상이 지닌 특징이다. 그런 보편적인 대상이 구
체적인 존재의 모범을 이룬다.

3.3 아리스토텔레스의 현실주의적 세계관

이상과 현실의 관계에 관해 구체적인 예를 들면서 주장하던 또 다른 대
표적인 그리스 철학자로는 아리스토텔레스(Aristotle. 기원전 384-322)
를 들 수 있다. 그는 이상과 현실을 연속적인 것으로 파악했다. 플라톤
처럼 이데아의 세계와 현상계로 구별하지 않고 오히려 현상계 속에서
이상과 현실을 이해하려 했다.

플라톤이 구체적인 사물들과는 다른 이데아를 실체로 여기면서, 우리
들이 접하는 현실적인 현상계를 가상계(假象界)라고 한 데 대해, 아리스
토텔레스는 동의하지 않았다. 그는 플라톤처럼 사물의 본질과 사물을
분리시키는 것은 옳지 않다고 하면서, 사물의 본질인 실체는 구체적인

아테네학당의 플라톤과 아리스토텔레스

각각의 사물들에 내재(enon)한다고 했다. 이어서 이데아라는 개념 대신에 그런 실체를 우시아(ousia)라 했다. 그에 의하면 실체는 완성된 것이 아니라 완성되어 가는 것이라는 점에서, 생성변화와 깊은 관련을 맺는다. 실체가 그런 과정을 겪는 것은 개체를 이루는 사물들이 형상(形相. eidos, form)과 질료(質料. hylē, matter)로 이루어져 있기 때문이다. 예컨대, 어떤 종(種)을 만들기 위해서는 질료인 청동(靑銅)이나 쇠와 같은 것이 있어야 할 뿐만 아니라 형상인 제작자의 종에 관한 구안이 합쳐져야 한다는 점이다. 또 다른 예로서 식물의 경우를 본다면 씨앗이 질료에 해당한다면 싹은 형상이며, 그런 싹은 성장한 식물의 질료가 된다. 이처럼 질료는 실현될 형상의 바탕이요, 형상은 질료가 전개된 상태다. 그래서 그는 질료를 가능태(dunamis)로, 형상을 현실태(energeia) 또는 완성태(entelekheia)라 각각 일컫기도 했다(최동희, 1978 : 55-56).

사물들의 경우, 형상적인 측면이 질료적인 측면보다 강하면 상급에 속하고, 그 반대면 하급에 속한다. 질료와 형상의 관계를 이처럼 전개해 나가면 양극단의 경우도 있겠는데, 아리스토텔레스는 형상이 조금도 없는 순수한 질료를 제1질료 또는 단순질료(mere matter)라고 일컬으면서 이런 경우는 형상이 전혀 없기 때문에 아직 개체가 되지 못한 상태로 파악했다. 반대로 질료가 조금도 없는 순수한 형상(pure form)은 최상의 형상으로, 더 나은 완성태로 변화하게 하는 모든 운동의 궁극적인 원인이 된다. 그에 의하면 그것이 다름 아닌 신(神)이다(57).

이런 점에서 아리스토텔레스의 견해는 플라톤적인 이분법적인 사고방식에서 벗어나 있다. 구체적인 사물들의 생성변화과정을 인정하면서, 완성되어 가는 과정을 연속적인 정도의 차이로서 파악한다는 점에서 그렇다. 이상과 현실을 연결시켜 파악하려는 그의 모습이 엿보인다.

3.4 이상적인 삶과 현실적인 삶

이상과 현실 가운데 어느 것에 더 치중하는지는 우리들의 구체적인 삶의 모습에서도 나타난다. 현실주의자와 이상주의자 사이에 나타나는 대비되는 삶의 모습은 『구약성경』의 「창세기」에서도 찾아볼 수 있다. 예컨대, 아브라함(Abraham. 전 이름 Abram)과 사라(Sarah, 전 이름 Sarai)의 아들인 이삭(Issac)은 리브가(Rebekah)와 혼인하여 쌍둥이 형제인 에서(Esau)와 야곱(Jacob)을 낳는다. 쌍둥이지만 출생순서로 보면, 에서에 이어 야곱이 태어난다. 어느 날 들에서 사냥을 하고 돌아와 매우 배가 고팠던 형 에서는 야곱이 쑤어 놓은 팥죽을 보고, 형의 명분과 팥죽 한 그릇을 바꾼다.[6] 피곤하고 굶주려 지쳤는데 장자의 명분이 무슨 효용이 있겠는가 하는 판단에서였다. 물론, 성경에서는 장자의 명분을 팔아 버린 에서의 경솔함을 지적하고, 야곱이 축복을 많이 받는 것으로 기록되어 있다. 우리에게 더 필요한 것은 눈을 들어 위를 바라보는 이상이라는

---

6   이와 관련된 이야기는 『구약성경』 「창세기」 25장 19~34절에 있다.

것이다.

그러나 구체적인 현실 속에서 이상을 추구하는 예도 있다. 『신약성경』의 「요한1서」에는 "누구든지 하나님을 사랑하노라 하고 그 형제를 미워하면 이는 거짓말하는 자니, 보이는 형제를 사랑하지 않는 자는 보이지 않는 하나님을 사랑할 수 없느니라."(4장 20절)라고 되어 있다. 구체성을 지닌 현실적인 것을 도외시할 수 없음을 지적한 표현이다.

현실을 중시하고 현실에 충실하려는 현실주의자와, 이상을 중시하고 영원을 추구하면서 꿈을 안고 사는 이상주의자의 태도는 각각 그 나름대로 일리가 있다. 이상이 없으면 물 없는 사막과 같고, 현실적인 감각이 없으면 뜬구름 같은 삶이 된다. 바람직한 것은 현실과 이상이 주어진 상황 속에서 조화를 이루는 일이다. 현실과 동떨어지지 않는 이상이 지표(指標)가 되어 현실을 이끌어 가는 일이다. 이상과 현실, 이상주의자와 현실주의자는 주어진 여건 속에서 나타나는 성향이며, 정도차이로 파악되어야 한다.

화학의 분자식을 보면 물(H_2O), 소금(NaCl) 등이 있다. 수소(H)나 산소(O)는 각각 불을 야기한다. 그러나 적절한 비율로 합치면 불을 끄는 물이 된다. 나트륨(Na)과 염소(Cl)는 각각 알칼리성과 산성을 띠는 것으로, 단독으로는 우리 몸에 해롭다. 하지만 적절한 비율로 결합하면 우리에게 필요한 소금이 된다. 현실과 이상의 관계도 비슷하다. 주어진 상황에서 너무 현실에 치우쳐도 너무 이상에 치우쳐도 문제가 발생한다. 적절한 조화가 필요하다. 현실 속에서 이상을 추구하고, 이상 속에서 현실을 인도하는 지혜가 우리의 삶에서 요청된다.

3.5 근세합리론과 영국경험론[7]

3.51 이성론(합리론)의 특징과 그 문제점(독단론)

이상과 현실에서 전자는 이성과, 후자는 경험과 각각 관련을 맺으면서 언급되는 경우가 있다. 이상은 사고력을 뜻하는 이성에 의존해서 언급되는 경향이 있고, 현실은 오관에 의한 경험에 의존해서 언급되는 경향이 있다는 점이다. 이성과 경험의 관계에서도 어떤 사람은 이성을 더 강조하는 사람도 있고, 경험을 더 강조하는 사람도 있다. 이런 경향은 언제 어디서나 있었거나 있을 수 있는 일이다. 철학사에서 보면 유럽근세철학에서도 이런 경향이 드러나는데, 대륙이성론(continental rationalism)과 영국경험론(British empiricism)이 각각 그 전형적인 경우이다.

이성론은 합리론이라고도 하는 것으로, 이성론을 지지하는 학자들은 인간의 선천적인 인식능력(認識能力)으로 이성(理性)의 존재를 인정하고, 이는 모든 사람에게 공통된다고 주장한다. 이성론자들은 확실한 인식의 근본원리가 되는 선천적인 본유관념(本有觀念, innate idea)을 인정한다. 우리 인간이 지닌 본유관념은 감각에 의해 밖에서 유래하는 관념이 아니라고 본다. 예컨대, 데카르트(René Descartes, 1596~1650)가 주장하는 'Cogito ergo sum(나는 생각한다. 그러므로 존재한다: 생각하고 있는 나의 존재는 의심할 수 없다.)은 참'이라는 것이나, '신에 관한 관념' 등이 이에 속한다. 이성론 가운데서도 근세 유럽 이성론자들은 데카르트의 영향을 많이 받았으며, 그들은 이런 본유관념에서 모든 것을 이끌어 내기 때문에, '거미의 방법'이라고도 하는 연역법을 학문의 방법으

---

7   이 부분은 필자(2008)의 저서인 『철학의 제 문제』 가운데, 「4장. 어떻게 아는 앎이 올바른 앎인가?」(41~45)임을 밝힌다.

R. 데카르트(René Descartes, 1596-1650)와 『방법서설』

로 중요시했다.

이들에 의하면, 경험에 근거한 지식은 보편타당성이 없으며 상대적이다. 이런 경향은 근세의 경우, 프랑스와 독일을 중심으로 유럽대륙에서 두드러졌으므로 대륙이성론이라고도 한다. 대표적인 학자로서는 프랑스의 데카르트, 파스칼(Blaise Pascal. 1623-1662), 스피노자(Baruch de Spinoza. 1632-1677), 독일의 라이프니츠(Gottfried Wilhelm Leibniz. 1646-1716) 등이 있다.

그러나 이런 이성론에서 드러나는 문제점으로는 본유관념이 과연 누구에게나 존재하는지 여부이다. 예컨대, 신에 관한 관념은 사람에 따라 다를 수도 있지 않을까 하는 점이다. 이성론자들에게는 실험과 관찰에 근거한 경험이나, 실증을 통한 앎의 중요성에 관해 소극적인 면이 엿보인다. 그래서 이성론이 이성적인 지식만을 너무 중시하고, 경험이나 실증을 경시(輕視)하면, 독단에 흐르기 쉬운 면도 있다. 이런 점에서 이성론을 독단론이라고 비판하는 사람들의 견해도 주시할 필요가 있다.

3.52 경험론의 특징과 그 문제점(회의론)

경험론에서는 직접적인 경험만을 가장 확실한 것으로 간주한다. 경험론에 의하면, 대륙이성론자들이 주장하는 본유관념이란 없다. 이성이란 관념과 관념을 결합하는 기능을 할 뿐이다. 우리의 마음은 태어날 때는 백지(白紙. tabula rasa)와 같은 상태였는데, 살아가는 과정에서 경험을 통해 관념이 형성된다. 관념은 감각(sensation)과 반성(reflection)에 의해 형성된다. 여기서 감각은 눈, 귀, 코, 입, 살갗을 통해 얻어지는 외부 사물의 빛깔, 소리, 냄새, 맛, 촉감, 형상 등이며, 반성은 지각, 감정, 의지, 추리, 회의 등 심적인 작용을 뜻한다.

경험을 통해 얻어지는 관념은 크게 단순관념(simple idea)과 복합관념(complex idea)이 있다. 단순관념은 경험에 의해 직접 생기는 것으로 단순관념에는 물체의 빛깔, 소리, 맛처럼 감각에 의한 것도 있고, 사유나 의지처럼 반성에 의한 것도 있고, 즐거움이나 슬픔처럼 감각과 반성이 함께 작용하여 이루어진 것도 있다. 이 가운데 감각에 의한 단순관념은 외부대상에 의해 야기되기 때문에, 로크(John Locke. 1632-1704)는 관념과 외적인 대상 사이에는 어떤 대응관계가 존재한다고 했다. 이런 관념들이 모여 단순문장을 이루고, 단순문장들이 모여 복합문장을 이루며, 우리의 지식을 형성한다.

로크에 의하면 이런 단순관념들은 우리들 마음속에 있다. 그런데 그 가운데는 그것의 근원이 물리적 대상이 지닌 고유성에서 유래하는 제1성질과, 유기체의 감각기관에서 유래하는 제2성질로 크게 나뉜다. 전자에는 크기, 무게, 운동, 형상 등이, 후자에는 빛깔, 소리, 냄새, 맛, 촉감이 각각 속한다. 제2성질은 제1성질이 우리의 감각기관을 자극함으로써 나타나는 것으로, 제2성질은 제1성질 및 우리의 감각기관에 의존한다.

복합관념은 단순관념들이 결합되어 나타나거나, 단순관념들 속에서 드러나는 공통성에서 형성된 것으로, 크게 양태(樣態. mode), 실체(實體. substance), 관계(relation)로 나뉜다. 시간이나 공간은 '양태나 양상(樣相)의 관념'에, 물체나 정신은 '실체의 관념'에, 인과(因果)나 차이(差

異)는 '관계의 관념'에 각각 속한다.

이어서 그는 지식은 이런 관념을 근거로 해서 형성된다고 하면서, 크게 직관적 지식(intuitive knowledge), 논증적 지식(demonstrative knowledge), 감각적 지식(sensitive knowledge)으로 나누었다. 그는 이 가운데 동일률과 같은 직관적 지식이 가장 확실성을 지니며, 논증적 지식이 그 다음이고, 감각적 지식이 가장 낮은 확실성을 지닌다고 했다. 감각적 지식은 가능성에 근거한 개연적인 지식이다. 경험론자들은 경험적인 사실을 중요시하면서 그것을 출발점으로 하기 때문에, 학문탐구의 방법으로 '꿀벌의 방법'이라고도 하는 귀납법을 중요시한다. 이미 관찰되어 알려진 사실들에 근거해 새로운 일반적인 주장, 진술, 판단을 발견해 내는 과정을, 꿀벌들이 이꽃 저꽃에서 꽃가루들을 모아 그것들을 재료로 삼아 질적으로 다른 새로운 물질인 꿀을 만드는 것에 비유한 것이다.

경험론을 옹호하는 대표적인 학자들로는 로크, 버클리(George Berkeley. 1685-1753), 흄(David Hume. 1711-1776) 등이 있다. 경험을 중시하는 이런 사조는 실험과 관찰을 중시하는 학문을 싹트게 하는 데 기여했으며, 이는 영국이 다른 유럽의 여러 나라들에 비해 먼저 과학기술이 앞서게 하는 데도 영향을 미쳤다. 이런 학문적인 경향은 산업혁명을 불러일으키는 근거를 철학적으로 제공한 면이 엿보인다.

D. 흄(David Hume, 1711-1776)과 그의 저서 『인간 본성에 관한 논고』

그러나 이런 경험론에서 드러나는 문제점으로는 외적인 대상과 관념 사이에 대응관계가 성립되는지의 여부다. 아울러 감각과 반성을 일어나게 하는 것은 무엇인지, 관념과 관념을 결합시키는 것은 무엇인지 하는 점들을 지적할 수 있다. 모든 관념의 기원을 후천적인 경험에 두고 있는데, 경험 그 자체는 어떻게 해서 이루어지는지도 의문거리다. 아울러, 경험에 의해 지각되지 않는 앎은 어떻게 설명할 것인가? 같은 경험은 다시는 할 수 없으며, 같은 시기에 똑같은 경험을 할 수도 없기 때문에, 엄밀히 말한다면 경험론은 지식상대주의에 빠지기 쉽다. 더 나아가 감각기능을 통하여 얻어진 앎이라도 그것을 체계화하는 방법이 동일하다는 보장은 어디 있는가? 이런 계속되는 의문점 때문에 경험론은 회의론이라 비판받기도 한다.

3.6 요약 및 결론

이상은 불완전한 현실에 대해 우리가 지향해야 할 목표가 된다. 그런 점에서 우리가 살아가야 할 방향을 제공한다. 그러나 무엇이 이상적인 것이며, 그 이상을 실현하기 위해 우리가 어떻게 나아가야 하는지에 관해서는 견해가 일치하지 않을 수 있다. 요컨대 이상적인 것에 관한 기준설정의 문제가 나타난다. 견해가 일치하지 않는 상황 속에서 설정된 어떤 이상을 너무 강조하다가는 독단적이고 공허한 주장이 되기 쉽다.

반면에 현실은 우리가 현재 실제로 경험하면서 생활하고 있는 터전이다. 현실은 항상 유한하며, 일시적이고, 상대적이다. 현실생활에 휩싸이다 보면, 가장 표준이 되는 바람직한 것이 무엇인지 망각하기 쉽다. 이런 점에서 현실과 이상은 분리되어 생각하기 힘들다. 이상이 없는 현실은 혼란스럽고, 현실이 없는 이상은 공허하기 때문이다. 이상과 현실 가운데 어느 것에 더 치중해야 할지는 사람에 따라 상황에 따라 다르다. 그러나 극단적으로 이상을 추구하는 삶이나 현실을 추구하는 삶은 그 문제점 또한 예사롭지 않다. 이런 점에서 이상과 현실도 연속선상에서 정도차이로 자리매김되어야 한다.

한편, 어떻게 아는 앎이 올바른 앎인지에 관한 논의에서, 철학자들의 견해는 크게, 경험을 통해 아는 앎과 이성을 통해 아는 앎으로 크게 대별되어 나타나는 경향이 있어 왔다. 이런 이성론과 경험론의 근원은 먼 옛날까지 거슬러 올라갈 수 있지만, 여기서는 근세 유럽철학사에서 나타나는 대표적인 인식론인 대륙합리론과 영국경험론을 중심으로 살펴보았다. 물론, 이런 경험론적인 성향과 합리론적인 성향은 유럽뿐만 아니라 세계 이곳저곳에서 있어 왔다.

올바른 앎이 되기 위해선 어느 한 측면으로만 이해해서는 곤란하다. 대륙합리론의 문제점은 상당히는 경험론을 통해, 경험론에서 나타나는 문제점은 합리론을 통해 서로 보완할 수 있다. 현실과 이상을 엄격하게 분리하여 생각할 수 없듯이, 올바른 앎으로 나아가기 위해선 합리론과 경험론도 따로 떼어 생각하기 힘들다. 이런 점에서 합리론과 경험론도 서로 배타적이라기보다는 상보적이며, 단지 강조하는 데 있어 정도차이로 파악함이 옳다.

4. 분석판단(명제)/종합판단(명제)

4.1 이론적 배경

분석판단(analytic judgment)과 종합판단(synthetic judgment)이라는 개념이 두드러지게 나타나는 것은 카르납(Rudolf Carnap)이나 에이어(A. J. Ayer)와 같은 논리실증주의자들의 견해에서이다. 그러나 이들뿐만 아니라, 훨씬 이전에 칸트(Immanuel Kant, 1724–1804)의 견해에서도 그런 개념들을 찾아볼 수 있다. 그 개념이 뜻하는 바에 차이가 있지만 말이다. 물론, 필연적 진리와 우연적 진리를 논한 라이프니츠(G. W. Leibniz, 1646–1716)의 견해에서도 어느 정도 찾아볼 수 있다. 판단과 관련된 지식을 분류하는 데는 로크(John Locke, 1632–1704)의 견해도 도외시할 수 없다.

영국경험론 철학자인 로크는 모든 지식은 관념을 소재로 하여 성립하는 것으로 파악하면서, 관념들 서로 간의 일치나 불일치에 의해 지식은 직관적 지식(intuitive knowledge), 논증적 지식(demonstrative knowledge), 감각적 지식(sensitive knowledge)으로 나뉜다고 했다. 이 가운데 직관적 지식은 직접적으로 얻어지는 것으로 예컨대, 'P → P' 나 'P = P' 와 같은 논리학의 기본공리[8]를 따르는 지식이다. 한편, 논증적 지식은 추리작용에 의해 얻어지는 지식으로 예컨대, 연역논증이 이에 해당한

다. 직관적 지식과 논증적 지식은 모두 확실성과 보편성을 지닌다. 이에
대해, 감각적 지식은 우리의 감각기관에 의한 외적 사물에 대한 지각에
서 얻어지는 지식이다. '이 꽃의 색깔은 노란색이다.' 나 '순수한 물은 1
기압 100℃에서 끓는다.' 와 같은 지식이 이에 해당한다. 로크는 이런 인
식을 지식의 기원에서 특히 중요시했다. 물론, 이런 지식은 개연성에 근
거한 지식이다.

　대륙이성론 철학자인 라이프니츠는 진리를 크게 영원의 진리와 사실
의 진리로 나눴다. 이어서 전자의 특징으로 무모순율에 근거한 필연성
을, 후자의 특징으로 우연성을 각각 내세웠다. 수학의 진리와 같은 것이
전자에 속하는 예이고, 현실 세계에 속하는 개체개념들은 후자에 근거
한다고 보았다. 그는 신의 이성을 들어 사물의 가능성을, 신의 의지를
들어 사물의 현실을 주장하기도 했다. 그러나 분석판단과 종합판단이라
는 개념을 통해 그 각각이 지닌 특징을 밝히려 했던 사람은 특히 독일관
념론자인 칸트다.

4.2 칸트의 구별과 오해

사람들은 지식의 종류에 관한 관심과 더불어, 판단의 종류에 관해서도
큰 관심을 지니게 되었다. 그런 가운데 독일 관념론철학자인 칸트의 경

8　논리학의 3대 기본공리는 동일률(同一律. principle of identity), 무모순율(無矛循律.
principle of non-contradiction), 배중률(排中律. principle of excluded middle)을 가리키
며, 논리적으로 참(logically true)인 타당한 명제들 가운데 그 기본을 이룬다. 이 가운데 동일
률은 'P → P' 나 'P = P' 의 형식을 지닌 모든 진술은 언제나 참임을, 무모순율은 '~(P &
~P)' 의 형식을 지닌 모든 진술은 언제나 참임을, 배중률은 'P v ~P' 의 형식을 지닌 모든 진
술은 언제나 참임을 각각 가리킨다.

우는 그(1972)의 저서인『순수이성비판(*Critique of Pure Reason*)』서론에
서 분석판단과 종합판단을 처음으로 구별하여 언급하였는데 그가 서술
한 내용은 다음과 같다(49-50).

> 모든 판단에는 주어와 객어(客語)의 관계가 성립하는데, 이 관계는 두 가지가
> 가능하다. 객어 B가 A라는 주어 중에 포함되어 있는 것으로서 A개념에 속하
> 거나, B는 A와 결합해 있기는 하나 A라는 개념의 전혀 바깥에 있거나이다.
> 나는 전자와 같은 판단을 분석적이라 하고 후자와 같은 판단을 종합적이라
> 한다. 즉 분석판단(긍정판단)은 주어와 객어의 결합이 동일성에 의한 것인
> 반면에, 동일성이 없는 판단은 종합판단이다. 전자는 설명적 판단이라고도
> 말할 수 있고, 후자는 확장적 판단이라고도 말할 수 있다. 왜냐하면 전자는
> 객어에 의해 주어의 개념에 아무런 것도 [새롭게] 보태지 않고, 오직 주어의
> 개념을 분석하여 이것을 그것 자신 안에서 부분적 개념으로 분해할 뿐이기
> 에 말이다. 반대로 후자는 주어의 개념을 분석해도 이끌어 낼 수 없었던 객
> 어를 보태는 것이다. 가령 '모든 물체는 연장되어 있다.'는 분석판단인데 이
> 는 물체 개념을 분석하기만 하면 되기 때문이다. 이에 대해 '모든 물체는 무
> 겁다.'는 종합판단인데, 여기서 '무겁다'라는 객어는 '물체일반'이라는 개
> 념 가운데, 내가 생각하는 것과는 전혀 딴 것이다. 즉 이런 객어를 경험을 통
> 해 보태야만 종합판단이 성립한다.

그래서 종합판단은 정보(지식)를 제공하는 판단으로, 주어가 포함된
그런 문장에서 두 개의 서로 다른 개념들을 결합시키거나 종합함으로써
주어진 주어에 관해 우리에게 어떤 것을 말해 주는 그런 판단이다. 반면
에 분석판단은 새로운 정보를 제공해 주지 않는 판단으로 주어에 관해
단지 해명하거나 분석할 뿐이다(*The Encyclopedia of Philosophy*, Vol. I:

105). 소위 그가 말하는 분석판단은 주어 속에 술어의 내용이 이미 들어 있는 판단이다. 반면에 종합판단은 주어 속에 포함되지 않은 것이 술어를 통해 주어에 첨가되는 것으로 경험적인 판단이 이에 해당된다. '금강산은 산이다.'라는 명제는 분석판단에 속하고, '세종대왕은 조선의 4번째 임금이며, 한글을 만들었다.'라는 명제는 종합판단에 속한다.

이어서 칸트는 대상계인 객관적인 세계가 어떻게 성립하는지를 선험적인 종합판단(先驗的綜合判斷)에 의해 주장했다. 그에 의하면 감각기관을 통해 지각된 것이 시간과 공간이라는 직관형식에 의해 구성된 후, 오성의 12형식인 12범주(範疇)에 의해 다시 종합됨으로써 성립된다고 했다. 여기서의 직관은 사유와 대비되는 뜻으로 쓰인다. 그에 의하면 감성이 없이는 어떠한 대상도 주어지지 않으며, 오성이 없이는 어떠한 대상도 사유되지 않는다.

그는 이런 맥락에서, 산수나 기하학도 분석적이면서 또한 종합적이라는 주장을 펼쳤다. 선험적 종합판단을 통해 수학도 이해하려 했다. 그러나 이런 그의 주장에 대해서는 비판이 제기되기도 한다. 수학은 경험에 근거한 개연성을 지닌 지식이 아니라, 이성에 근거한 필연성에 기초하기 때문이라는 점에서다. 그래서 수학적인 판단은 형식논리적인 판단처럼 분석판단에 속하지 종합판단이 될 수 없다는 것이다. 그럼에도 수학

I. 칸트(Immanuel Kant, 1724–1804)와 그의 원고

적인 판단이 종합적이라는 그의 오해는 분석판단과 선험적인(a priori) 판단을 생득적(innate)이라고 보면서, 분석판단과 선험적인 판단을 혼동한 데서 빚어졌다. 분석명제는 그 특성이 항진성(恒眞性. tautology)에 근거하므로, 미리 정해 놓은 규약(convention)에 어긋나는지의 여부를 중시한다. 경험적인 개연성을 바탕으로 종합명제를, 규약에 근거한 필연성과 항진성을 바탕으로 분석명제를 규정한다면 그의 견해는 문제가 있다. 그러나 개연성과 필연성을 모두 선험적 종합판단을 구성하는 12 범주에 포함시키는 그로서는 그렇게 생각하지 않을 수도 있겠다.

　이런 분석명제와 종합명제에 관한 논의는, 그 후 20세기에 접어들어 논리실증주의자들(Logical Positivists)에 의해 더욱 활발하게 전개된다.

4.3 검증의 원리: 유의미한 명제를 위한 기준

분석명제와 종합명제가 인식적으로 유의미한 명제로서 특히 강조된 것은 분석철학 가운데서도 논리실증주의자들에 의해서다. 논리실증주의자들 가운데 상당수는 빈학단(Wiener Kreis)을 중심으로 활동했으며, 언어의 교통정리를 중요시한다. 논리실증주의자들은 철학의 주요 임무란 웅장한 이론체계를 구축하는 데 있기보다는 제시된 문제의 논리적인 분석에 있음을 강조한다.

　우리들이 사용하는 언어, 특히 일상언어는 애매하고 모호하게 사용되는 경우가 많으므로, 사고활동이나 언어생활에 많은 어려움을 준다. 논리실증주의자들은 이런 사실을 깨닫고, 언어생할에서 비롯되는 문제점들을 해결하려 시도했다. 이런 노력의 일환으로, 그들은 언어를 구성하는 문장들 가운데 참과 거짓이 판별되는 것과 판별되지 않는 것을 구별하고, 참과 거짓이 판별되는 진술들의 유형을 정리했다.

이들은 어떤 언명이 인식적으로 유의미하려면 참[眞. truth]과 거짓[僞. false]이 객관적으로 밝혀져야 한다고 주장했다. 이어서 논리적인 명제나 수학적인 명제와 같은 분석명제(analytic proposition)와, 관찰이 가능한 종합명제(synthetic proposition)를 유의미한 명제로 간주한다. 이 가운데 분석명제는 말 그 자체를 분석하여도 참과 거짓이 밝혀지는 명제로, 주어 속에 술어의 내용이 포함되어 있는 경우이다. 예컨대, '삼각형은 세 개의 선분으로 둘러싸인 평면도형이다.' 라든가, '십진법에서의 10은 8에 2를 더한 것과 같다.[10 = 8 + 2]' 라든가, '총각은 미혼 남자이다.' 와 같은 언명들이 그것이다. 이런 명제들은 주로 논리적인 명제나 수학적인 명제로, 명제의 참과 거짓이 필연적(necessary)으로 판별되는 필연적인 진술(necessary statement)이다.

한편, 종합명제는 실험이나 관찰 등 경험에 의해 그 참과 거짓이 검증될 수 있는 명제로, 주어와 술어와의 관계가 경험에 의해 규정된다. 예컨대, '태양은 동쪽에서 떠오른다.' 라든가, '온도가 오르면 기체는 팽창한다.' 라든가, '모든 생명체는 죽는다.' 와 같은 명제들이 그것이라 하겠다. 이런 명제는 주로 경험과학에서 사용되는 명제들로, 명제의 참과 거짓이 개연성(probability)에 근거하여 판별되는 우연적인 진술(contingent statements)이다.

논리 실증주의자들은 검증의 원리(verification)라고 불리는 검증가능성의 기준을 이처럼 제시하면서, 인식적으로 의미의 객관성을 지닌 유의미한 명제는 분석명제와 종합명제뿐이라고 주장한다. 분석명제도 종합명제도 아닌 진술은 그 참과 거짓을 가릴 수 없는 진술이므로, 인식적으로 무의미한(meaningless) 언명이라는 점이다. 그 대표적인 경우가 형이상학적인 진술들이다. 윤리적인 진술, 미학적인 진술, 서정시도 참과 거짓이 가려지지 않는 요컨대 검증불가능한 진술들이다.

카르납(Rudolf Carnap, 1891-1970)은 명제들 가운데 형이상학적인 명제가 지닌 특징은, 예컨대, 사물의 진정한 본질, 물자체, 절대자 등에 관한 지식처럼 경험을 넘어서거나 초월해 있는 것이라 설명하면서, 스피노자(B. Spinoza), 셸링(F. W. J. Schelling), 헤겔(G. W. F. Hegel), 베르그송(H. Bergson)의 이론이 이에 속한다고 했다. 그에 의하면 이런 형이상학자들은 그들이 제시한 명제가 검증불가능하게 되는 것을 모면할 길이 없다는 것이다. 왜냐하면 만일 그들이 그런 명제들을 검증가능하게 만들면, 그들이 제시한 이론의 진리치 결정은 결국은 경험에 의존하게 되며, 그렇게 되면 경험과학의 영역에 속하게 되기 때문이다(White, 1987 : 247-248). 이어서 그는 형이상학처럼 검증불가능한 명제들을 언어의 기능 가운데서도 표현기능에 속하는 것으로 간주하면서 이런 명제들은 예술 가운데 서정시와 같은 기능을 지닌다고 했다. 그러면서 그는 형이상학이 지닌 문제점을 아래와 같이 강하게 지적하고 나섰다.

형이상학이 지닌 위험성은 형이상학이 지닌 기만적인 성격에 있다. 형이상학은 실제로는 어떤 지식도 제시하고 있지 않으면서도 지식이라는 환상을 주고 있다. 바로 이 점이 우리가 형이상학을 거부하는 이유이다(255).

4.4 검증의 원리에 관한 비판

그러나 이런 주장에 대한 비판도 만만치 않다. 논리실증주의자들 사이에도 의견이 분분하다. 카르납, 에이어처럼 검증가능성을 강하게 내세우면서 분석명제와 종합명제만을 유의미한 명제로 내세우는 사람이 있는가 하면, 그렇지 않은 사람도 있다. 소위 '검증의 원리'에서 '경험'에 관한 규정에서도 의견이 다양하다. 어떤 사람은 직접 검증가능한 '관찰

명제'만을 유의미한 명제로 간주하는 반면에, '관찰명제로부터 논리적으로 이끌어 낼 수 있는 명제는 모두 유의미한 것'으로 주장하는 사람도 있다.

분석명제와 종합명제의 구별이 그렇게 확연한지도 논쟁거리다. 엄밀하게 따진다면, 그런 구별이 불가능하다는 견해도 있다. 미국의 프래그머티스트들인 화이트(Morton White)나 콰인(W. v. O. Quine)은 어떤 명제가 분석적인지 종합적인지는 그 명제가 어떠한 구체적인 상황에서 언급되었는가에 따라 결정되어야 한다고 주장했다(최동희 외, 1978: 334). 콰인(1977)의 경우는 다음과 같은 두 가지 종류의 분석명제가 있음을 지적하면서 그의 견해를 펼쳤다.

> 하나는 "결혼하지 않은 어떠한 사람도 결혼하지 않았다."처럼 논리적으로 참인 진술들이다. 이런 진술들은 어떠한 재해석하에서도 참인 것으로 남는 그런 것들이다. 다른 하나는 "어떠한 총각도 결혼하지 않았다."와 같은 명제처럼 동의어를 대체함으로써 논리적인 참이 될 수 있다고 보는 그런 경우이다. 여기서 문제가 되는 것은 후자에서처럼 동의어 개념으로부터 발생하는 문제점이다(142).

콰인은 '총각'과 '결혼하지 않은 남자'라는 개념이 서로 교환가능하다는 것에 이의를 제기한다. 두 표현은 의미에 있어 동일하지 않다. 그래서 '총각'과 '결혼하지 않은 남자'라는 두 표현은 동일성기호로 그 관계를 나타낼 수 없다. "어떠한 총각도 결혼하지 않았다."라는 진술은 분석적이라기보다는 오히려 종합적인 명제라는 것이다(143).

물론, 두 표현이 지칭하는 외연도 같은 것이 아니다. 총각은 '결혼하지 않은 남자'를 함축하는 표현이지만, 후자는 전자를 함축하는 것이 아니라 단지 포함할 따름이다.

비트겐슈타인(Ludwig Wittgenstein)의 경우도 그의 후기사상에 와서는 그런 경향을 지닌다. 옥스퍼드학파(Oxford School)라고도 하는 일상언어학파(ordinary language school)에 속하는 학자들의 경우도 문맥과 상황을 중시하면서 주어진 문장의 유의미성을 파악한다. 이런 견해가 현대에 와서는 분석철학에서도 그 주류를 형성하고 있는 형편이다.

물론, 검증가능성만이 중요한 것은 아니다. 주어진 진술의 특성을 파악할 때, 그 진술이 지닌 진리치가 참과 거짓이 가려지지 않는다 할지라도, 우리 생활에 중요한 경우는 얼마든지 있다. 예컨대, 형이상학적인 진술이나 종교적인 진술은 참과 거짓이 객관적으로 가려지지는 않지만, 인생이나 자연현상의 본질적인 문제를 다루기 위한 가설로는 중요한 역할을 하기도 하고, 경우에 따라서는 인생에 의의를 부여하고, 우리의 생활을 고무시켜 주기도 한다.

4.5 요약 및 결론

분석판단(명제), 종합판단(명제)과 관련된 연원은 경험론자인 로크나, 이성론자인 라이프니츠의 견해에서도 부분적으로 드러나 있지만 분석판단, 종합판단이라는 개념을 사용하면서 그 각각의 특징을 밝히려 했던 사람은 칸트다. 그러나 수학이나 기하학을 종합적이면서 또한 분석적이라고 하면서 선험적 종합판단이 가능함을 그곳에서도 찾으려 했던 것은 논의의 여지가 있다. 예컨대, "십진법 속에서 '2 + 3 = 5'"는 필연성에 근거한 분석명제일 뿐인데 말이다.

논리실증주의에 의하면 참과 거짓이 객관적으로 판별가능한 다시 말해 유의미한 명제들로는 분석명제와 종합명제가 있다. 분석명제는 문장

그 자체를 따져 보아도 참과 거짓이 객관적으로 밝혀지는 반면에, 종합
명제는 우리의 경험에 의해 그것이 참인지의 여부가 밝혀진다. 전자는
주어 속에 술어의 내용이 이미 포함되어 있는 반면에, 후자는 주어 속에
포함되지 않은 것이 술어에 새로이 첨가되어 있는 진술이다. 논리실증
주의에 의하면 참과 거짓이 객관적으로 밝혀지지 않는 명제는 인식적으
로 무의미한 명제이다.

물론, 참과 거짓이 객관적으로 밝혀지지 않는 명제지만 우리에게 삶
의 의의를 부여하고 생활을 고무시켜 주는 윤리적, 미적, 종교적, 형이
상학적인 진술들도 있다. 그러므로 논리실증주의에서 말하는 인식적으
로 의의 있는 명제와 우리의 삶에서 의의 있는 명제는 일치하는 것이 아
니다. 인식적으로 무의미한 명제이지만 우리의 삶에서 의의 있는 명제
는 허다하다. 인식적으로 의의 있는 명제이지만 우리의 삶에서는 별로
의미 없는 명제도 많다. '뚱뚱한 사람은 사람이다.'라는 진술은 인식적
으로 참과 거짓이 객관적으로 밝혀지는 명제지만 우리의 삶에는 별로
의미 없는 명제다.

논리실증주의자들이 분석명제와 종합명제를 제시하면서 '인식적으
로 유의미한 명제'를 주장하는 것도 비판의 여지가 있다. 분석명제와 종
합명제의 구별이 그렇게 뚜렷하지는 않기 때문이다. '총각은 미혼남자
이다.'라는 명제에서, 과연 이 명제가 분석명제의 성격만을 지니는지는
문젯거리다. 그 근원을 추적하면 분석적이라기보다는 우리의 경험에 의
존해서 형성된 명제인 면도 있다. 그러므로 어떤 명제가 분석적인지 종
합적인지는 엄밀히 말해 나누기 힘든 경우도 많다. 상황에 따라 결정되
어야 할 경우가 많다는 점이다. 이런 점에서 분석명제와 종합명제라는
것에 근거한 명제이원론도 과도한 이분법적인 사고방식에 근거한 주장
이라 하겠다.

5. 창조론/진화론

5.1 문제의 제기

우리는 여러 가지 물음을 던지면서 살아간다. 어떤 물음은 나는 모르지만 다른 사람들은 알고 있어 그 물음이 해결되는 경우가 있다. 예컨대, 참과 거짓이 계산이나 경험에 의해 객관적으로 밝혀질 수 있는 것들이 이에 해당한다. 반면에 객관적으로 밝혀질 수 있는 것이 아니어서 단지 믿음의 영역에 머무르는 경우도 있다. 이런 경우는 '참과 거짓'이 아니라 '찬성과 반대'의 문제로, 결국은 설득의 문제로 귀결된다.

진화론과 창조론의 경우는 이 가운데 후자에 가깝다. 특히 후자의 경우가 그렇다. 어떻게 보면 진화론은 일부 화석의 경우를 통해, 환경의 차이에 의한 생명체 모습의 변화를 통해 그 객관성을 지니는 듯도 하지만 아직까지는 창조론을 대체할 만큼의 이론은 아니다. 같은 종류의 개체 사이에서는 진화론적인 견해로 설명해도 통하는 경우들이 있지만, 종류가 다른 경우는 그 사이를 연결해 주는 연결고리로서의 화석이나 생명체로 내세울 만한 것이 난감하다고 한다.

창조와 진화라는 개념은 애매성과 모호성을 지닌 자연언어, 일상언어 수준의 개념이다. 종교에서도 사용되고 과학에서도 사용된다. 일상인들의 언어생활에서 두루두루 사용되는 개념이기도 하다. 우리나라 최초의 문학동인지도 『창조』인 것을 보면 매우 너르게 사용되는 개념이다. 진화라는 개념도 비슷하다. 여기서는 기독교에서 말하는 창조라는 개념과 생물학에서 말하는 진화론을 중심으로 살펴보기로 한다. 생명체에 관해 말할 때 종종 대립되는 경향이 있어 왔는데, 과연 대립될 수 있는 그런 것인가?

그렇다면 진화론과 창조론은 어떤 관계에 있을까? 서로 양립가능한 관계에 있는 것일까? 양립불가능한 관계에 있는 것일까? 우선, 진화론과 창조론이 지니는 특징을 각각 살피고 난 후 물음에 답하기로 한다.

5.2 창조론

인간은 이성적 동물이라고 한다. 이성은 다른 말로 사고력이라고 일컫기도 한다. 이런 이성을 바탕으로 여러 가지 인간관이 형성되었다. 다른 동물과 구별되는 인간이 지닌 대표적인 특징으로 종교적 인간을 내세우는 경우가 있다. 이는 불완전한 인간, 다시 말해 유한하고 일시적이고 상대적인 인간이 그에 대비되는 무한하고 영원하고 절대적인 그런 완전한 속성을 지닌 신(神)을 추구하고, 그런 신에 의지하려는 경향을 가리킨다. 사람을 구원하는 인격신을 믿으면서 살아가는 유태 · 기독교적인 생활태도가 그 대표적인 경우이다(안건훈, 2002 : 12).

하나님에 의한 우주창조 교리는 유대교, 기독교, 이슬람교처럼 유일신을 믿는 종교들에 공통된다. 창조에 대한 사상은 이들 종교 전통 내에서 대체로 광범위하게 걸쳐 전개되어 왔다. 창조는 유일하면서도 최상의 신인 하나님에 의해 이루어지는 것이지, 일단의 신들에 의한 것이 아니다. 창조는 그 이전에 존재하는 물질로부터 만들어진다거나 하나님 자신의 본성으로부터 유출(emanation)되는 것이라기보다는, '무로부터의(out of nothing)', '절대적인(absolute)' 창조라고 하는 경우도 있다. 과연 그럴까?

창조는 신의 자유로운 행위에 의해 이루어진다고도 한다. 창조는 사랑(love)과 관대함(generosity)으로부터 그렇게 된다는 것이다. 하나님은 태초에 우주를 창조했을 뿐만 아니라, 우주가 존재하는 매순간마다 그의 힘에 의해 우주를 유지한다. 하나님의 도움 없이는 우주는 무(nothingness)를 향해 붕괴될 것이다. 하나님에 의한 창조를 믿는 것이 대폭발이론(the Big Bang theory)에서 보여지듯이, 현대의 우주론(cosmology)으로부터 지지를 받는지의 여부는 논쟁거리다(Edward Craig, Vol. 2, 1998 : 695).

하나님과 우주와의 관계는 다음과 같은 논리적 분석을 통해 추론할 수도 있다.

(1) 우주는 시작이 있고 하나님에 의해 창조되었다.
(2) 우주는 시작이 있지만 하나님에 의해 창조되지는 않았다.
(3) 우주는 시작이 없지만 하나님에 의해 창조되었다.
(4) 우주는 시작이 없고 하나님에 의해 창조되지도 않았다.

위의 주장 가운데 (3)은 논리적으로 불가능하다. (3)의 경우는 스스로 모순이 된다. (1), (2), (4)는 현재의 과학기술에 의해서는 객관적으로 증명될 수 없는 영역이다. 다시 말해 참과 거짓이 가려지지 않는 믿음의 영역이다. 이런 영역은 설득력에 의해 지지를 더 받을 수도 있고, 덜 받을 수도 있다.

창조라는 말도 그 뜻을 좀 더 명확하게 이해할 필요가 있다. '있음(something)'과 '없음(nothing)'이라는 개념을 창조라는 개념과 관련시키면서 다음과 같은 논리적인 분석을 가해 보기로 한다.

(1) 있음에서 있음으로(something from something)

(2) 있음에서 없음으로(nothing from something)

(3) 없음에서 있음으로(something from nothing)

(4) 없음에서 없음으로(nothing from nothing)

위에서 제시한 '있음', '없음'의 논리적인 맺어짐 가운데, 창조와 관련된 것은 2가지 측면에서 생각해 볼 수 있다. 하나는 (3)과 같은 경우다. 하나님의 천지창조와 같은 경우라고 하겠다. 이런 창조는 신만이 가능하다. 하나님 이외의 다른 것들에서는 가능하지 않다. (2)와 같은 경우는 창조가 아니다. (4)의 경우도 창조와는 무관하다. (1)의 경우는 어떤가?

물론, 논리의 세계에서 보면, (1), (4)만 가능하지, (2), (3)은 가능하지 않다. '있음'과 '없음'은 논리적으로 서로 모순된 개념이므로 함께 이어질 수가 없기 때문이다. 우리는 우리의 감각기관에 의해 외부의 물리적인 대상들의 존재를 객관적으로 증명할 수 있다. 그러므로 (4)도 경험계를 반영하는 것은 아니다. 그렇다면 논리적으로도 사실적으로도 맞는 진술은 (1)뿐이다.

(1)의 경우는 다시 두 가지 측면에서 생각해 볼 수 있다. 어떤 형태의 있는 것에서 다른 형태의 있는 것으로 변형된 것도 창조라고 한다면 (1)도 창조의 범주에 속한다. 그러나 (3)과 같은 경우만을 창조라고 한다면, (1)은 당연히 창조가 아니다. 창조란 무엇인가? 창조의 경우는 창조를 넓게 생각한다면 (1)과 (3)이, 좁게 생각한다면 (3)만이 가능하다. 그렇다면 이런 창조는 모든 종들이 대체로 동시에 생겨났다는 것을 뜻

하는가? 아니면 시차를 두면서 이루어진다는 것인가? 「창세기」의 경우
를 보면 시차를 두면서 이루어진다.

5.3 진화론

위의 분석에 의하면 진화의 경우는 당연히 (1)에 해당한다. 그런데 생물
학적 진화론에 따르면, 지구상에 있는 생명체의 다양성과 형태는 최초
의 생명체로부터 변화를 거치면서 내려온 결과이다. 생물진화론을 정립
하는 데 크게 공헌한 사람으론 찰스 다윈(Charles Robert Darwin. 1809-
1882)을 들 수 있다. 그는 1831년에서 1836년까지 비이글(Beagle)호라는
배를 타고 남아메리카 및 남태평양의 여러 섬을 답사한 후, 자연도태현
상과 함께 라마르크(Lamarck)처럼 획득형질의 유전을 옹호하고 나섰
다. 이 가운데 자연도태설은 지금도 진화론자들에 의해 계승되고 있다.

C. R. 다윈(Charles Robert Darwin, 1809–1882, 진화론의 선구
자로 『종의 기원』, 『인간의 유래』 등을 저술했음)

진화론은 생명 그 자체의 기원에 관해선 설명하려 하지 않는다. 다시
말해, 어떻게 최초의 생명체가 존재하게 되었는지 말이다. 우주 가운데
비생명부분의 변화에 관해서도 그 역사를 설명하지 않는다. 적자생존
(자연도태. natural selection), 돌연변이(mutation), 종화(種化. 신종이 형

성되는 과정)에 관한 과정이 모든 생명체의 관계와 특성을 설명하기 위해 진화론에서 사용된다. 현대진화론은 광범위한 자연현상을 설명하는데, 그런 현상에는 유기체 사이의 깊은 유사성, 생명체의 다양성, 퇴화 기관을 지닌 유기체의 몸, 환경에 대한 유기체의 적응 등이 포함된다.

현대적인 진화론은 종합적인 진화론과 밀접한 관련을 지닌다. 1930년대, 40년대에는 유전학, 고생물학, 분류학 등이 동원되어, 종합적인 진화연구에 힘썼는데, 초기에는 도브잔스키(T. Dobzhansky), 헉슬리(J. Huxley) 등의 역할이 컸다. 이런 종합적 진화론을 신다윈주의(Neo-Darwinism)라 일컫기도 한다. 그 후 1970년대에는 분자생물학과 유전의 화학적인 연구토대로 종합적인 진화론이 더욱 전개되어 나가는데, 엘드레지(N. Eldredge), 굴드(S. J. Gould)의 역할이 컸다(장기홍, 1991: 165). 이들은 생물의 진화가 점진적으로 이루어진다는 다윈의 주장이 화석과 어긋나는 일이 많음을 알게 되었다. 장기홍은 그의 책인『진화론과 창조론』에서, 그들의 견해를 다음과 같이 정리하고 있다.

화석기록을 보면, 화석 종들이 일단 층서계열에 갑자기 나타난 후로는 그들의 전생존기간에 걸쳐 거의 변화 없이 진화적 '정체'(evolutionary 'stasis')가 지속된다. 화석기록이 알려 주는 종들의 존속기간은 50만 년 이하에서 수백만 년 이상까지 그 범위가 매우 크다. 일반적으로 더 많이 된 화석일수록 더 짧은 존속기간을 가지는데 그 까닭은 그들이 환경변화에 취약하기 때문인 것 같다. 반면 어떤 종들은 긴 수명을 가졌는데 이는 그들로 하여금 환경변화에 내성을 가지게 했던 이른바 항상적 조절(homeostatic controls)이란 것이 있었기 때문이다. 요컨대, 다윈의 이른바 '조상으로부터 후손으로의 한결같은 진조'의 증거는 없다. 일반적으로 새로운 무리들은 어미 무리들로부터 불쑥불쑥 생겨났다. 어미 무리들은 그대로 존속하여 후손 무리들과 한동안 공존하는 것이 보편적인 현상이다(165–168).

생물들의 조상이 점진적으로 변하여 후손의 종이나 아종(亞種)이 된 예를 보여 주는, 소위 같은 계보 내의 이러한 소진화적 연속(microevo-lutionary continuity)은 화석기록으로 증명하기가 힘들다는 견해다. 대신 이들은 '구두점식 평형(punctuated equilibria)'이라 일컫는 돌연적 신종형설과 주변환경에 적응이 우세한 것이 살아남는다는 것을 내세우고 있다(168).

5.4 창조론과 진화론은 양립가능한가?

앞에서 밝혔듯이 창조라는 개념은 몇 가지 측면으로 이해될 수 있다. 우선, 창조라는 개념은 '없음'에서 '있음'으로 나아감을 가리키는 반면 진화는 '있음'에서 '있음'으로의 변화를 가리킨다고 보는 경우다. 창조를 전자와 같은 뜻으로만 파악한다면, 창조론과 진화론은 대립할 필요가 없다. 창조론을 모순을 뛰어넘는 믿음의 영역에 속하는 신비한 것으로 여기면 되기 때문이다. 창조에 관한 개념규정도 분명하고 그 한계나 영역도 분명하다. 진화론은 '있음'에서 '있음'으로의 과정에 관한 것이다.

물론, 창조라는 개념이 '없음'에서 '있음'으로 나아감을 뜻할 뿐만 아니라, 있음'에서 '있음'으로 나아가는 것을 뜻한다 하더라도, 창조와 진화의 개념은 서로 양립불가능한 것이 될 순 없다. 진화과정도 하나의 창조로 간주하면 되기 때문이다. 이런 점에서 보더라도 창조와 진화는 서로 모순을 이룰 필요가 없다. 오히려 서로 무모순적이며 양립가능하다. 이런 점에서 장기홍(1991)이 편저한『진화론과 창조론』의 머리말 가운데 다음과 같은 표현은 주목할 만하다.

필자는 진화가 창조의 과정이라고 보는 사람들 중 하나이다. 과학적 사고의 훈련을 쌓는 동안 필자는 창조적 의지와 능력이 우주 속에 내재 내지 잠재해 있어서 그것이 변천과정을 통하여 진화라는 형식을 띠고 펼쳐진다는 것을 깨달을 수 있었다. 이러한 의지와 과정 없이 따로 신을 생각할 수 없다. 이런 경지에서 보면 "신이 있다"는 말과 "신이 없다"는 말은 별 차이가 없다(5).

창조와 진화를 반드시 서로 모순개념이라고 규정할 필요는 없다. 경우에 따라서는 서로 반대개념으로 사용될 수도 있다. 모순개념은 함께 공존할 수 없어도 반대개념은 함께 공존할 수 있다. 진화라는 것을 신이 다양한 모습의 생명을 창조해 나가는 방식으로 이해하는 유신론적인 것으로 이해할 수도 있고, 끊임없이 발현하는 진화과정 속에서 그 마지막 단계로 신성을 이해할 수도 있다. 필자는 두 개념을 모순개념이나 반대개념으로 파악하기보다는 경우에 따라서는 대비를 이루는 것 같지만 공존가능한, 나아가서는 창조라는 개념이 진화라는 개념을 포함(inclusion)하는, 후자가 전자를 함축(implication)하는 그런 관계로 이해하고 싶다.

5.5 요약 및 결론

창조는 '없음'에서 '있음'으로 나아감을 가리킨다. 그러나 넓은 뜻으로 보면 '있음'에서 '있음'으로 나아가는 것도 가리킨다. 창조를 전자와 같은 뜻으로만 파악한다면, 창조론과 진화론은 서로 대립할 필요가 없다. 각자 다루는 한계가 분명하기 때문이다. 후자와 같은 뜻으로 사용된다 하더라도 진화론과 창조론은 대립할 필요가 없다. 진화과정을 하나의 창조로 볼 수도 있기 때문이다. 대립으로 나가면, 정상적인 과학활동은 위축되며, 종교활동은 폐쇄적이 되기 쉽다.

진화론은 과학이론이고, 창조론은 종교이론이다. 탐구하는 분야에 차이가 있다. 아울러 서로의 한계와 역할이 있다. 서로 대립해야 할 이유가 없다. 과학은 신이 인간에게 준 가장 큰 선물일 수도 있다. 신앙은 과학을 풍성하게 해 줄 수도 있다. 그런 점에서 과학자는 종교인의 종교적인 신념을, 종교인은 과학적인 발견을 서로 인정해야 한다.

이런 점에서 그동안 지속되어 왔던 창조론과 진화론의 관계는 모순개념이 아니다. 다시 말해 창조론을 부정한 것이 진화론이 아니고, 진화론을 부정한 것이 창조론도 아니다. 창조론과 진화론의 관계를 반대개념으로 간주하는 것도 무리다. 창조적인 진화를 생각할 수 있기 때문이다. 그렇다면 이제까지 있어 왔던 창조론과 진화론의 해묵은 논쟁은 많이 해소된다. 이 논쟁은 인간의 잘못된 이분법적인 사고구조에서 유래하는 단순한 설명방식에 불과하기 때문이다.

인간의 사고구조도 변하기 마련이다. 아울러 더 설득력 있는 설명방식이 제기되기 마련이다. 창조론도 이제는 과학적인 탐구에 근거한 진화론을 수용하여야 한다. 창조론을 내세우면서 현대의 주류인 진화론과 갈등을 일으켜 온 그런 어려움에서 벗어나야 한다. 창조론과 진화론의 그 틈새와 갈등 속에서 생활해 온 수많은 종교인들이나 일상인들의 고뇌도 해소되어야 한다.

그렇다면 이런 진화를 주관하는 것은 무엇일가? 이런 질문에는 진화론에서도 과학에서도 여전히 답변하기 힘들다. 이런 점에서 창조론은 나름대로 그 의의를 지닌다. 창조론과 진화론은 서로 대립된다기보다는 보완 관계에 있다. 전지전능한 창조주의 뜻을 더 잘 이해하기 위해서라도 말이다.

6. 음/양; 여성/남성[9]

6.1 문제제기

음/양, 이(理)/기(氣)처럼 한국사상사에서 많이 등장하는 개념도 드물다. 음과 양의 개념은 반대개념이나 모순개념과 같은 대립개념이라기보다는 조화를 중요시하는 개념이라고도 한다. 과연 그런가, 그래야 하는가? 그렇다면 음/양이란 무엇이며, 어떤 관계에 있는가? 여성과 남성의 관계는 어떤가? 페미니즘이란 무엇이며, 어떻게 전개되어야 할 것인가?

6.2 음양이란?

음(陰, yin)과 양(陽, yang)은 만물 가운데 2원 대립적인 관계를 지니면서도 함께 조화를 이루면서 존재하는 것을 상징하는 것으로, 음은 −[마이너스], 양은 +[플러스]를 각각 가리키기도 한다. 초기에 중국에서는 음과 양이 근본적으로 햇빛과 관련된 명칭이었으나, 그 후 허신(許愼)이

---

9   이 부분은 필자(2008b)가 펴낸 『철학의 제 문제』의 제12장 가운데 12.1과 12.4임을 밝힌다. 12.4는 필요한 부분을 발췌해서 정리했다.

펴낸 『설문해자(說文解字)』의 해석처럼, '밝고 어두움'의 의미에서 '방위의 뜻'과 '계절의 변화'에 이르기까지 그 폭이 넓어져 갔다.[10] 음양에 관한 중국에서의 논의는 『노자(老子)』, 『장자(莊子)』, 『춘추좌씨전(春秋左氏傳)』 등에도 나타날 정도로 그 역사가 매우 길다. 여기서는 『주역(周易)』에서 나타나는 내용을 중심으로 정리하여 보겠는데, 그 이유는 강유(剛柔)나 대소(大小)라는 개념을 사용하면서 음양에 관한 단초를 제시할 수 있는 표현을 하고 있기 때문이다.

『주역』에서는 만물을 음양[11]의 관계로 파악하면서 음양론의 핵심을 이루는 생명의 생성도 그런 맥락에서 풀어 나간다. 『주역』에서 내세우는 가치관도 그렇다. 남상호(1998)에 의하면, 『주역』에서 추구하는 최고의 가치는 사랑을 뜻하는 음양 간의 조화와, 일음일양(一陰一陽)을 계속하는 영속적인 생명생성의 활동이다. 『주역』의 인생론도 음양의 합덕(合德) 속에서 최고의 수양·실천적인 가치를 추구한다(104).

음양은 상호의존적인 반존재(半存在)이므로, 어느 한쪽만으로는 완전한 존재가 될 수 없다. 비록 음양이 존재한다 하더라도, 시공상(時空上)에서 적당성을 갖추지 못하면 조화를 이룰 수 없다. 그래서 음양과 시공, 그리고 음양의 변화를 시공간 속에서 이해하는 시위(時位)가 최적의 균형을 이루면서 결합되어야 생생지덕(生生之德) 음양이 일체적 합일을

10　예컨대, 음이라는 개념은 밤, 비, 고요함, 부드러움, 물, 차다 등의 의미에서부터, 가을과 겨울, 소인, 신하, 자식, 처, 신장 등의 뜻으로, 양이라는 개념은 낮, 바람과 불, 태양, 천자 등에서부터, 임금, 남편, 군자, 방광 등에 이르기까지 사용된다(김종의, 2005: 73-75).

11　『주역』에 나타나 있는 음양의 특성을 요약하면 아래와 같다(남상호, 1998: 109).

(1) 음양은, 우주론에서는, 태극의 양면성인 생명의 근원과 조화의 원리이다.

(2) 강건과 유순은 양과 음이 지닌 상대적인 성질이다.

(3) 음양은 상대적인 성질을 지닌 구체적인 사물이기도 한데 크게는 천지가, 작게는 개체 사물이 그것이다.

이루어 새로운 생명을 탄생시키려는 덕을 발휘할 수 있다(110). 이처럼 『주역』은 음양관계에 기초하여 천지만물의 변화를 해석한 책이다.

한편, 음양에 관한 담론에서는 『춘추번로(春秋繁露)』를 지은 동중서 (董仲舒. 기원전 176-104)의 역할도 돋보이는데, 그는 천지만물이 음양 오행(陰陽五行)으로 이루어진다고 했다. 모든 현상을 음양오행의 작용으로 파악하면서 인간의 도덕행위까지도 음양오행의 작용으로 설명했다 (36). 그는 기존의 유가철학을 음양오행의 기론(氣論)으로 재해석했다. 그에 견해에 의하면, 음양오행론은 기론(氣論)에 속한다.

동중서는 "천지의 기는 합하여 하나가 되고, 나뉘면 음양이 되며, 사 계절로 구별되고, 오행으로 진열된다"[12]고도 했다(187). 천지의 기를 둘 로 나누면 음양이, 넷으로 나누면 4계절이, 다섯으로 나누면 5행이 된다 는 견해다. 음과 양은 서로 독립이 불가능한 반존재(半存在), 반실체(半 實體)로서, 상호의존적이고 상호보완적이며 음과 양 가운데 어느 하나 도 홀로는 새 생명을 낳을 수 없다. 오행도 음양처럼 원기가 분화된 것 이므로, 서로 독립이 불가능하며, 상호의존적이고 상호보완적이다(194- 195).

그런데 그에 의하면, 음양 가운데 양의 현상에 속하는 것으로는 인의 (仁義)를 들 수 있는 반면에 악은 음의 작용이다. 악을 음의 작용으로 간 주한 것은 논전의 씨앗이 될 수 있는 것이기도 하다. 이런 그의 견해는 기존의 주류를 이루는 유가철학과는 차이성을 드러낸다. 남상호(2000) 는 그의 논문인 「동중서의 천인감응의 방법」에서 그런 측면을 문헌을 인용하면서 다음과 같이 정리했다(186).

---

12   天地之氣, 合而爲一, 分爲陰陽, 判爲四時, 列爲五行.(『春秋繁露』「五行相生」)

그는 하늘이나 천지의 음양은 선악과의 관계상에서는 음악양선(陰惡陽善)[13]으로 말하고, 형덕(刑德)과의 관계 속에서는 음형양덕(陰刑陽德)[14]으로 말하며, 인성론적으로는 음정양성(陰情陽性)[15]으로 말한다. 그러나 "천도는 상반된 음양으로 되어 있다. 이 상반된 두 가지가 함께 일어날 수 없으므로 하나[一]라고 한다. 하나일 수는 있어도 둘일 수 없는 것이 하늘의 운행법칙이다"라고 하여 음양을 작용측면에서는 천도로 이해하고 있다.

이처럼 음양오행설은 우주나 인간사회의 모든 현상 및 만물의 생성소멸을 음양과 5행(金木水火土)의 관계로부터 설명하려는 학설이다. 이 가운데 5행설은 중국의 추연(鄒衍) 등에 의해 주창되었으며, 한(韓)나라때 특히 유행하였다. 우리나라에 유입된 정확한 시기는 알 수 없으나, 불합리한 예언이나 미신과 결합되어 예로부터 여러 사람들에게 영향을 주어 왔다. 현재도 어느 정도는 그 잔재가 남아 있으나, 음양오행에 관한 학계의 체계적인 연구는 미흡한 실정이다.

6.3 여성/남성

모든 사물은 그것이 생물로 분류되든 무생물로 분류되든, 음(경우에 따라서는 마이너스: −)과 양(경우에 따라서는 플러스: +)으로 이루어져 있다. 그리고 음과 양이 조화를 이루면서 운행한다. 특히 무생물로 분류되는 자연계의 경우는 더욱 그러하다. 생명체의 경우는 암컷과 수컷이

---

13 天兩有陰陽之施, 身亦兩有貪仁之性.(『春秋繁露』「深察名號」)

14 天道之大者在陰陽, 陽爲德, 陰爲刑.(『漢書』「董仲舒傳」)

15 身之有性情也, 若天之有陰陽也.(『春秋繁露』「深察名號」)

그 각각을 대변하며, 어느 정도 조화를 이루면서 살아가고 있는 것으로 여겨진다. 인류의 경우도 예외가 아니다. 우리 인류는 남성과 여성이 그 각각에 해당한다. 그렇다면 인간 이외의 자연계에서 음과 양이 조화를 이루고 있듯이 인류를 구성하는 남성과 여성도 그 조화로움을 잘 지켜 왔는가? 이에 관한 답변으로 고개를 내젓는 일이 더욱 많다. 왜 그럴까?

우선, 신체적인 차이에서 유래한다. 일반적으로 남성은 여성에 비해 체격이 크고 힘도 세다. 상당수의 동물의 세계에서 찾아볼 수 있듯이 수컷은 자손을 낳을 수 없는 약점을 보완할 수 있도록, 암컷에게 잘 보이기 위해 암컷에 비해 화려한 외모를 지니는 경우가 많다. 닭, 꿩, 사자, 피라미 등에서 볼 수 있듯이 말이다. 반면에 여성은 생명체에서 일반적으로 드러나는 특징이듯이 자손을 낳는 역할을 담당한다. 자손을 낳는다는 것은 고통스런 일이지만 어미와 자식의 끈은 매우 강하다. 다른 동물에게서도 흔히 볼 수 있듯이 수컷이 새끼들을 사랑하는 것보다 암컷이 자식을 더 사랑하는 것도 어쩌면 당연한 일이다. 그래서 암컷을 중심으로 무리가 형성되는 경우가 많다. 다 큰 수컷은 홀로 떠돌아다니는 경우가 많다.

인류의 경우, 초기에는 남성과 여성의 역할 분담이 그런대로 잘 이루어졌다. 남녀가 각각 그 신체적 특성과 능력에 따라 일하고 필요에 따라 나누어 가졌으므로 불합리한 차별은 덜했다. 여러 곳의 경우, 처음에는 자손번식과 육아의 중요성 때문에 여성의 세력이 더 강했던 것으로 여겨지기도 한다. 여성은 자식을 낳고 육아의 책임을 지는 등 안살림을 주로 하고, 신체적으로 힘이 센 남성은 여성과 자녀를 보호하는 한편, 의식주(衣食住) 해결에 1차적인 책임을 지면서 바깥살림을 주로 담당했다.

그러던 것이 인구증가와 더불어 먹거리가 부족하게 되고 경쟁사회로

나아가게 됨에 따라, 더욱이 사유재산제와 가부장제(家父長制)로 사회가
변화하고 전쟁도 빈번하게 발생하게 되면서, 신체적으로 힘이 센 남성
의 세력이 강해지는 경향이 나타났다. 집단적인 생활을 하게 됨에 따라,
집단적으로 다른 것들에 대항하는 일들이 자주 나타나게 됨으로써, 여
성에 비해 상대적으로 힘이 센 남성이 그 전면에 나가 활동하는 것이 유
리해지게 되었다.

경쟁이나 전쟁은 힘이 센 자나 조직이 강한 집단이 승리하게 된다. 특
히, 원시시대의 경우, 승리한 집단은 패배한 집단의 여성들도 차지하게
되었을 것이며, 생물의 세계에서 흔히 볼 수 있듯이 여성들도 그런 점을
인정하며 강한 자에 의존하면서 살게 되었을 것이다. 그래서 가정의 역
할 분담에 근거한 조화로움도 힘에 근거한 위계질서로 바뀌고, 가족에
서도 남성의 위치가 강화되기에 이르렀다. 가족은 사회의 축소판이 되
었다. 강한 자가 지배하는 사회의 모습이 가족이라는 사회에서도 재현
되게 된 것이다. 이처럼 조화의 붕괴는 힘겨루기에서 비롯되었다. 인간
의 경우는 권력다툼이 이에 해당한다 할 수 있다. 권력은 힘에서 나온
다.

그렇다면 부적절한 힘, 옳지 못한 힘이 지속적으로 이어질 때는 어떻
게 대처할 것인가? 힘이 약한 경우는 사자나, 멧돼지나, 산양의 생활에
서 볼 수 있듯이 암컷들이 무리를 이루면서 힘을 합쳐 생활하며, 수컷에
대항하는 경우가 많다. 반면에 수컷들은 각자 생활하다가 짝짓기의 경
우에 주로 암컷세계에 접근한다. 암컷들은 새끼들을 기르고 먹이를 찾
아 나선다. 힘이 세고 포악한 수컷이 새끼까지도 해치는 경우가 나타나
자, 새끼들을 보호하려는 본능이 발동하게 되고, 이런 본능적 행동은 힘
이 상대적으로 약한 암컷들로 하여금 힘을 합쳐 수컷들을 내쫓아 버리
는 결과로 나타났다. 새끼들을 보호하려는 본능이 수컷 없이 먹잇감을

구하는 어려움까지도 감수하게 했다. 그런 본능과 먹잇감 사냥을 위해 그들은 힘을 합쳤다. 힘이 약한 자가 살아가기 위해서는 힘을 합치는 일 외에는 다른 방법이 없다.

인간의 경우는 다른 짐승들과는 달리 대개는 일부일처를 유지하면서 역할 분담을 하면서 생활하고 있다. 남성들이라 하더라도 다른 짐승들에 비해 자식에 대한 사랑이 강하기 때문에 자식을 해하는 경우는 아주 드물다. 하지만 대부분의 경우 가족관계에서 남성의 위치가 여성에 비해 비교적 강하다. 힘세기나 경제생활의 1차적인 책임이 남성에게 일반적으로 주어지기 때문에 그럴 경향이 짙다.

그러나 산업혁명 이후 분업이나 협업이 중요시되어 여성도 노동현장에서 일하게 되고, 자연권에 근거한 민주정치의 확대로 여성의 참정권이 확대되고, 더 나은 교육을 받을 기회도 많아짐에 따라, 남녀평등사상이 증대되었다. 특히 현대에 이르러 여성의 경제인구가 많아지고, 과학기술이 발달함에 따라, 남성이 하는 일들 가운데 상당수를 여성도 할 수 있게 되면서, 여성의 역할이 육아와 집안 살림에 국한되지는 않게 되었다. 상당수의 여성도 경제인구에 포함되고 있는 현실에서는 출산은 여성의 몫이라 할지라도, 육아의 문제는 남성과 여성의 공동의 몫으로 되어 가는 추세다. 집안의 일도 대부분의 국가에서는 부부 공동의 일로 여기게 되었다.

아쉽게도 우리나라의 경우는 여성들의 교육수준이 다른 나라에 비해 상당히 높은데도, 정·관계나, 과학기술계, 금융계 등에서 활약하는 여성들의 비율은 다른 선진국들에 비해 낮다. 교육계의 경우도 대학의 경우는 아주 낮은 편이다. 의사의 경우도 그렇다. 관리직의 경우도 마찬가지다. 아직도 여성은 집안일을, 남성은 바깥일을 각각 분담한다는 오래된 이분법적인 관행이 지배하고 있을 뿐더러, 취업이나 임금이나 승진에서도 암암리에 그에 따른 차별이 있다. 이는 우리 사회가 극복해야 할 과제로서, 특히 여성들은 그들의 정당한 몫을 찾기 위해 좀 더 적극적으로 나서야 한다. 성별에 따른 차이와, 사회에서 부당하게 당하는 차별을 혼동해서는 안 된다.

남성과 여성의 역할분담도 고정적인 것이 아니라 주어진 상황 속에서 찾아야 한다. 그래서 남성과 여성의 조화로움도 과거에 당연시되어 왔던 그런 조화로움이 아니다. 현 시대상황에서 요구하는 그런 큰 틀 속에서의 조화로움이다. 가정은 1차집단(primary group)에 속하며, 그 속의 인간관계는 온정에 기반한 전인격적인 것이다. 여성들은 평생 1차집단적 관계에 제약을 받아 생활하는 경우가 많다. 우리나라의 경우도 예외가 아니다. 2차집단은 자율성, 기능상의 효율성과 합리성이 강조되는 사회로 남성들에게 더 열려 있다. 사회는 여성에게 1차집단인 가정에서의 역할을 기대해 왔다. 여성들은 가정적인 역할에 국한됨으로써 대외적 관계에서 차단되기 쉽다(이효재, 1977: 36-37).

그러나 우리나라의 경우도 과거와는 달리 남성의 역할과 여성의 역할이 고정적인 것에서 벗어나고 있다. 거의 모든 2차집단에 여성의 참여가 두드러지게 증대되고 있다. 1차집단에 관심을 지니는 남성들도 많아져 가고 있다. 경제적인 발전에 걸맞게 남성과 여성에 관한 가치관도 바뀌어야 하는데, 그 정도가 비교적 느린 것이 우리의 현 실정인 듯하다. 가족은 사회의 기본적인 단위를 이룬다. 학교, 지역, 국가생활 등 주어진 상황 속에서 그 구성원에게 요구되는 역할이 있듯이, 가족의 구성원들에게 요구되는 것도 그렇다.

기존의 이분법적인 고정관념의 틀에서 벗어나, 여성은 자기의 능력을 사회에서 발휘할 수 있는 길을 더 찾아야 하고, 남성은 집안일에 관해 더 세심한 관심을 지녀야 할 때다. 여성을 출산, 육아, 가사활동이라는 한정된 틀 속에 고정시킬 것이 아니라, 각자가 지닌 재능을 기업이나 사회 속에서 발휘하면서 생활할 수 있도록, 각자가 하고픈 일들을 하면서 생활할 수 있도록 길을 터 줘야 한다. 남성의 경우도 육아나 가사활동에 참여하면서 여성의 부담을 덜어 줘야 한다. 기성세대에 비해, 젊은 세대에서 이런 경향이 점진적으로 나타나고 있음은 그런 점에서 바람직하다. 남성들은 여성들이 직장생활이나 사회활동도 적극적으로 할 수 있도록 생각의 폭을 넓혀야 한다. 남녀의 역할 분담이 여러 면에서 고정적인 우리나라의 경우는 특히 그렇다.

6.4 페미니즘을 통한 인간성 실현

페미니즘(feminism)은 우리말로 여성해방주의, 여권주의, 여성주의로 번역된다. 페미니즘은 우리가 안고 있는 문제를 여성의 눈과 경험을 통해 진단하고, 여성들의 삶의 지혜를 모아 그 치료책을 찾고, 그 지혜를 실천함으로써 문제를 해결하고자 한다(허라금, 1998:『강대신문』제822호 5). 근대의 개념틀은 참/거짓, 이성적/감정적, 문화적/원시적, 인간/자연, 남성/여성, 공적인 것/사적인 것, 사회/가정처럼 근본적으로 이분법적 논리를 바탕으로 하는데, 이런 구분은 좋은 것/나쁜 것 또는 우월한 것/열등한 것이라는 위계적인 가치평가와 맞물려 차별의 논리로 사용되어 왔다(5).

에코페미니스트(Ecofeminist)들이 인간/자연 이분법(human/nature dualism)이라는 표현으로 환경위기를 다시 공식화하는 것도 위와 같은 맥락에서 이해할 수 있다. 에코페미니스트들은 다음과 같은 사실들을 우려하는데, 근대문명의 문화적 패러다임이 분리한 문화/자연, 정신/물체, 마음/몸, 이성/자연 개념들의 양면은 비정상적으로 분리되었을 뿐만 아니라 왜곡되어 있다는 점이다. 이런 잘못된 그물망 속에서 인간/자연 이분법도 그 문제점을 살펴야 한다는 주장이다(Val Plumwood, 2005: 123).

이런 이분법적인 방식의 개념 틀은 다루려는 문제를 간단하고 체계적으로 정리하기에는 편리하기도 하지만, 참된 의미나 의의를 파악하는 데는 문제점이 있다. 제시된 2개의 개념들이 서로 밀접히 연결되어 있는 것이라기보다는 단절되어 대립하는 것으로 파악하는 경향이 짙기 때문이다. 여성들은 인구에 있어서는 다수 집단이지만, 남성들에 의해 배타적으로 또는 여성들에 의해서조차도 사회화되지 않고 있다.

남성과 여성을 살펴보면, 여성이 비교적 더 잘할 수 있는 부분도 있고 남성이 더 잘할 수 있는 부분도 있다. 그런 점에서 생물학적인 차이성은 있을지라도, 그로 인한 사회적인 차별성이 부각되어서는 안 된다. 전자는 능력과 관련된 것인 반면에, 후자는 일방이 타방에 가하는 지배와 관련되어 있기 때문이다. 이제는 선천적 · 신체적인 것에 근거한 성(性)적인 차별이 아니라, 후천적인 노력에 의해 자신을 나타내고 실현하는 데서 드러나는 그런 차이를 중시하는 것과 관련된 젠더(gender)가 지적인 담론의 중심을 이룬다. 이런 경향은 지식인 사회의 담론에서, 최근 들어 성을 나타내는 영어표현이 섹스라는 개념보다는 젠더를 더 선호하는 면에서도 그 흐름을 엿볼 수 있다.

페미니즘은 그동안 남성들이 여성들에게 가한 불합리한 억압에 대항하면서, 여성이 지닌 장점, 인류사회에서 여성의 역할 등을 발견하고 적극적으로 계발해 나가자는 운동과 관련되어 있다. 페미니즘은 남성/여성이라는 단순한 이분법적인 개념 틀과 지배구조 · 억압구조에서 벗어나, 남녀 모두의 인간성을 실현해 보자는 취지에서 나타났다. 그래서 페미니즘은 구체적인 상황 속에서 남녀 간의 차이성이 생산적 · 미래지향적인 것으로 활용되는 것을 중시한다. 예컨대, 어머니와 자식의 관계에서 자식에 대한 어머니의 돌봄의 윤리는 확실히 여성의 강점이라 할 수 있다. 섬세함, 인내심, 청결, 평화 등도 여성이 지니는 강점임을 우리는 부인하기 어렵다.

생물학적인 차이에 의해, 남성이 할 수 있는 영역이 있고 여성이 할 수 있는 영역이 있다. 예컨대, 자손을 임신하여 낳을 수 있는 것은 여성만이 할 수 있는 일이다. 섬세함, 정리, 인내심, 청결, 돌봄, 평화 등은 여성들이 남성들에 비해 앞선 강점을 지닌다. 반면에 남성들은 육체적으로 힘든 일을 한다거나, 운동을 잘한다거나 등등의 강점을 지닌다. 그래서 잘할 수 있는 분야에 따라, 남성은 남성대로 여성은 여성대로 그 처지를 고려하고 능력을 발휘하면서 살아갈 때, 자연세계가 음양의 대립이 아닌 조화 속에서 이어지듯이, 인간세계도 자연의 이치를 거스르지 않고 살아가게 될 것이다.

6.5 요약 및 결론

음(陰)과 양(陽)은 대립적인 관계를 지니면서도 조화를 이루며 존재한다. 기호에 의해서는 음은 '-[마이너스]', 양은 '+[플러스]'로 각각 나타낸다. 음양에 관한 논의나 음양과 관련된 담론은 역사상 이곳저곳에서 발견된다. 『주역』에서는 만물을 음양의 관계로 파악하면서 음양론의 핵심을 이루는 생명의 생성도 그런 맥락에서 설명한다. 음양은 상호의존적인 반존재(半存在)이므로, 어느 한쪽만으로는 완전한 존재가 될 수 없다.

동중서(董仲舒)는 천지만물이 음양오행(陰陽五行)으로 이루어진다고 했다. 모든 현상을 음양오행의 작용으로 파악하면서 인간의 도덕행위까지도 음양오행의 작용으로 설명했다. 그는 기존의 유가철학을 음양오행의 기론(氣論)으로 재해석하기도 했다. 그는 "천지의 기는 합하여 하나가 되고, 나뉘면 음양이 되며, 사계절로 구별되고, 오행으로 진열된다."라고 했다. 그에 의하면, 음양 가운데 양의 현상에 속하는 것으로는 인의(仁義)를 들 수 있는 반면에 악은 음의 작용이다. '악은 음의 작용'이라는 그의 주장은 문제성 있는 것으로, 기존의 주류를 이루던 유가철학과는 차이성을 드러낸다.

음양론은 철학의 담론에서뿐만 아니라 관련된 학문의 발전을 위해서 나름대로 기여한 바가 있다. 음양오행론에서 종종 나타나는 과도한 비합리성이나 비과학성을 제외하면 말이다. 그럼에도 음양론은 이기론과 더불어 존재론적인 세계, 윤리적인 세계, 만물을 꿰뚫는 운행현상들을 체계적으로 설명하려 했다는 점에서 그 나름대로 학적인 기여를 했다. 앞으로도 음양론의 학적인 중요성은 지속되리라 여겨진다. 다만 음양오행설의 경우는 사정이 좀 다르다. 현대에 이르러 학문의 세계에서 들추어져 체계적으로 논의되지도 않고 있고, 관련된 연구자료도 부족한 것은 아쉬움을 더한다.

에코페미니스트들은 문화/자연, 정신/물질, 마음/몸, 이성/자연 개념들의 양면은 비정상적으로 분리되었을 뿐만 아니라 왜곡되어 있다고 주장한다. 이분법에 의하면 이런 두 개의 개념들은 서로 밀접히 보완하면서 연결되어 있다기보다는 단절되어 대립하는 것으로 정리되곤 한다. 그러나 남성과 여성의 경우를 살핀다 하더라도, 여성이 비교적 더 잘할 수 있는 부분도 있고 남성이 더 잘할 수 있는 부분도 있다. 페미니즘은 그동안 남성들이 여성들에게 가한 불합리한 억압에 대항하면서, 여성이 지닌 장점, 인류사회에서 여성의 역할 등을 발견하고 적극적으로 계발해 나가자는 운동과 관련되어 있다. 페미니즘은 남성/여성이라는 단순한 이분법적인 개념 틀과 지배구조·억압구조에서 벗어나, 조화로운 사회 속에서 남녀 모두의 인간성을 실현해 보자는 취지에서 싹텄다.

생물학적인 차이에 의해, 남성이 할 수 있는 영역이 있고 여성이 할 수 있는 영역이 있다. 남성은 남성대로 여성은 여성대로 그 처지를 고려하고 능력을 발휘하면서 살아갈 때, 자연세계가 음양의 대립이 아닌 조화 속에서 이어지듯이, 인간도 이런 자연의 이치에 거스름이 없이 조화롭게 살아가게 될 것이다.

7. 이(理)/기(氣)[16]

7.1 머리말

한국, 중국, 일본 3국에서 예로부터 많이 언급되어 온 것들 가운데 하나
가 이(理)와 기(氣)에 관한 것이다. 특히 조선시대에 이르러서는 학자들
사이에 이와 기가 지닌 성격규정을 두고 담론이 활발했다. 비록 이와 기
가 중국에서 한동안 논의되어 온 것이라고 하지만, 우리나라에서도 나
름대로 독특한 측면을 유지하면서 전개되었다. 이와 기에 관한 문제는
한국, 중국, 일본의 경우에서 나아가 인류적인 차원에서 함께 살펴볼 필
요가 있다.[17] 그렇다면 이/기란 무엇이며, 어떤 관계에 있는가?

7.2 『장자』와 『주자대전』에서의 이(理)와 기(氣)

이(理, li)와 기(氣, ch'i)에 관한 논의도 아주 옛날로 거슬러 올라간다.
비록 음과 양에 관한 논의보다는 후대에 형성된 논의라고 할지라도 말

---

16 이 부분은 필자(2008b)가 펴낸 『철학의 제 문제』의 제12장 가운데 12.2, 12.3, 12.4임을
밝힌다.
17 그런 점에서 예컨대, 근세철학자인 라이프니츠(G. W. Leibniz)의 이(理)/기(氣)에 관한
관심은 돋보인다.

이다. 그래서 이와 기에 관한 논의가 언제부터 시작되었는지 알기 힘들
뿐더러, 이와 기에 관한 정확한 뜻 및 관계를 파악하는 데도 어려움이
있다. 특히 그 관계에 관한 한 더욱 그렇다.

『세계철학대사전』(1985)에 의하면, 이는 '사물의 정당한 조리(條理)
를 이르는 말로, 처음으로 이기이원론을 주장한 송(宋)나라의 철학자인
정이천(程伊川. 1037-1107)이 '기(氣)의 존재, 운동의 내면에 그 원인이
되는 것'을 이(理)라 하였다. 주자(朱子)는 정이천의 사상을 계승하여,
이의 개념을 더욱 뚜렷하게 하기 위해, 존재론적인 견지에서 소이연지
고(所以然之故)라 하고, 법칙적 · 윤리적 견지에서 소당연지칙(所當然之
則)이라 하였다(875). 기는 만물을 형성하는 재료나 운동을 가리킨다.
이는 기와 함께 존재하며, 이는 감관에 의해 지각되지 않는 존재지만,
우주의 원칙이기 때문에 이가 없으면 기도 있을 수 없다.

이기론에서는 이와 기를 형이상자(形而上者)와 형이하자(形而下者)로
간주하기도 하는데 주자의 경우는, "이(理)는 형이상의 도(道)로서, 만
물이 생겨나는 근본이고, 기(氣)는 형이하의 기(器)로서 만물이 생겨날
때 갖추는 것"[18]이라고 했다. 달리 말하면, 이는 기가 따르는 원리이며,
기는 재료나 질료에 해당한다. 근원을 밝히면서 정리한다면, 이가 기보
다는 먼저이다. 이런 점에서 주자의 견해는 이선기후(理先氣後)를 드러

주자(朱子, 1130-1200, 중국 송나라의 유학자로 정주학(程朱學)
을 집대성함)

낸다.

　경우에 따라서는 기가 이보다 먼저라는 기선이후(氣先理後)를 내세우는 사람도 있으니, 『장자』라는 책이나, 황종희(黃宗羲. 1610-1695), 왕부지(王夫之. 1619-1692) 등의 견해에 나타나 있다. 『장자』에서는 만물의 근원이 기다(남상호, 2006: 35). 기는 우주론적으로는 만물의 근원이고, 실천론적으로는 삶의 제1법칙이며, 형이상학적으로는 본체이다. 만물은 하나의 기이며, 그 기가 모이고 흩어지는 것에 따라 생사변화가 일어난다. 이처럼 『장자』의 기론(氣論)은 기선이후가 아니라, 일체를 기로 설명한다(35). 이런 흐름 속에서 황종희는 "이는 기의 이이므로, 기가 없으면 이도 없다"[19]라고 하고, 왕부지도 "기는 이가 의지하는 것이다. 기가 번성하면 이가 도달하게 된다"[20]고 했다(36). 이처럼 그들은 기에 더 큰 중요성을 부여하면서, 그들의 논지를 펼쳤다.

7.3 퇴계와 율곡에서의 이와 기

이런 중국의 이기론이 한국에도 많은 영향을 주었다. 특히 조선이 건국하면서 국교로 유교가 채택되면서 그 연구가 더욱 활발해졌다. 조선의 개국공신 정도전(鄭道傳, 호는 三峯. 1342-1398)이 불교의 윤회설(輪廻說) 대신 기론(氣論)에 의해 만물의 생성변화를 설명하는 경우나, 경학(經學)에 밝은 권근(權近. 호는 陽村. 1352-1409)이 이기론을 본격적으로 다룬 것, 그 후 서경덕(徐敬德, 호는 花潭. 1489-1546)이 주자의 이원론적인

18　理也者, 形而上之道也. 生物之本也. 氣也者, 形而下之器也. 生物之具也.(『朱子大全』 권58, 「答黃道夫」)

19　理爲氣之理, 無氣側無理.(『明儒學案』, 「河東學案」: 144)

20　氣者, 理之依也. 氣盛側理達.(『船山遺書全集』17, 「思問錄內篇」: 9668)

이기론에 대해 기일원론을 내세우면서 주기론자의 선구를 이룬 것 등이 그 좋은 예들이다.

여기서는 우리나라 성리학계의 양대 거두로 일컬어지는 이황(李滉, 호는 退溪. 1501-1570)과 이이(李珥, 호는 栗谷. 1536-1584)의 견해를 살펴보기로 한다. 이황의 이기호발설(理氣互發說: 이와 기가 서로 일어난다는 주장)과 이이의 기발이승일도설(氣發理乘一途說: 기가 일어나고 이가 거기에 타는 것은 같은 길이라는 주장)을 중심으로 해서 말이다.

이런 이와 기라는 본체론적 · 존재론적인 개념이 도덕과 관련되면서 이들의 견해는 더욱 치밀하게 전개되어 나간다. 특히 4단(四端) ─ 인 (仁), 의(義), 예(禮), 지(智) ─ 과 7정(七情) ─ 희(喜), 노(怒), 애(哀), 락(樂), 애(愛), 오(惡), 욕(慾) ─ [21]이 이와 기와 관련되어 논의되면서 그렇다. 이황은 사단이발이기수지(四端理發而氣隨之: 4단인 이가 일어나, 기가 그것을 따른다.)와 칠정기발이이승지(七情氣發而理乘之: 7정인 기가 일어나, 이가 그것을 탄다.)[22]를 주장하면서 이와 기라는 2가지 존재를 인정한다. 그러면서도 그의 견해는 4단도 사물에 흘려[感] 움직임은 7정

---

21 4단은 사람의 본성에서 우러나는 4가지 마음씨다. 인에서 우러나는 측은지심(惻隱之心: 측은하게 여기는 마음), 의(義)에서 우러나는 수오지심(羞惡之心: 잘못을 부끄러워하고 불의를 미워하는 마음), 예(禮)에서 우러나는 사양지심(辭讓之心: 겸손하게 받지 아니하거나 응하지 아니함), 지(智)에서 우러나는 시비지심(是非之心: 옳고 그름을 구별하는 마음)을 가리킨다. 7정은 7가지 감정으로 희(喜), 노(怒), 애(哀), 락(樂), 애(愛), 오(惡), 욕(欲)을 가리킨다. 4단은 맹자가 제시한 학설로, 『맹자(孟子)』의 「공손추편(公孫丑篇)」에 있다. 송나라 주자는 이것을 성(性)의 표현이라 하였으며, 맹자의 성선설은 여기에 덧붙여 설명된 것이다. 7정은 『예기(禮記)』의 「예운편(禮運篇)」을 비롯하여, 당(唐)나라 한퇴지(韓退之)가 「원성편(原性篇)」에서 언급하였다. 7정은 고대 중국에서부터 있어 온 것으로, 나면서부터 하늘에서 부여받은 성(性)을 지니는데, 이 성이 사물에 접하여 정(情)이 된다는 것이다. 4단 7정설은 훗날 당(唐)대에 이르러 성리학의 큰 관심사가 되었다(『세계철학대사전』, 1985: 473).
22 『퇴계전서』권16, 32쪽『제2서』.

이황(李滉, 1501~1570, 호는 퇴계이며, 『성학십도(聖學十圖)』, 『주자서절요(朱子書節要)』 등의 저서가 있음)

과 같다고 보면서 후기에 이르러서는 이기이원론에서 이기일원론으로 그 경향이 점차 기울어졌다. 이어서 이황은 이와 기가 합해지지 않으면 마음이 될 수 없음을 인정하였다.

그러나 이황이 이처럼 호발설(互發說)을 주장하면서 이발(理發)을 주장한 데 반해, 이이는 오직 발하는 것은 기뿐이라고 주장했다. 그는 "기가 아니면 발할 수 없고, 이가 아니면 발할 근거가 없다."고 하면서 이발설(理發說)을 부정했다. 모든 것은 기발이승(氣發理承)이라는 일도(一途)만을 그는 인정했다. 이어서 그는 이통기국(理通氣局)을 내세워 이의 보편성과 기가 지니는 현상계에서 나타나는 여러 가지 국한성(局限性)을 주장했다.

조선시대의 유학사는 크게 주리론과 주기론으로 나눠 정리되기도 한다. 비록 주리론이 그 주류를 이루고 있지만 말이다. 이런 주리론과 주기론은 퇴계와 율곡에 와서 그 정점을 이룬다. 그러나 이와 기는 서로 배타적인 개념이 아니다. 율곡학파의 경우를 보더라도, 율곡학파가 이보다 기를 더 중시한다기보다는 오히려 율곡학파가 퇴계학파에 비해 상대적으로 기를 더 중시한다는 의미로서 이해하는 것이 무난할 듯하다.

7.4 행위 및 선악과의 관계

그렇다면, 이와 기, 그리고 4단과 7정은 인간의 행위에서 나타나는 갖가지 행위와는 어떤 관련을 맺으면서 전개되는가? 도덕에서 흔히 언급되는 선악(善惡)과는 어떻게 관련되어 있는가? 이황이나 이이는 4단과 7정을 선/악이라는 개념보다는 이/기라는 개념과 관련시키면서 자신들의 견해를 펼치는 경우가 많았다. 그 까닭은 4단과 7정의 특성이 이(理)라는 순수한 선[純善]과, 기(氣)라는 선이나 악이 될 가능성을 지닌[可善可惡] 것을 통해 더 잘 드러날 수 있다고 그들은 여겼기 때문이다.

이황이 4단과 7정을 구별하면서 이해한 것은 그 당시 빈번했던 2분법적 사고방식에서 그도 자유롭지 못했음을 알려 준다. 그러면서 그는 이발기수(理發氣隨)와 기발이승(氣發理乘)이라는 이기호발설(理氣互發說)을 주장하면서 이에 더 무게를 두었고, 사칠호발설(四七互發說)을 주장하면서도 4단을 더 가치 있게 여겼다. 반면에 이이는 사단칠정을 모두 기가 발함에 이가 올라탄 기발이승(氣發理乘)의 구조로 이해한다. 그는 이/기, 4단/7정을 2분법적인 대립개념으로 다루지 않고, 기의 청탁수박(淸濁粹

이이(李珥, 1536~1584, 호는 율곡이며, 『격몽요결(擊蒙要訣)』, 『성학집요(聖學輯要)』 등의 저서가 있음)

駁: 맑고 흐리고 순수하고 섞이고)에 의한 정도의 차이로 이해하면서 선악이 나타날 수 있는 가능성을 인정하였다. 이런 점들에서 이이의 견해는 주자의 견해와 그 차이를 드러낸다.

7.5 요약 및 시사점

정이천(程伊川)은 기(氣)라는 존재의 원인이 되는 것을 이(理)라 하였고, 주자(朱子)는 이와 기를 형이상자(形而上者)와 형이하자(形而下者)로 각각 간주하면서 이는 만물이 생겨나는 근본이고, 기는 만물이 생겨날 때 갖추는 것이라고 했다. 이들에 의하면 이가 기보다 먼저인 이선기후(理先氣後)를 드러낸다. 그러나 기가 이보다 먼저라는 기선이후(氣先理後)에 관한 견해도 『장자』라는 책이나, 황종희(黃宗羲), 왕부지(王夫之) 등의 견해에 나타나 있다. 『장자』의 기론(氣論)은 일체를 기로 설명한다. 이런 흐름 속에서 황종희는 "기가 없으면 이도 없다."라고 했고, 왕부지는 "기는 이가 의지하는 것이다."라고 했다.

　한국의 경우는, 이황(李滉)의 이기호발설(理氣互發說)과 이이(李珥)의 기발이승일도설(氣發理乘一途說)이 이기론을 살펴볼 수 있는 좋은 예들이다. 이들은 이와 기라는 존재론적인 개념을 도덕과 관련시키면서 특이하게 전개시켰다. 특히 4단(四端)과 7정(七情)이 이와 기와 관련되면서 그렇다. 이황은 이와 기라는 2가지 존재를 인정하지만 후에는 이기이원론에서 이기일원론으로 그 경향이 점차 기울어져 이기일원론의 확립을 위해 힘썼다. 반면에 이이는 사단칠정을 기가 발함에 이가 올라탄 기발이승(氣發理乘)의 구조로 이해하면서, 기의 편전(偏全)·청탁(淸濁)·수박(粹駁)에 의한 정도의 차이로 선악이 나타날 수 있는 가능성을 인정하였다.

이런 이기론은 음양론과 더불어 철학의 담론에서뿐만 아니라 관련된 학문의 발전을 위해서 나름대로 기여한 바가 있다. 음양론과 이기론은 존재론적인 세계, 윤리적인 세계, 만물을 꿰뚫는 운행현상들을 체계적으로 설명하려 했다는 점에서 그 나름대로 학적인 기여를 많이 했다. 이제까지의 이런 지적(知的)인 성취에 머무르기보다는 앞으로 좀 더 확실한, 보다 설득력 있는 주장을 펼치기 위해, 현대적인 시각에서 재조명하면서 발전적인 전개를 해 나갈 필요가 있다.

이와 기라는 존재론적인 개념에 관한 한 우리나라의 대표적인 학자들인 이황과 이이의 견해는 현대 심리철학에서 몸과 마음의 관계에 있어 수반론과도 어느 정도 비유될 수 있다. 수반론은 유물론적인 물리주의를 표방하면서도 심리적인 측면이 개재될 틈새를 제공하는 견해다. 일정 수준에 이른 물리적인 것에서 심리적인 것이 발생한다는 것이다. 이런 점에서 수반론은 이원론적인 유물론이다. 심리적인 것은 물리적인 것에 의존하지만 물리적인 것으로 환원되지는 않는다. 물리적인 것이 없는 한 심리적인 것도 없지만 그 역은 성립하지 않는다.

이이의 이기일원론이나 후기 이황의 견해에서 찾아볼 수 있는 기에 관한 중요성은 수반론에서 물리적인 것의 중요성에 더 비중을 두는 것에 비유될 수 있다. 이기일원론이나 수반론이나 물리적인 것에 근거한 세계파악이라는 점에서 비슷하다. 이나 마음은 존재하는 것에서 발생하는 커다란 질적인 변화처럼 여겨진다. 이런 유형의 이와 기의 관계나, 몸과 마음의 관계에서는 이분법적인 사고방식이 많이 퇴색되어 있음을 알 수 있다.

제2부
반대개념과 그 문제점

2부에서는 주로 사고활동이나 일상적인 언어생활에서 많이 사용되는 개념들 가운데 반대개념으로 여겨지는 것들을 중심으로 그 이분법적인 사용을 살펴보려 한다. 반대개념은 '두 개념이 그 분량이나 정도에서 서로 상당한 차이를 드러낼 때 일컫는 것으로, 두 개념은 그 양이나 정도에서 양극을 가리키게 되어 있어, 두 개념 사이에는 중간개념들이 있게 마련이다. 이를 위해, '밝음(빛)/어두움(그늘); 흰색/검은색', '착함[선]/악함[악]', '아름다움[미]/추함[추]', '이성/감정', '찬성/반대; 적극적/소극적', '동양/서양; 남(한)/북(한)'이란 개념들을 정리하겠다. 아울러 '사회·정치적인 개념들에서의 이분법'에서는, 그런 개념들이 사회의 대립과 갈등을 부추기는 독소로서 어떻게 사용되고 있는지 지적하겠다. 모순개념을 반대개념처럼 사용할 때 빚어지는 흑백사고의 오류도 범하지 않도록 조심해야 함은 물론이다.

8. 밝음(빛)/어두움(그늘); 흰색/검은색

8.1 모순개념과 반대개념

여기서 모순개념(contradictory concept)은 주어진 개념에 대해 그 개념을 부정한 개념을 가리킨다. 예컨대, P라는 개념의 모순개념은 ~P다. 이런 두 개념 사이에는 중간개념이 없다. 예컨대, '흰색'과 '희지 않은 색', '남쪽'과 '남쪽이 아닌 쪽', '있음'과 '있지 않음'(없음), '삶'과 '살지 않음'(죽음), '야당'과 '야당이 아닌 당' 등이 서로 모순개념이다.

반면에 반대개념(contrary concept)은 두 개념을 어떤 분량이나 정도에 따라 배열할 때 상당한 차이를 드러내는 경우로서, 흔히 양극단에 있는 두 개념을 가리킨다. 예컨대, '흰색'과 '검은색', '남쪽'과 '북쪽', '크다'와 '작다', '야당'과 '여당', '좋음'과 '나쁨', '착함'과 '악함' 등이 서로 반대개념이다. 반대개념 사이에는 그 사이에 중간개념들이 있다. 예컨대, 흰색과 검은색 사이에는 빨강, 노랑, 초록 등 여러 가지 색깔들이 분포되어 있으며, 남쪽과 북쪽 사이에는 동쪽, 서쪽 등이 있다. 크다와 작다 사이에는 크지도 작지도 않은 것이 있으며, 야당인과 여당인 사이에는 무소속에 속한 사람들이 있다.

8.2 밝음(빛)과 어두움(그늘)

밝음과 어두움의 경우는 서로 대비되는 개념이다. 대비되는 개념 가운데서도 모순개념이 아닌 반대개념이다. 밝음과 어두움은 그 밝기를 정도에 따라 배열했을 때 서로 대비되는 곳에 나타나는 현상이기 때문이다. 밝음과 어두움 사이에는 어슴푸레한 색깔을 비롯해 여러 가지 종류의 밝기가 있다. 빛과 그늘은 밝음과 어두움의 전형적인 한 예이다.

밝음과 어두움은 밝기에 따른 구별뿐만 아니라, 또 다른 측면도 있다. 생명체에 따라 어떤 생명체는 개체유지나 번식을 위해 밝은 빛(light)을 더 선호하는 것도 있고, 그늘(shade)을 더 선호하는 것도 있다. 경우에 따라서는 같은 생명체라 하더라도 어떤 때는 빛을 선호하다가 그늘을 선호하게 되는 경우도 있고, 그 반대가 되는 경우도 있다. 그러므로 빛이 생명체에게 언제나 좋다거나 나쁘다는 견해는 적절하지 못하다. 그늘의 경우도 마찬가지다.

빛은 그늘이 있음으로 해서 그 가치를 더하고, 그늘은 빛이 있음으로 해서 그 가치를 더하는 경우도 있다. 많은 동물의 경우, 겨울에는 빛을 좋아하지만 여름에는 그늘을 더 좋아하는 경우가 있다. 그래서 빛은 좋은 것, 그늘은 나쁜 것이라는 개념은 상대적인 개념이기도 하다. 물론, 전체적으로 보면 빛이 생명체에게 더 유익함을 부인할 수는 없다. 그러나 그늘은 빛이 지닌 문제점을 보완하기도 하고, 빛의 중요성을 생명체에게 일깨워 주기도 하는 그런 역할을 한다는 점에서 그 나름대로 어떤 역할을 한다.

8.3 흰색과 검은색

앞에서 제시한 모순개념과 반대개념의 정의에 따르면, 흰색과 검은색은 서로 모순개념이 아니라 반대개념이다. 빛을 받아들이는 정도에 따라 배열하면, 빛을 접하는 대상들 가운데 빛을 가장 강하게 받아들이는 곳이 검은색으로 나타나고, 가장 강하게 발산하는 곳이 흰색으로 나타나기 때문이다. 그래서 검은색은 흰색에 비해 온도를 모으는 데 더 효과적이다. 돋보기로 햇볕을 모으는 실험을 하면 검은 천이 다른 색깔의 천보다 먼저 불이 붙는 것을 보아도 알 수 있다.

흰색과 검은색은 서로 반대개념이므로, '흰색이 아닌 색'을 검은색이라 일컫는다면 소위 흑백사고의 오류(fallacy of black and white thinking)를 범하게 된다. '흰색'과 '흰색이 아닌 색'은 서로 모순개념이다. '흰색이 아닌 것'이 검은색을 지칭하지는 않는다. 그럼에도 '흰색이 아닌 색'을 검은색으로 파악한다면, 모순개념을 반대개념으로 오해했으므로 흑백사고의 오류를 범하게 된다. 이는 비형식적인 오류 가운데서도 '자료적 오류', 다시 말해 '부적절한 자료로서의 오류'를 범한 것이 된다.

흰색과 검은색은 다른 색깔들에 비해 뚜렷이 구별되므로, 확연히 대비되는 것을 힘주어 말할 때 종종 인용된다. 흰색과 노랑색, 검은색과 빨강색 등에 비해서 말이다. 한동안 '죽(竹)의 장막'이라 일컬어지던 폐쇄적인 중국에서, 1962년 7월 덩샤오핑(鄧小平) 전 중국 중앙군사위원회 주석에 의해 개혁개방 주장이 제기되었을 때, 그의 주장은 "검은 고양이든 흰 고양이든 쥐만 잘 잡으면 좋은 고양이다.[黑貓白貓論]"로 간략하나 생동감 있게 나타내져, 대중들에게 큰 호응을 얻은 적이 있다(『동아일보』 2011년 4월 26일자). 대비되는 개념을 사용하면서도 그가 지향하는 것이 무엇인지를 강조한 예이다.[1]

색깔에서 흰색과 검은색은 그 어느 색깔보다도 겉보기에 확연히 구별
되는 색깔이다. 흰색과 검은색 가운데 어느 것이 다른 것에 비해 더 좋
은 색깔이라고 일반적으로 말하기도 힘들다. 생명체가 살아가는 데 어
느 것이 더 도움을 주는지는 나타난 결과에 의해 정해지는 경우가 많다.
덩샤오핑이 색깔에 비유한 것을 예로 들어 인간사회에서 유익한 것이
무엇인지를 밝히려는 것도 이런 맥락에서다. 대비를 이루는 이념적인
틀에 갇혀 있는 것보다는 그런 틀을 뛰어넘는 능력이나 실력이 더 중요
함을 밝힌 것이다. 겉으로 양분된 공산주의나 자본주의가 아니라 어느
것이 국민들에게 더 유익하고 효율적인 사상인가 하는 점에 그는 중점
을 둔 것이다. 그런 점에서 그의 견해는 우리에게 시사하는 바가 크다.

이처럼 흰색과 검은색은 대비를 이루는 전형적인 색깔이다. 대비를
이루므로 선동적이어서 네 편, 내 편처럼 편 가르기 하기도 편하다. 그
러나 더 중요한 것은 그런 겉으로 나타난 이분법적인 사고방식이 아니
라 우리에게 실제적으로 도움을 주는 것이 무엇인지를 파악하는 일이
다. 이런 점에서 덩샤오핑의 '황묘흑묘론'을 '흑묘백묘론'으로 수정하
여 확실하게 대비된 표현을 사용하면서 그것보다 더 중요한 것이 무엇
인지를 대중들에게 일깨우려 했던 그 당시 논객의 논법이 수준급이다.

물론, 이 세상에는 검은색, 흰색 이외에도 다양한 색깔들이 있다. 이
세상은 흰색과 검은색으로만 구성된 흑백 텔레비전의 화면과는 다른 그

1　덩샤오핑은 그 당시 중국공산주의 청년단 3차 7중대회 강연과 중앙서기처 회의에서 "노
란 고양이든 검은 고양이든 생산성 회복에 유리하면 그것을 써야 한다.[黃貓黑貓]"고 말했다
고 한다. 그러나 이런 '황묘흑묘론'이 누군가에 의해 '흑묘백묘론'으로 수정되어 사회에 빠르
게 파급되어 나갔다. 전자에 비해 후자가 훨씬 대비적이고 생동감이 넘치는 표현이었기 때문
이다(같은 신문, 같은 날짜 참조할 것). 이처럼 흰색과 검은색은 색깔에 있어선 전형적으로 대
비를 이룬다.

런 세계다. 주변에 있는 수많은 대상들의 모습을 보면 온갖 색깔들로 이루어진 여러 형태들이 서로 어우러져 있다. 그렇다면 이런 다양한 색깔들은 어떻게 해서 나타나는 현상일까? 이런 다양한 색깔들은 흰색과 검은색과는 어떤 관계에 있는 것일까?

8.4 색깔의 변화와 굴절각

물리학에서는 색깔이 서로 다름을 프리즘(prism)을 통과한 빛의 굴절각에 의해 설명하는 경우도 있다. 프리즘은 광학적인 평면을 2개 이상 지닌 투명체로, 적어도 한 쌍의 면은 평행이 아니다. 프리즘을 그 기능으로 나누면 '분광프리즘', '전반사프리즘', '편광프리즘'으로 구분된다.

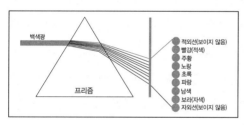

프리즘과 색깔의 분산

이 가운데 분광프리즘은 빛을 분산시켜서 스펙트럼(spectrum)으로 나누는 데 쓰인다. 이를 위해 삼각형으로 된 유리기둥이 많이 쓰인다. 한쪽 면으로부터 여러 가지 파장을 포함한 햇빛과 같은 빛이 입사(入射)하면, 그것이 단색광들로 분산되어 다른 면으로부터 나온다. 그 까닭은 프리즘에 대한 굴절률이 빛의 파장에 따라 다르기 때문에, 한쪽으로부터 들어간 빛이 다른 면으로 나올 때는 그런 파장에 따라 서로 다른 편각 δ를 지니기 때문이다.[2]

프리즘은 빛이 꺾어지는 굴절각의 차이에 의해 빨강, 주황, 노랑, 초록, 파랑, 남색, 보라 등의 색깔이 드러난다. 물론, 빨강이라 하더라도 여러 종류의 색깔들이 있다. 이 세상은 이처럼 여러 가지 색깔로 서로 어우러져 그 아름다움을 더한다. 그런데 이런 아름다운 색깔로 이루어진 세계를 밝음과 어두움으로만 파악한다거나 흑백으로만 생각한다면 이는 잘못 파악된, 잘못 본 세계다. 물론, 그런 세계는 너무나 단조로운 세계다. 무엇보다도 사실의 세계를 잘못 파악하고 있다는 데 그 문제가 크다.

물론, 유기체마다 감각기관이 약간씩 차이가 있으므로, 느끼는 빛의 종류와 정도에서도 차이가 나타난다. 예컨대, 사람들의 눈에 나타나는 색깔과 개의 눈에 나타나는 색깔은 차이가 있다. 예를 들어 빛의 3원색은 빨강과 파랑의 경우는 개나 사람이나 그 지각하는 색깔이 같지만 초록의 경우 개는 회색으로 보인다는 주장이 있다. 이런 견해들을 바탕으로 로크(John Locke)와 같은 과학적 실재론자들은 물리적 대상에 속해 있는 성질을 제1성질(primary quality)이라 하고 크기, 형태, 무게, 연장, 운동처럼 측정가능한 것들이 그런 성질에 속한다고 했다. 제1성질에 대해 유기체의 감각기관에 의존하는 성질을 제2성질이라 하면서, 색깔, 냄새, 소리, 맛, 촉감을 그 예들로 들었다. 제1성질과 제2성질 가운데 더 객관적인 것은 제1성질이다. 그래서 과학적 실재론자들은 인간이라는

---

2 여기서 프리즘의 최소편각 δ의 크기측정은 프리즘에 들어온 빛의 굴절률을 계산하는 데 기초가 된다. 프리즘의 꼭지각을 A, 굴절률을 n, 최소편각을 δ_0라 하면, 아래와 같은 관계식이 성립하기 때문이다.

$$n \sin A/2 = \sin(A + \delta_0)/2$$

그래서 꼭지각을 재고, 최소편각을 찾아내면, 프리즘에 들어온 빛의 굴절률이 계산된다. 분산용의 프리즘으로는 A = 60°인 것이 가장 많이 쓰이나, 모든 파장의 빛에 대해 일정한 최소편각을 갖도록 고안한 정편각(定偏角) 프리즘도 쓰인다(『동아원색세계대백과사전』 29, 1988: 208-217).

유기체의 감각기관과 독립해서 존재하는 것으로 여겨지는 제1성질을 참으로 실재하는 것으로 파악했다. 아울러 그런 실재를 과학의 대상으로 삼았다.

그러나 '측정가능성 여부'라는 것을 기준으로 제1성질과 제2성질로 나누는 것은 문제가 있다. 현대에 와서는 제2성질이라 일컬어지는 것도 그 측정이 가능하기 때문이다. 더욱이 제1성질이라는 것도 제2성질의 도움이 없이는 파악될 수 없다는 데 그 한계가 있다. 그래서 제2성질의 중요성이 다시 드러남과 더불어, 두 성질들 간의 중요성 차이나 구별도 모호해지게 되었다.

우리가 주변의 자연물에 대해 '아름다움', '장엄함' 등을 느끼는 것은 제2성질에 비해서도 더욱 주관적이다. '아름다움'이나 '장엄함'과 같은 제3성질은 관찰자의 감각기관에 의존한다. 예컨대, 색깔은 물리적 대상과 유기체의 상호작용에 의해, 다시 말해 굴절된 빛의 파장과 신경 세포의 반응을 통해 나타나지만, 제3성질은 그런 색깔에 의존해서 마음에 나타난다. 다양한 색깔이 있음으로 해서 아름다움이 더욱 돋보이고 장엄함도 더해지는 경우가 많다. 이런 측면에서 제1성질로써 파악된 세계를 보완한다는 점에서, 그리고 유기체 가운데서도 인간의 독특한 측면을 부각시킨다는 점에서 인간의 감각기관에 나타난 다양한 색깔들은 나름대로 그 의의가 있다고 여겨진다. 물론, 이 말이 인간 이외의 다른 유기체들은 검은색과 흰색만을 지각한다는 것을 뜻하지는 않는다. 어떤 유기체는 그럴 수도 있겠지만 다른 유기체들은 인간보다 더 많은 색깔들을 지각할 수도 있고 덜할 수도 있다.

8.5 요약 및 결론

밝음과 어두움은 모순개념이 아니라 반대개념이다. 빛과 그림자의 경우
도 그렇고, 흰색과 검은색의 경우도 그렇다. 이런 대비되는 개념들 가운
데 밝음과 어두움, 빛과 그림자는 밝기의 정도 차이에서 오는 것이지,
주어진 개념과 그것을 부정한 개념과의 차이가 아니다. 색깔이 서로 다
름도 프리즘을 통과한 빛의 굴절각의 정도에 의해 설명된다. 잘못된 언
어사용은 시정할 필요가 있다. 더욱이 중요한 것은 언어사용의 문제뿐
만 아니라 진실의 문제라는 점이다.

　밝음과 어두움은 조화를 이룰 수도 있다. 흰색과 검은색도 적절하게
배열되면 조화를 이루듯이 말이다. 물론, 다양한 색깔의 경우는 더욱 그
렇다. 다양한 색깔이 어우러져 있음으로 해서 이 세상은 더욱 아름답게
느껴진다. 가을 산의 아름다움은 바로 그런 것에서 찾아볼 수 있다. 흰
색과 검은색으로만 이 세상이 구성되어 있다면 이 세상은 매우 단조롭
게 보이는 삭막한 세상일 것이다. 다행스럽게도 이 세상은 갖가지 색깔
들로 이루어져 있다.

　빛과 그늘은 밝기의 차이에서 비롯된다. 정도의 차이에서 비롯되는
것이지, 빛이 있고 없음에서 비롯되는 것이 아니다. 다양한 색깔에서 나
타나는 갖가지 밝음과 어두움도 마찬가지다. 이 세상에는 여러 가지 색
깔들이 있고, 색깔마다 밝은 부분, 어두운 부분이 어우러져 있다. 그로
인해 아름다움이 나타난다. 빛과 그늘만으로 나타낼 수는 없다. 이 세상
은 흑백 텔레비전 화면이 아니라, 컬러 텔레비전 화면과 같다. 우리는
이런 사실을 인정해야 한다.

　물론, 유기체에 따라 지각되는 색깔들의 종류나 정도는 다를 수 있다.
그래서 인간들의 감각기관에 나타난 세계는 인간에게만 나타나는, 인간

에 의해 구성된 그런 세계일 가능성이 짙다. 다양한 색깔들과 그런 색깔들의 변화는 우리의 삶을 더욱 아름답게 해 준다. 적어도 흰색과 검은색으로만 되어 있는 그런 세계에 비해서는 말이다. 밝음과 어두움, 흰색과 검은색으로만 이 세상을 파악하는 태도는 언어사용에 문제가 있을 뿐만 아니라 더욱 심각한 것은 진실을 왜곡하고 있다는 점이다. 이런 점에서 흑백사고의 오류와 같은 문제점은 우리의 언어생활이나 사고활동에서 우리가 피해야 할 기본적인 과제다.

9. 착함[선]/악함[악][3]

9.1 머리말

'선(善. good)이란 무엇인가'라는 물음은 윤리학의 기초가 되는 물음이다. 이런 물음에 답하기 위해 전통적인 윤리학(traditional ethics)은 규범 윤리학(normative ethics)을 표방하는 경우가 많은데, 그런 경우는 크게 목적주의 윤리설과 법칙주의 윤리설로 대별되기도 한다. 그렇다면 이런 목적론과 법칙론에서는 선을 무엇으로 간주하는지, 그리고 어떤 생활을 통해 그것에 이를 수 있다고 주장하는지 살펴보기로 한다.

현대에 와서는 좀 더 근본적으로 '선이란 정의할 수 있는지'가 중요한 담론으로 제기되었다. 물론, 여기에는 정의할 수 있다는 견해와 그렇지 않다는 견해가 있다. 그 각각의 논거는 무엇인가? 선, 악의 문제를 찬성이나 반대, 동의(同意)나 부동의와 관련된 설득의 문제로 파악하는 견해도 있다. 왜 그런가? 선, 악이라는 개념은 모순개념이 아니라 반대개념에 속한다. 그렇다면, 선악의 문제를 어떻게 파악하는 것이 가장 올바른 것인가?

---

3 이 부분은 필자(2008b)가 펴낸 『철학의 제 문제』 가운데 「6장. 선이란 무엇인가?」임을 밝힌다.

9.2 목적주의 윤리설(목적론)

목적주의 윤리설은 크게 비쾌락주의(non hedonism)와 쾌락주의(hedo-nism)로 나뉜다. 이 가운데 대표적인 비쾌락주의자로는 고대 그리스 아테네기(期)의 철학자인 아리스토텔레스(Aristotle. 기원전 384-322)를 들 수 있다. 그는 우리가 추구하는 궁극적인 목적으로 최고선(最高善)을 내세우면서, 그것은 다름 아닌 '행복하게 사는 일'인데, 이는 '인성(人性)에 맞는 활동'이라고 했다. 이런 활동은 '이성에 따르는 합리적인 활동'이기도 하다.

이런 활동에서 덕(德)이 싹튼다. 덕에는 진리를 인식하는 '지성적 덕'[4]과 정욕을 억제하는 '품성적인 덕'이 있는데, 품성적 덕을 실현하는 것이 선한 삶과 특히 관련되어 있다. 품성적인 덕은 이성에 의해 우리 마음에 있는 여러 가지 욕구들을 다스림으로써 서서히 형성된다. 선이란 성질이나 심정이 극단적으로 치닫는 것을 피하고, 중용(中庸. mesotes)의 길을 택하는 것에서 나타나는 것인데, 품성적인 덕은 그런 행위를 지속적으로 반복함으로써 습관화되었을 때 그런 삶의 모습 속에서 드러난다. 그는 이처럼 습관을 중요시한다. 습관의 중요성이 그의 도덕교육방법에서는 강조된다. 그가 제시한 구체적인 품성적인 덕에는 용기, 절제, 정의, 긍지 등의 덕목(德目)들이 있다. 그에 의하면 덕목으로서의 용기는 만용도 비겁도 아닌 사려 깊은 데서 나타나는 중용에 기초한 그런 행위다. 그렇지 못한 행위는 선한 행위이기 힘들며, 행복으로 이어지기도 어

---

4 지성적인 덕은 중용을 찾아내는 사려의 덕, 제작활동에 관한 기술의 덕, 관상적 생활을 실현하는 지혜의 덕이 있는데, 아리스토텔레스는 이 가운데서도 지혜의 덕에 따르는 삶을 가장 이상적인 삶으로 여겼다(최동희 외, 1978: 58).

고대 그리스의 철학자 아리스토텔레스(Aristoteles, 기원전 384–322)의 『니코마코스 윤리학』

렵다. 이런 그의 도덕관은 그가 그의 아들의 이름을 따서 지은 『니코마코스 윤리학』에 잘 드러나 있다.

반면에 선을 쾌락과 관련시켜 주장하는 쾌락주의자들의 주장도 나타나는데, 그 대표적인 쾌락주의로는 헬레니즘·로마 철학시대의 에피쿠로스학파(Epicurean School)를 들 수 있다. 에피쿠로스학파의 창시자인 에피쿠로스(Epicurus. 기원전 341~270)는 철학이란 개인의 쾌락(hedone)을 얻는 수단을 연구하는 것이라고 했다. 이어서 그는 "쾌락이 유일한 선이며, 고통은 악이다."라고 주장하였는데, 여기서 그가 추구하는 쾌락은 식욕, 성욕, 명예욕과 같은 육체적이거나 세속적인 그런 쾌락이 아니다. 그에 의하면 진정한 쾌락은 '마음의 평정(ataraxia)'에서 그 모습이 드러난다. 이를 위해서는 세속적인 것에서 벗어나 검소한 생활을 하는 일이 필요하다. 그는 쾌락추구를 행복과 관련시키면서, 철학은 이와 같은 행복을 얻는 수단을 연구하는 것이라 했다.

근세에 와서는 벤담(J. Bentham, 1748-1832)이나 밀(J. S. Mill. 1806-1873)에 의해 주도된 공리주의(Utilitarianism)에서도 쾌락주의가 나타났다. 벤담은 영국에서 발생한 산업혁명 후에 나타난 신흥자본가 계급의 대변자로서, '쾌락(pleasure)의 극대화와 고통(pain)의 극소화'를 주장하였는데, 그 대표적인 구호가 '최대 다수의 최대 행복(the greatest happiness of the greatest number)'이다. 이것은 인간이 지닌 자연성과 욕망을 시인하면서 이루어진 자연주의적인 도덕설인데, 개인적인 쾌락보다는 사회전체의 쾌락을 추구한다는 데 그 큰 의의가 있었다.

벤담의 견해는 그 후 밀에 의해 좀 더 체계화되고 질적으로 고양되었다. 밀은 쾌락을 주장하면서도 양적인 쾌락보다는 위엄감(威嚴感, sense of dignity)과 같은 질적인 쾌락을 중시하면서, 행복과 만족은 구별되어야 함을 주장했다. 그는 "배부른 돼지보다는 배고픈 인간인 것이 더 좋고, 만족해하고 있는 바보보다는 불만이 있는 소크라테스와 같은 철인(哲人)인 것이 더욱 낫다."고 하면서 질적인 쾌락을 중요시했다. 이런 그의 주장은 그가 지은 책인 『공리주의』에 잘 나타나 있다.

벤담이나 밀이 강조하는 행복은 개인의 행복이 아니라 사회전체의 행복이다. 각자의 행복을 전체의 행복과의 조화와 유대 속에서 찾으려 했다. 벤담이나 밀과 같은 공리주의자들에 의해 주도된 이런 윤리설은, 인간이 지닌 자연성을 드러내 보이는 한편, 사회화 · 산업화되는 과정에서 나타난 시대적인 흐름 속에서 사회성을 강조하면서 싹튼 것이라 하겠다. 벤담의 경우는 고통을 최소화하려는 그의 견해를 동물의 세계에까지 확대하면서 동물학대에 대해서도 강하게 비판했다. 그래서 그는 "인

공리주의를 발전시킨 J. 벤담(J. Bentham, 1748-1832)과 J. S. 밀(J. S. Mill, 1806-1873)

간 이외의 다른 동물들도 그들의 권리가 결코 억압되지 않는 그런 권리를 획득할 날이 올 것이다."(Bentham, 1948 : 311 ; Nash : 23)라고 앞을 내다보기도 했다.

9.3 법칙주의 윤리설(법칙론)

법칙주의 윤리설에서는 자연세계에 자연법칙이 있는 것처럼, 도덕의 세계에는 도덕법칙이 있는데, 이 도덕법칙이 선이며, 도덕법칙을 따르는 생활이 선한 생활임을 주장한다. 그 대표적인 사람으로는 근세 철학자인 칸트(Immanuel Kant, 1724-1804)를 들 수 있다. 법칙론에 관한 그의 주장은 그의 저서인 『도덕형이상학원론(*Grundlegung zur Metaphysik der Sitten*)』에 특히 잘 나타나 있다.

그에 의하면, 도덕철학의 임무는 선의지(善意志. ein guter Wille)를 계발하는 데 있다. 선의지는 애착심(die Neigung)이나 두려움에서 비롯되는 것이 아니라, 의무의식으로부터(aus Pflicht) 유래한다. 의무의식은 법칙에 관한 존경이며, 우리의 실천이성이 우리 자신에게 부과하는 명령이다. 달리 말하면 우리 마음속에서 우러나는 깨끗한 양심의 소리다.

칸트는 우리가 따르는 명법(命法)을 크게 가언명법(假言命法. hypo-thetischer Imperativ)과 정언명법(定言命法. kategorischer Imperativ)으로 나눴다. 전자는 조건적인 명법으로 교환가치를 지닌 반면에, 후자는 무조건적인 명법으로 당위(當爲. das Sollen)적이다. 그는 후자를 나타내는 구체적인 것을 도덕률, 곧 격률(格率. die Maxime)이라 했다.

그가 제시한 격률들은 그의 저서인 『도덕형이상학원론』에 구체적으로 나타나 있는데, "너는 보편적인 입법이 될 수 있는 그런 격률에 따라서만 행위하라."(Kant, 1959 : 47)라든가, "너 자신에 있어서나 타인에 있어서나 인간성을 항상 목적으로 사용하라, 결코 단순한 수단으로만 사용하지 않도록 행위하라."(47)라는 것이 그 경우들이다. 그에 의하면 나나 다른 사람을 목적으로만 대하는 그런 목적의 왕국에 이르렀을 때에 우리는 비로소 영구적인 평화에 이르게 된다.

이런 도덕률은 양심의 소리인 실천이성이 우리 자신에게 내리는 것이며, 우리 스스로 그것을 따라야 하는 것이므로, 타율적이 아니라 자율적이다. 그에 의하면, 이른바 최고선(das höchste Gut)은 바로 이런 선의지에 따르는 도덕적인 행위와 그런 것 때문에 느껴지는 행복감이 일치하는 경우이다. 그런 경지는 우리의 영혼이 불멸해야 가능하다. 도덕률에 따르는 것이 결국은 행복한 삶 ― 현세에서 기대하기 힘들면 내세에서라도 ― 의 길임을 보장하기 위해서는 영혼불멸과 더불어 그것을 보장하는 신이 있어야 한다는 요청(das Postulat)으로서의 신관을 내세웠다.

이처럼 그는 인간이 지닌 이성과 양심을 기초로 하여 그의 윤리관을 펼쳤다. 그는 이성과 양심을 지닌 개인의 존엄성을 바탕으로, 서로 간에 수단이 아닌 목적으로 대할 것을 내세움에 의해, 건전한 시민사회를 윤리적으로 다지는 데 기여한 철학자이다. 나아가서 윤리적인 민주주의, 이상적인 인류사회를 철학적으로 확립하려는 데 힘쓴 철학자라 하겠다.

I. 칸트(Immanuel Kant, 1724–1804)의 저서 『도덕형이상학원론』

이처럼 전통적인 규범윤리학에서는 목적론과 법칙론이 윤리학의 양대 산맥으로 중요시되어 왔다. 물론, 이런 두 윤리설이 역사의 흐름 속에서는 대비되어 주장되기도 하지만 서로 반대개념이나 모순개념으로 나눌 그런 특성을 지닌 것은 아니었다. 오히려 서로의 이론을 보완하면서 윤리학설의 기초를 형성하는 데 이바지해 왔다. 법칙론이 목적론에 비해 좀 더 근본적이면서 이상적인 측면이 스며 있기는 하지만 말이다.

9.4 현대의 윤리

현대에 와서는 윤리학을 과학으로 재구성하려는 노력들도 엿보인다. 이런 경향 속에서 현대의 독특한 윤리로는 분석적 윤리학 또는 메타윤리학을 들 수 있다. 이에 따르면, 현대의 윤리는 크게 윤리적 자연주의(ethical naturalism), 윤리적 비자연주의(ethical non-naturalism), 비인지주의(non-cognitivism), 일상언어학파(ordinary language school)로 나뉜다. 현대에는 윤리문제가 이런 분석적 윤리학뿐만 아니라 본질(essence)보다는 실존(existence)을 강조하는 실존철학에서도 중요시된다.

우선, 메타윤리학의 처지에서 보면 윤리적 자연주의는 선 곧, 좋음과 같은 가치성을 지닌 윤리적인 용어는 우리 행위나 생활과 관련된 사실적이면서 자연적인 성질을 지니는 언어로 정의되거나 번역될 수 있다고 보는 견해로, 상당수의 프래그머티스트(pragmatist)들의 견해에서 찾아볼 수 있다. 가치인식은 끊임없이 환경과 상호작용하면서 문제상황에서 문제해결로 나아가는 우리의 구체적인 삶과 밀접한 관련을 맺는다. 사실의 세계와 가치의 세계는 연결된 것이며, 과학과 도덕도 그런 면에서 별개의 영역일 수 없다.

대표적인 프래그머티스트인 듀이(John Dewey. 1859-1952)에 의하면

선은 주위의 여러 상황과 관련되어 있으며, 가치는 지력에 의해 체계적
으로 형성된 행위의 결과에서 유래한다. 그래서 그(1922)는 "선이란 여
러 가지 대립된 충동과, 습관의 갈등과 혼잡성이 하나의 통일되고 정연
한 행동으로 풀려지는 것을 경험할 때 생각할 수 있다."(210)고 했다.
그는 이런 갈등과 혼잡성의 통일은 지력에 의해 인도되는 것으로 여겼
다. 선·악의 문제는 구체적인 상황과 관련하여 논의되어야 한다. 그에
의하면, "선은 언제나 같은 것이 아니며, 그 자신을 똑같이 모사할 수 없
다. 매일 새로운 아침, 낮, 저녁과도 같은 것이다"(211).

이처럼 듀이는 선이 고정적이지 않다고 했다. 선과 악은 정도의 차이
에서, 비교급에서 논의될 성질의 것이다. '더 좋은 것(the better)'이 선
이고, '더 나쁜 것(the worse)'이 악이다. 악은 이런 점에서 주어진 상황
에서 거부된 선(rejected good)이기도 하다. 도덕은 과정이며 성장하는
것이다. 유기체인 인간과 환경의 상호작용(interaction)이나 경험의 재
구성(reconstruction of experience)을 통한 성장, 연속성(continuity)을 중
시하면서 과정으로서의 철학을 펼치는 그의 견해로 미루어 볼 때 이해
가능하다.

이런 듀이의 견해를 포함한 윤리적인 자연주의는 경험론적인 전통과
그 맥을 같이하는 경우가 많다. 그리고 자연의 세계, 인간의 세계, 가치
의 세계, 사실의 세계를 연결시키면서 이해하려는 세계 이곳저곳에서
찾아볼 수 있는 ─ 예컨대, 중국의 유가윤리 ─ 그런 전통적인 사조와도
어느 정도 그 맥을 함께하는 그런 견해라고 하겠다.

윤리적 비자연주의는 직각주의(intuitionism)라고도 하는 것으로, 무
어(G. E. Moore. 1873-1958)의 저서인 『윤리학원리(*Principia Ethica*)』 속
에서 그 주된 경향이 나타나 있다. 러셀(Bertrand Russell)의 초기 윤리사
상도 그렇다. 무어는 '선이란 무엇인가?'라는 물음은 '선이란 정의할

수 있는가?' 라는 물음으로 대체될 수 있다고 보면서, 그 결론으로 선은 정의할 수 없는 단순관념으로 직각(intuition)에 의해서만 파악할 수 있다고 했다. 그는 과거 규범윤리학에서처럼, 선을 쾌락이나 행복 등으로 규정하는 데 이의를 제기하면서, 정의할 수 없는 비자연적인 '선'을 자연적인 대상들에 의해 정의하는 것을 '자연주의적 오류(naturalistic fallacy)' 라고 했다. 직각주의에서는 이처럼 사실과 가치, 과학과 도덕을 분리시키려 한다. 이분법적인 사고방식에 기초한 견해다.

그래서 이런 이분법적인 사고의 틀은 논전의 실마리를 제공하기도 했다. 직각주의자들처럼 선이란 정의될 수 없다고 단정하거나, 가치와 사실의 세계를 구별하고 자기들의 견해만 옳다고 하면서 상대방을 공격하는 것은 '논점절취의 오류'를 범하는 것이 된다. 논점절취의 오류 가운데서도 '선결문제요구의 오류' ― 제시된 진술들이 사실적·객관적으로 참이라는 것이 아직 검증되지 않았는데도, 그런 진술들을 전제로 하여 어떤 결론을 이끌어 낼 때 빚어지는 오류 ― 를 범하는 것이 된다.

비인지주의는 감동주의(emotivism)라고 일컬어지기도 하는데, 비인지주의에서는 윤리적인 언어나 판단은 발언자의 주관적인 감정을 나타내거나 듣는 자의 마음속에 어떤 감정을 환기하는 것에 불과하다고 본다. 윤리적인 언어나 판단은 비인지적이며, 유의미한 명제가 될 수 없다. 비인지주의는 분석철학 가운데서도 빈학단(Wiener Kreis)에 속한 학자들 같은 논리실증주의(logical positivism)에서 주장하는 윤리설이다.

논리실증주의자들은 논리학에 관한 깊은 신뢰와 더불어 자연과학적인 탐구방법을 중요시한다. 논리실증주의자들은 어떤 언명이 인식적으로 유의미하려면 참과 거짓이 객관적으로 밝혀져야 한다고 주장하면서, 그런 진술로서 분석명제(analytic proposition)와 종합명제(synthetic proposition)를 제시한다. 분석명제와 종합명제 이외의 명제는 참과 거짓을 가릴 수 없는 인식적으로 무의미한 사이비명제로 간주한다. 물론, 인식 적으로는 무의미하지만 우리에게 값어치 있는 많은 언명들이 종교적·윤리적·미적인 문장들에는 있다. 그들은 이처럼 검증원리로 일컬어지는 검증가능성의 기준을 제시하면서, 종교적·윤리적·미적인 문장들을 참이나 거짓으로 그 특성이 드러나지 않는 감정과 관련시켜 서술한다. 이런 문장들은 동의나 부동의, 찬성이나 반대와 관련된 문장이라는 것이다. 그래서 감동주의자인 스티븐슨(C. L. Stevenson)은 그의 저서인 『윤리학과 언어(*Ethics and Language*)』에서 예컨대, ' … 은 좋다.' 라는 말을 '나는 …을 시인한다. 당신도 그렇게 하시지요.' 라는 명령문이나 청유문으로 정식화하고, 이것을 다시 분석하여 이런 문장은 인식적인 의미와 더불어 감동적인 의미를 지닌다고 했다. 인식적인 의미는 사실에 의해 검증되며, 감동적인 의미는 그것을 받는 사람의 감정적인 반응이나 태도의 동의, 부동의에 의해 확인된다. 만일 태도의 부동의가 있을 경우는 그것을 동의로 이끌어 가는 설득(persuade)이 필요하다(최동희 외, 1978: 237-238). 스티븐슨을 비롯해, 에이어(A. J. Ayer), 카르납(R. Carnap) 등의 견해가 비인지주의에 속한다.

한편, 일상언어학파의 윤리설은 일상언어분석을 통해 윤리적인 명제가 지니는 독자적인 논리를 탐구함으로써 '학으로서의 윤리이론' 을 세우려 한다. 일상언어학파의 윤리이론은 옥스퍼드학파의 윤리이론이라고도 하는데, 이들에 의하면, 현재 사용되는 문맥을 떠나서는 제시된 문장의 의미를 파악할 수 없다. 언명이 사용되는 구체적인 상황을 중요시하면서, 일상인들의 사용법을 중요시한다. 그래서 주어진 언명이 그 사용되는 문맥에 비추어 잘못된 용법이라면 그것을 바르게 고쳐 주는 일이 필요하다는 소위 '치료적인 분석' 을 중요시한다. 라일(G. Ryle), 툴민(S. Toulmin), 헤어(M. Hare) 등의 견해가 이런 경향을 지닌다.

그들에 의하면, 윤리적인 언명은 애매성과 모호성을 지니는 경우가 많으므로, 자연언어·일상언어수준에서 주어진 상황을 고려하면서 바르게 사용하도록 치료해 주어야 한다. 그들은 논리실증주의자들이 주장하는 애매성과 모호성이 없는 인공언어·이상언어로의 환원적인 분석이 윤리적인 언명의 경우는 힘들다는 것을 인정했다. 아울러 비록 검증 불가능한 윤리적인 언명이라고 하더라도 어떤 목적으로 어떤 문맥에서 사용되느냐에 따라 유의미할 수 있음을 시사한 견해다. 나아가서 애매성과 모호성이 많은 일상언어도 시간이 흐름에 따라 그 뜻이 넓게 사용될 수도 있으므로, 언어의 진화나 생명력이라는 측면에서 그 장점을 시사했다.

한편, 실존주의 윤리에서는 일상적인 자기상실의 비본래적인 자아(das uneigenes Selbst)로부터 양심의 소리에 귀를 기울이는 본래적인 자아(das eigenes Selbst)로의 회복을 강조한다. 인간을 구체적인 상황 속에서 행동하는 단독자로 파악하면서, 자유로운 결단과 그에 따른 책임을 중요시한다. 그래서 키르케고르(Søren Kierkegaard. 1813~1855)는 미적 실존(여러 쾌락을 누리면서 살려는 영리한 생활태도), 윤리적 실존, 종교적 실존(신앙을 가지고 사는 생활태도)이라는 세 가지 실존을 제시하면서, 이 가운데 윤리적 실존은 자기 자신이 그 무엇과도 바꿀 수 없는 독자적인 인격체임을 자각하는 동시에 자기 자신이 가족과 사회의 일원임을 자각하는 모습으로 규정했다(김영철, 1988 : 246). 하이데거(Martin Heidegger. 1889~1976)의 경우는 인간이라는 특수한 존재자를 현존재(現存在. das Dasein), 세계내존재(世界內存在. In der Welt Sein)라고 규정하면서, 세상 사람들(das Man)이 개인상실의 일상적인 삶에서 벗어나 자신의 자유와 결단에 근거한 기투성(企投性. Entwurf)을 띤 삶을 중시했다. 그의 핵심적인 윤리사상에 관해 김영철(1988)은 그의 책『윤리학』에서 아래와 같이 정리하고 있다.

> 우리는 자기 자신이 선택하지 않은 상황 속에 내던져졌다는 것, 그리고 우리
> 는 우연과 불행의 지배를 받기 쉽다는 것, 또 우리는 어떤 의미에 있어서 죄
> 를 짓고 있다는 것, 그리고 인간은 결국 죽음이라는 최후의 한계와 직면해
> 있다는 것 등을 인식하고, 양심의 소리에 귀를 기울이며, 용기 있는 결단 속
> 에서 참된 삶을 찾으려고 노력해야 한다는 것이다(254).

사르트르(J. P. Sartre. 1905-1980)의 경우는 인간의 도덕생활을 이해
하는 열쇠를 자유라고 보면서 자유를 지닌 인간의 모습을 실존(exis-
tence)으로 파악했다. 이어서 이런 실존이 본질(essence)에 선행한다고
했다. 그가 말하는 자유는 선택의 자유며, 행동의 자유다. 이런 자유는
상황과 서로 밀접한 관련을 지닌다. '나의 구조', '나의 과거', '나의 환
경', '나의 이웃', '나의 죽음' 등이 그런 상황을 이루는 구조다. 나아가
그는 자기와 타인의 자유를 존중하면서, 자기뿐만 아니라 다른 사람에
대한 책임의 중요성도 강조했다.

현대의 윤리는 윤리적 비자연주의에서 볼 수 있듯이 사실과 가치를
분리시키려는 주장도 있지만 주류적인 견해로서 자리 잡는 데는 어려움
이 있다. 선이란 직각적으로 알려는 지지만 정의할 수는 없다는 견해도
신선하기는 하나 큰 호응을 얻지는 못했다. 오히려 선과 악의 문제는 건
전한 상식을 지닌 시민들이 주어진 상황에서 공감하는 그런 것, 강요나
주입이 아닌 보편적 가치에 기초한 설득과 관련되어 있다. 우리 인류가
추구하는 보편적인 가치에 가까우면 가까울수록 선이고 그런 가치에서
멀리 떨어지면 떨어질수록 선과도 멀어진다고 보아야겠다.

9.5 요약 및 시사점

과거의 전통윤리학에서는 목적론이나 법칙론에서 알 수 있듯이 규범을 중심으로 선의 특성을 규명하고, 어떻게 사는 삶이 선한 삶인지를 제시하려 했다. 그래서 목적론에서는 행복이나 쾌락을, 법칙론에서는 도덕법칙을 따르는 행위를 각각 중요시했다. 행복추구나 도덕률에 어긋나는 것은 선과 거리가 먼 불행으로 이어진다. 물론, 개념의 특성으로 보면, 선과 악, 행복과 불행은 서로 모순개념이 아니라 반대개념에 속한다.

목적론과 법칙론은 서로 상보관계에 있다. 결과를 중시하는 공리주의나 동기를 중시하는 법칙론 가운데 더 근본적인 것은 동기론이라 할 수 있다. 그러나 동기와 결과는 서로 관련이 깊다. 동기 없는 결과나 결과 없는 동기를 생각하기란 쉽지 않다. 상당수의 경우는 서로 관련되어 있다. 그러므로 전통윤리에서 목적론과 동기론은 서로 대비되는 측면이 있지만 조화를 이루어야 할 상보개념이다.

반면에 현대윤리학에서는 선이란 정의할 수 있는 것인지, 사실의 세계와 가치의 세계는 구별되는지, 윤리적인 언사는 어떤 특징을 지니는 것인지와 같은 언어분석에 그 초점을 맞춘다. 그래서 현대윤리학을 파악하기 위해, 윤리적 자연주의와 더불어, 윤리적 비자연주의, 비인지주의, 일상언어학파를 중심으로 그 흐름을 살펴보기도 했다. 이 가운데, 세력분포로 보면, 자연주의의 경우는 여전히 그 세력이 강하고, 비자연주의인 직각주의의 견해는 논전의 중심에 서 있으며, 비인지주의와 일상언어학파는 새로운 윤리학의 지평을 넓히려는 노력의 일환으로 받아들여지고 있는 실정이다(238).

실존주의 윤리에서는 일상인들의 삶, 다시 말해 공중성, 평균성, 유행, 여론에 귀를 기울이며 그럭저럭 살아가는 일상적·자기상실적인 삶에 문제를 제기한다. 이런 비본래적인 자아로부터 주체성회복을 외치는 양심의 소리에 귀를 기울일 것을 강조한다. 죽음과 같은 한계상황을 앞둔 단독자로 인간을 파악하면서, 자유로운 결단과 그에 따른 책임을 중요시한다. 아울러 자기와 타인의 자유를 존중하고, 자기뿐만 아니라 다른 사람에 대한 책임도 중요시한다는 점에서 개인과 사회의 관계에 대해서도 소홀히 하지는 않는다. 그러나 실존주의 윤리에서는 선, 악에 관한 직접적인 언급을 소홀히 한다는 점에서 아쉽다.

이상에서 알 수 있듯이 선이란 무엇이며 어떻게 사는 삶이 올바른 삶인지, 선이란 과연 정의할 수 있는 것인지는, 인간에게 자유의지가 있는지에 관한 물음과 더불어 윤리학의 기초를 이루는 과제이다. 나아가서 바람직한 인간의 삶과 위치를 가늠해 주는 지표이기도 하므로, 철학의 화두나 담론으로 소홀히 할 수 없는 분야다. 윤리적인 문제는 윤리적 비자연주의에서 종종 보여지는 그런 이분법적인 사고방식을 제외하고는 구체적인 삶의 맥락 속에서 파악된다. 선을 직각적으로 알 수는 있지만, 정의할 수는 없는 단순관념으로 파악하는 그런 견해는 논점절취의 오류를 범했을 뿐만 아니라, 윤리학의 주류로서는 자리 잡지 못하고 있다. 이런 점에서 선악에 관한 담론에서 주류는 여전히 탈 이분법적인 사고방식에 기초한다.

10. 아름다움[미]/추함[추][5]

10.1 미와 예술의 원리

사람들은 '참[眞]/거짓[僞]', '착함[善]/악함(惡)'과 더불어, '아름다움[美]/추함(醜)'에 관해 예로부터 관심을 지녀 왔다. 이런 이분법적인 사고의 틀 가운데, 참과 거짓은 서로 모순개념이지만, 착함과 악함이나 아름다움과 추함은 서로 반대개념으로 정리되곤 한다. 참, 거짓의 관계에서는 참이 아닌 것을 거짓으로 여기지만, 착함이나 아름다움의 경우는 그렇지 않다. 착함이나 아름다움의 경우는 사람들에 따라 그 기준이 다를 수도 있다. 어떤 사람들은 아름다움이란 주관성을 지닌다고 주장하지만, 다른 사람들은 객관성을 지닌다고 주장하기 때문이다. 그렇다면 아름다움이란 도대체 무엇인가? 아름다움과 추함의 기준은 있는가?

아름다움이 무엇인지를 연구하는 학문으로 미학(美學. aesthetics)이 있다. 오늘날 미학이라는 이름으로 불리는 독자적인 학문이 탄생한 것은 1750년 독일에서 출판된 바움가르텐(Alexander Gottlieb Baumgarten. 1714-1762)의 저서인 『미학(*Aesthetica*)』에서 비롯되는데 이는 '감성적

---

5   이 부분은 필자(2008b)가 펴낸 『철학의 제 문제』 가운데 「8장. 아름다움이란 무엇인가?」(91-99)임을 밝힌다.

인식의 학문'이란 뜻이다. 그 후 미학은 초기에는 주로 독일을 중심으로
발전하였다. 그렇다면 미학에서 다루는 이런 아름다움이란 무엇이며,
어떻게 해서 우리의 마음에서 움트는가?

아름다움은 인간이 느끼는 미의식(美意識)과 깊은 관련을 맺는다. 미
학은 '위로부터의 미학'과 '아래로부터의 미학'으로 나뉘어 논의되기도
한다. 한동안 주류를 형성해 왔던 '위로부터의 미학'에서는 미(美), 추
(醜), 숭고(崇高), 자연미 등에 관해 정밀하게 개념규정하고, 그것에 근
거해 여러 가지 미적인 사실들의 분류를 꾀한다. 반면에 경험적인 사실
로부터 출발하는 '아래로부터의 미학'은 개인의 주관을 중시하는 주관
주의에 기초하며, 페히너(G. T. Fechner. 1801~1887)에 의해 제창되었
다.[6] 그는 미적인 체험의 내용을 이루는 '만족이나 불만족'에 관한 연구
를 미학의 주제로 삼았다. 그는 미적인 대상이 인간에게 부여하는 독특
한 만족감정이라고 하는 그런 현실적인 체험을 중시하면서, 그로부터
법칙을 추구함으로써 미나 예술의 본질에 접근하려 했다.

립스(T. Lipps)는 소위 감정이입설(感情移入說. Einfühlungstheorie)을
내세우면서, 이들과는 약간 다른 측면에서 대상미(對象美)를 인간의 심
리적인 감정의 투영으로 파악했다. 그는 주관적 · 심리적인 미적 체험에
의해 객관적인 사실을 설명했다. 아름다움이라는 것은 일종의 쾌감(快
感. Lust Gefühl)이라는 점이다. 여기서 감정이입이란 타인이나 타물(他
物) 속에 자기 자신을 넣어 그 사람이나 사물과 똑같은 경험이나 상태를
지니려는 것이다.

---

6   페히너는 1876년에 펴낸 『미학입문(Vorschule der Ästhetik)』에서, 철학적 · 사변적인 미
학을 '위로부터의 미학'으로, 경험적인 미학을 '아래로부터의 미학'으로 각각 일컬으면서, 후
자의 중요성도 잊지 않았다.

그러나 미나 예술은 단순히 개인의 주관적인 산물만은 아니다. 눈앞에 있는 꽃이나 단풍이 아름다운 것은 사실이다. 그런 아름다움은 나 한 사람만이 아니라 다른 여러 사람들도 공감하는 아름다움이다. 그렇다면 그런 아름다움은 개인의 취향에 따라 변하는 미각의 주관성과는 구별되는 일정한 유형의 '보편성을 지닌 주관성'이라 할 수 있다. 내가 내 앞에 펼쳐진 금강산의 모습을 아름답다고 여길 때, 나 이외의 다른 사람들도 그렇게 여기는 경우가 많으니까 말이다. 이런 측면에서 보면 아름다움이라는 것은 객관적인 사실이기도 하다. 그러므로 아름다움의 특성을 알기 위해 주관성과 객관성이라는 이분법적인 잣대로 접근하는 것은 논의의 편의상 필요할지는 몰라도 미의 특성을 옳게 파악하는 수준 높은 방법이라고는 할 수 없다.

이러한 사정은 예술의 경우에서 더욱 뚜렷하다. 예술은 현실적으로 존재하는 객관적인 사실이다. 미술이나 음악이나 문학은 객관적인 존재로서 여러 사람들이 감상할 수 있는 대상이다. 작가는 어떤 기준에 근거해서 일정한 작품을 창작한다. 작가는 감상하는 사람들의 의견에 귀를 기울이며, 감상하는 사람들도 작가가 나타내려는 것을 이해하려 한다. 그러므로 예술은 비록 주관적인 근원에서 출발하였다 하더라도, 주관적인 측면을 넘어선 어떤 종류의 보편성을 요구하는 그런 특징을 지닌다.

한편, 우티츠(Emil Utitz, 1883-1956)는 예술적인 가치는 미적인 가치뿐만 아니라, 윤리적·종교적·지적·사회적인 여러 가지 가치들을 지니므로, 미적인 가치만을 대상으로 삼는 미학은 예술에 대해 무력하다고 보고, 미학과는 별도로 예술학의 수립을 제창했다. 이어서 예술의 각 부분에 걸쳐, 구체적인 사실에 대해 객관적·과학적인 법칙을 구명하려 했다.

10.2 자연미와 예술미

우리들이 보통 아름답다고 느끼는 것 가운데는 자연미와 예술미가 있다. 그렇다면 자연미와 예술미 사이에는 어떤 관계가 있을까?

먼저 자연미가 근본이며 그것을 예술이 모방한다는 견해를 살펴보기로 한다. 이러한 견해는 예술은 인간이 만든 것이며, 자연은 인간 이전에 이미 있었으므로 예술미보다는 자연미가 근본적이라는 것이다. 이런 관점은 어떠한 예술미도 자연미에는 이를 수 없다는 견해이기도 하다. 그리스의 조각이 매우 훌륭하다 할지라도 예술미에 불과하며, 살아 있는 소녀의 아름다움에는 미치지 못한다는 영국의 미술평론가인 러스킨(J. Ruskin, 1819-1900)의 주장에도 그런 경향이 강하게 드러나 있다.

한편, 칸트는 자연미란 아름다운 사물(das schönes Ding)에 기초한 것으로 예술미에 비해 일반적으로 순수한 반면에, 예술미는 사물에 관한 아름다운 표상(die schöne Vorstellung von einem Dinge)임을 내세웠다. 이어서 그는 예술은 자연적으로 추하거나 불쾌한 대상도 아름다운 방식으로 재현할 수 있음을 주장하면서, 예술미가 지닌 적극적인 측면을 드러내 보이려 했다(오병남, 2004 : 306).

밀로의 비너스상

그러나 자연미가 시간적으로 먼저 있고 사람들이 그것을 모방한 것이 예술미라고 보는 견해는 얼핏보면 그럴듯하지만 좀 더 깊이 생각하면 의문점이 많다. 이런 견해는 자연미가 그것을 지각하는 유기체의 감각기관과는 별도로 객관적으로 실재한다는 생각에 기초한다. 예술이 자연의 모방이라고 할 때, 그 표현 속에는 우리의 감각기관을 통해 나타나는 자연은 객관성을 지닌다는 것과, 우리의 감각기관은 자연을 있는 그대로 모사(模寫)할 수 있는 능력이 있음을 함축한다. 아울러 우리가 지닌 기술적인 모방능력도 함축한다. 그러나 우리의 감각기관이 과연 그런 능력이 있는가? 자연이란 도대체 어떤 것일까? 우리가 지닌 기술적인 모방능력은 어느 정도인가?

물리적인 자연은 엄밀히 말한다면 우리의 감각을 떠나서 존재한다. 물리적인 대상이 지니는 아름다움은 그 대상의 무게라든가, 크기라든가, 운동과 같은 객관적으로 측정가능한 제1성질이 아니다. 오히려 우리의 감각기관들 — 눈, 귀, 코, 혀, 피부 — 을 통해 나타나는 색깔, 소리, 냄새, 맛, 촉감과 같은 제2성질에 의존한다는 점에서 주관적이다. 이런 점에서 자연은 객관적인 존재라 할지라도, 자연미의 경우는 상당히는 인간이 부여한 것이라 할 수 있다. 그렇다면 아름다움이나 우아함이라는 제3성질은 제1성질과 제2성질에 의해 파생된 것이지만 그중에서도 제2성질에 더욱 의존한다. 이런 세 가지 성질들은 분리될 수 있는 그런 성질들이 아니다. 연속선상에서 파악될 수 있는 그런 성질들이다.

한편, 예술이 자연의 모방이라 할 때, 이 표현은 자연을 그대로 옮겨 놓는다는 뜻이 아니다. 모방에는 변경이 따른다. 예술가는 어떤 매개물을 통해 그런 일을 수행한다. 비록 아름다운 대상이 있다 하더라도 그것을 그대로 모사한다는 것은 불가능하며 그럴 필요도 없다. 그리고 아름다운 것을 모사한다 하더라도 아름다운 것과 그것을 아름답게 그린다는 것 사이에는 차이가 있다. 왜냐하면 경우에 따라서는 아름답지 못한 것도 아름답게 그려질 수 있고, 아름다운 것도 추하게 그려질 수 있기 때문이다.

이렇게 보면 아름다움은 우리와 완전하게 독립해서 존재하는 것이 아니다. 비록 그것이 객관적으로 존재한다 하더라도 그것을 그렇게 느끼는 인간의 마음이 없다면 그것은 아름답게 느껴지지 않는다. 이런 점에

서 보면 자연에서 발견되는 아름다움이란 자연에 대한 예술가를 포함한
우리들의 느낌이기도 하다.

10.3 미에 관한 견해들

여기서는 아름다움이 지닌 특성에 관해 주장한 대표적인 몇몇 철학자들
의 견해에 관해 알아보기로 한다. 우선, 칸트(I. Kant)의 경우를 살펴보
겠다. 칸트(1974)는 그의 저서인『판단력비판(*Kritik der Urteilskraft*)』가
운데「미적 판단력비판」부분에서, 미적인 판단의 논리적인 계기로 질
(Qualität), 양(Quantität), 관계(Relation), 양상(Modalität)을 제시하면
서 미적인 판단에 관해 상세히 서술하였다. 요컨대 그에 의하면, "아름
다움이란 관심이 없는데도 만족을 주는 대상(무관심적인 만족감. 질)이
며, 보편적으로 만족을 주는 대상(보편성. 양)이며, 목적과 관계 없이
발견되는 대상의 합목적성(합목적성. 관계)이며, 필연적인 만족의 대상
(필연성. 양상)이다."

　그는 이런 예술을 만드는 사람을 천재(Genie)라고 불렀다. 예술이란
천재가 지닌 기술이다. 천재란 "특정한 규칙이 주어지지 않는 것을 산출
하는 능력이 있는 사람"(161)이다. 천재에 의해 산출된 산물은 무의미
한 독창성의 산물이 아니라 후속 천재들의 독창적인 창작활동을 눈뜨게
할 범형(範型)이 그 속에 있어야 한다. 예술가는 그런 범형이 어떻게 해
서 이루어졌는지를 스스로도 알지 못해 타인에게 가르쳐 줄 수는 없는
자이다. 그렇다면 학자와 예술가는 어떻게 다른가? 그의 표현에 의하
면, 학문에 있어 학자는 거두(巨頭. der große Kopf)는 될 수 있을지언정
천재는 될 수 없다. 천재는 예술적 재능을 지닌 사람이지, 학문적 재능
을 지닌 사람이 아니다.

한편, 페히너(G. T. Fechner)의 경우는 칸트와는 달리 실험심리학적인 방법을 중시하면서 실험미학사상을 펼친 사람이다. 그는 미학의 방법으로, 칸트처럼 선험적인 원리에 의한 방법(일종의 연역적인 방법)뿐만 아니라, 개개의 사실로부터 미에 관한 사실을 도출하는 방법(귀납적인 방법)의 중요성을 내세우면서, 과학적인 미학을 시도했다. 예컨대, 네모꼴에서 종횡(縱橫)의 비율에 있어, 사람들이 어느 것을 가장 쾌적하게 느끼는지 연구하여, '8:13', '13:21', '3:5'의 비율을 지녔을 때, 가장 그러함을 그는 밝혔다. 고대 그리스인들도 대개 이와 같은 비율을 선호하고 있음도 알았다. 또 다른 예로 흰색 카드와 검은색 카드를 예로 들어, 어느 정도의 비율로 배열했을 때, 가장 쾌적함을 느끼는지 연구했다. 그는 지각에 관한 일반법칙으로 소위 페히너의 법칙(Fechner's Law) — 감각의 크기는 물리적인 자극의 대수함수(logarithmic function)다. '$R = k \log S$'. R: 감각의 크기. S: 자극의 크기 — 을 제시하기도 했다 (Craig, Vol. 3, 1998 : 571).

또한 그에 따르면, 인간에게 만족을 주는 것은 외부의 자극이 우리에게 어느 정도 주의력을 주는 것이며, 인상이 희미한 것보다는 뚜렷한 것이며, 현실에서나 상상에서나 모순이 없는 그런 것이다. 사람들은 '잡다한 것'도 '원리'도 싫어하면서 무규율 속에서 규율을 찾고 규율 속에서 무규율을 좋아한다. 아울러 어떤 관념에서 다른 관념을 연상할 수 있을 때 사람들은 만족을 느낀다. 그는 색체에 있어서도 개개 색체 이상의 미가 나타날 수 있어야 한다고 했다(집합 이상의 효과를 지녀야 한다).

이런 그의 견해 속에는 대립보다는 조화로움이나 연속선상에서 아름다움을 이해하려는 모습이 엿보인다. 이분법적인 사고에서 아름다움의 연원을 찾으려는 것이 아니었다.

미에 관한 견해들에서 프래그머티스트인 듀이(John Dewey)의 주장도 소홀히 할 수 없다. 그는 유기체인 인간과 인간을 둘러싼 환경의 상호작용을 중시하면서, 그런 상호작용 속에서 나타나는 문제상황을 문제해결로 이끌기 위해, 인간의 지속적인 경험을 중시했다. 그런 경험에 의해 터득한 유용한 해결방법에 초점을 맞추면서, 그는 예술도 원래는 인간의 일상생활에 그 근본토대를 두는 것으로 간주했다. 그는 예술철학의 임무는 예술과 일상생활과의 관계를 회복시키는 데 있다고 보았다. 예술적인 경험과 일상적인 경험은 본질적으로 다를 바 없다는 것이다. 예컨대, 우리는 옛날 자기(瓷器)에서 고도의 감흥을 느끼면서 그것에 어떤 예술적인 가치를 부여하곤 한다. 그런데 원래의 제작자들은 그것을 예술품으로라기보다는 오히려 일용품으로 만든 것이다. 우리의 생활을 좀 더 편리하게 하기 위해 지력(intelligence)의 인도에 의해 제작한 것이다. 이런 측면에서 본다면 그의 예술관은 도구적 · 실용적인 양상을 지닌다 (안건훈, 2007a : 43).

10.4 요약 및 시사점

아름다움은 인간이 느끼는 미의식과 깊은 관련을 맺는다. 아름다움에 관해 연구하는 학문인 미학은 경우에 따라서는 '위로부터의 미학' 과 '아래로부터의 미학' 으로 나뉘어 논의되기도 한다. 그러나 이런 접근방법은 무게의 중심을 어디에 더 두는가에 의해 구별되는 것이지 서로 배타적이거나 양립불가능한 그런 것은 아니다. 아름다움은 이런 두 가지 접근방법 모두에 의해 파악될 수 있기 때문이다. 상황에 따라서는 이런 두 가지 접근방법 가운데 어느 하나가 더 설득력을 지닐 수도 있다.

아름다움은 크게 자연미와 예술미로 나뉘기도 한다. 먼저 자연미가 근본이며 그것을 예술이 모방한다는 견해도 있다. 이런 견해는 예술은

인간이 만든 것이며, 자연은 인간 이전에 이미 있었으므로 예술미보다
는 자연미가 근본적이라는 것에 근거한다. 그러나 자연미가 먼저 있고
그것을 모방한 것이 예술미라고 하는 견해에 대한 비판도 만만치 않다.
예술이 자연의 모방이라 하더라도 그대로 재현하는 것은 힘들다. 자연
의 모방이란 자연을 그대로 옮겨 놓는다는 것이 아니다. 모방에는 변경
이 따른다. 예술가는 어떤 매개물을 통해 그러한 일을 수행한다. 이런
점에서 미를 창조하는 사람을 예술가라고 한다. 결국 예술가에 있어 자
연에 대한 아름다움이란 자연에 대한 예술가의 느낌이기도 하다. 이런
점에서 자연미와 예술미도 서로 배타적이라 할 수 없다.

한편, 아름다움이 지닌 특성에 관해, 칸트는 아름다움이란 무관심적
인 만족을 주는, 보편적으로 만족을 주는, 합목적성을 띤, 필연적인 만
족을 주는 대상이라고 했다. 이어서 그는 이런 예술을 만드는 사람을 천
재라고 했다. 예술이란 후속 천재들이 독창적인 창작활동에 눈을 뜨도
록 범형(範型)을 시사하는 그런 천재가 지닌 기술이다. 이런 점에서 학
자는 거두는 될 수 있을지언정 천재는 될 수 없다고 했다. 그러나 이런
그의 표현은 지나친 면이 없지 않다. 그런 유형의 천재성은 학문의 세계
에서도 찾아볼 수 있기 때문이다.

반면에, 페히너는 칸트와는 달리 실험미학사상을 펼쳤다. 그는 미학
의 방법으로, 칸트처럼 선험적인 원리에 의한 방법(일종의 연역적인 방
법)뿐만 아니라, 개개의 사실로부터 미에 관한 사실을 도출하는 방법
(귀납적인 방법)의 중요성을 내세우면서, 두 방법이 병행되어야 함을
주장했다. 이런 점에서 그의 견해는 한 단계 승화된 견해이지만, 어떻게
병행되어야 할지에 관한 구체적인 설명이 미흡하여 아쉽다. 그러나 칸
트의 견해가 지닌 문제점을 보완하면서 미학사상을 체계화하려 했다는
점에서 그 의의가 크다.

예술의 기원을 삶에서 부딪히는 문제해결을 위한 유용한 도구에서 찾는 듀이의 주장도 주목할 만하다. 예술적인 경험과 일상적인 경험은 본질적으로 다를 바 없으며, 예술품은 일용품과 불가분의 관련을 맺는다. 우리의 생활을 좀 더 편리하게 하기 위해 제작한 것이 예술품이다. 이처럼 그는 예술도 원래는 우리의 일상생활에 그 근본토대를 두는 것으로 간주하면서, 예술철학의 임무는 예술과 일상생활과의 관계를 회복시키는 데 있다고 했다. 삶의 경험과 유용성의 원리를 강조한 나름대로의 독특한 견해라 여겨진다.

아름다움이 지니는 대체적인 특성이 있기는 하다. 그런데 그런 아름다움도 어느 정도는 시대적인 경향성과 연관되어 있다. 그런 점에서 아름다움과 추함에는 정도차이에 따른 주관적인 판단이 깃들어 있다. 아름다움과 추함은 서로 모순개념이 아니라 반대개념에 속한다. 아름답지 않다는 것이 곧 추함을 뜻하는 것은 아니기 때문이다. 아울러, 예술품도 일용품도 우리의 생활과 경험에 뿌리를 두고 있다는 점에서 그 연속성이 있게 마련이다.

11. 이성/감정

11.1 이성이란?[7]

다른 생물들에 비해 사람이 지닌 특징을 제시하려 할 때는 흔히 이성(理性. reason, ration)[8]이나 도덕성을 이야기하는 경향이 짙다. 사람이 만물의 영장(靈長)이 될 수 있었던 것은 그 무엇보다도 바로 이런 두 가지 특성[9]이 있었기 때문이라는 점이다. 아울러, 우리가 마음이 지닌 특성에 관해 논의할 때, 감정(feeling, emotion)은 이성을 매개로 덕성으로 이어지기도 하고 지성, 의지와 더불어 마음의 구성요소를 나타내는 개념이 되기도 한다. 이런 이성과 감정은 경우에 따라서는 서로 대비되는 요소처럼 사용된다. 그러나 과연 그럴까? 물론, 이성과 감정이란 개념은 애매

---

7   이 부분은 필자(2006)가 펴낸 『자유의지와 결정론』 가운데 제5장 1절인 "1. 이성이란?" (218-221)에서 발췌된 것임을 밝힌다.

8   이성이란 개념은 오성 개념과도 관련시켜 논의되는 경우도 있지만, 후자는 칸트(Immanuel Kant)와 같은 사람들이 이성과 구별해서 사용하는 특수한 경우에 속하기 때문에, 여기서는 일반적으로 널리 사용되는 이성이란 개념에 초점을 맞춰 살펴보기로 한다.

9   물론, 이런 지극히 인간중심주의에 근거한 사고방식이 현대에 와서는 논란의 대상이 되기도 한다. 특히 환경철학이나 환경윤리에서는 이런 기존의 사고방식에 대해 이의를 제기하면서, '고통'을 담론의 중심으로 삼는 탈 인간중심주의적인 주장을 펼쳐 나가기도 한다. 그러나 아직까지 인간사회에서 주류를 이루는 견해로까지는 이르지 못했다.

성(曖昧性. ambiguity)과 모호성(模糊性. vagueness)[10]을 지닌 그런 개념이
다. 그렇다면 이성과 감정은 각각 무슨 뜻인지 우선 정리해 보기로 한다.

　사람들은 사람이 지닌 여러 가지 특징 가운데서도 '사람은 이성적 동
물이다' ― 이성적 인간(homo sapiens) ― 라는 말을 예로부터 즐겨 사
용하여 왔다. 이런 인간관은 고대 그리스를 비롯한 서구 문화의 근저를
흐르는 큰 줄기일 뿐만 아니라, 세계 어디서나 가장 많이 주장되는 인간
관이다. 이성이란 그 어원으로 보면, 라틴어의 'ratio(계산한다)'에서 찾
아볼 수 있다. 그러나 이성이란 말은 그 뜻하는 바가 다양하고 가리키는
바가 분명하지 않아 애매성과 모호성을 지닌다. 그렇다면 이성이란 추
상적인 개념은 어떤 의미들로 주로 사용되어 왔는가?

　우선, 이성이란 개념은 아주 좁은 의미로는, 'cogito ergo sum(생각하
고 있는 나의 존재는 의심할 수 없다)'과 같은 본유관념(本有觀念. innate
idea)이 참임을 아는 능력'으로 사용되어 왔다. 이런 식의 용법은 근세
합리론의 시조라고 일컬어지곤 하는 데카르트(René Descartes)의 견해
에 근거한 것으로, 이 말에 근거한다면 이성은 '자기의식의 직관이며 자
기존재의 직관능력'을 나타낸다. 좀 더 확대된 뜻으로는 '수학의 공리
나 논리학의 공리가 참임을 아는 능력'을 이성으로 규정하는 경우도 있
다. 예컨대, 논리학의 3대 기본공리가 참임을 아는 능력이 바로 이성이
라는 견해이다. 경우에 따라서는 계산을 하고 기하학을 하는 능력을 이
성이라 하기도 한다. 또 어떤 사람들은 개념에 의한 사유능력을 이성이
라 하는가 하면, 자기를 인식하며 도덕의 주체임을 자각하는 능력을 이

10　여기서 애매성이란 '주어진 표현이 두 가지 이상의 서로 다른 의미를 지니면서 이리저리
　사용될 때' 나타나며, 모호성이란 '주어진 표현이 적용되는 곳과 적용되지 않는 곳의 경계선
　이 정확하지 않을 때' 드러난다. 그래서 모호성은 정확성의 반대개념이기도 하다.

성이라 하는 사람도 있다. 이보다 더 넓은 의미로서 진위, 선악, 미추를 판별하는 능력을 이성이라 하는 경우도 있다. 칸트의 경우는 오성(悟性. der Verstand)이 수동적인 능력인 데 대해 이성(die Vernunft)은 능동적이라 하면서, 이것을 다시 순수이성(이론이성)과 실천이성으로 나누어, 전자는 경험을 가능하게 하는 능력인 데 반해, 후자는 의지로 규제하는 이성이라 했다.

이처럼 이성이란 개념은 다의적으로 사용된다. 하지만 아는 힘, 생각하는 힘을 나타내는 일종의 사고능력과 연관된 것임엔 틀림없다. 그래서 이성을 다른 말로는 사고력이라 일컫기도 한다. 경우에 따라서는 이런 이성이란 개념이 그 구성 요소별로 나뉘어 제시되기도 하는데, 기억력, 상상력, 연상력, 직관력, 추리력 등이 그것이다. 이성을 구성하는 여러 요소들 가운데서도 추리력이 특히 중요시되는데 그 이유는 소위 창의력이 추리력과 깊은 관련을 맺기 때문이다. 추리력에 근거한 창의력은 탐구활동과 밀접한 관련을 맺는다. 사실상 창의력이라는 것은 추리력을 동반한 탐구활동에서 비롯된다고 할 수 있다. 이런 탐구활동을 통해 정확한 지식을 알 수 있고 새로운 사실들도 발견해 낼 수 있다.

이제까지 이성이 지닌 특징을 살펴보았다. 그렇다면 감정의 경우는 어떤가? 감정이란 무엇이며, 감정은 이성과는 어떻게 관련되어 있을까?

11.2 감정이란?

감성(感性)은 자극에 대해 감각·지각이 일어나게 하는 능력으로, 감수성(感受性)의 준말이다. 감성은 대상으로부터 촉발되어 표상(表象)을 얻게 되는 수동적인 능력이기도 하다(『엣센스 국어사전』, 1999: 61). 감성과 관련된 것으로 감정(感情)이 있다. 감정은 사전적인 뜻으로는 느끼어 일어나는 심정으로 기분을 가리킨다. 심리학에서는 쾌·불쾌를 중심으로 하는 의식의 주관적인 측면이 강조되어 있다. 감정은 경우에 따라서는 '마음에 언짢게 여기어 원망하거나 성내는 마음'을 가리키는 한자어 (漢字語) 감정(憾情)을 나타내기도 한다. 후자와 같은 뜻으로는 '감정을 품다', '감정을 사다', '감정이 풀리다'와 같은 구절들에서 사용된다(63).

마음의 구성요인을 일컬을 때는 중세 이후에 흔히 사용되곤 하는 지 (知)·정(情)·의(意) — 지성·감정·의지 — 에서도 나타나 있듯이, 정(情)이 마음의 특성을 나타내는 중요한 하나의 개념이 된다. 정(情)은 감성과도 밀접하게 관련되어 있다. 최근 들어서는 지능지수(intelligence quotient. IQ)와 더불어 감성지수(emotional quotient. EQ)를 말하면서, 감성지수의 중요성과 더불어 그 계발을 강조하는 경우도 많다. 이성과 감성이 잘 계발되고 조화를 이루어야 바람직한 인격체로 형성될 수 있다는 것이다. 그런 점에서 흔히 말하는 지성은 상당히는 이성을 바탕으로 하되 감정이나 감성과도 관련된 그런 것이라 할 수 있다.

이처럼 이성을 바탕으로 하여 이루어지는 지성, 감성과 관련된 감정은 의지와 더불어 우리의 마음을 구성하는 중요한 요인이다. 경우에 따라서는 이성이란 개념 속에 감정을 통제하는 의지까지도 포함되는 경우가 있기에, 이성과 감정은 분리되어 고찰하기가 힘들다. 도덕성과 관련 지을 때도 이런 문제는 제기된다. 그렇다면 이성과 도덕성의 관계는 과연 어떤가?

11.3 이성과 도덕성의 관계

사람들은 다른 동물들에 비해 그들이 지닌 특성으로, 이성과 도덕성을 혼히 내세우는 경향이 있다. 그래서 인간의 특성을 내세우는 여러 가지 인간관 가운데서도 '이성적 인간'과 '윤리적 인간(homo ethicus)'이 두 드러지게 내세워진다. 물론, 이성적 인간은 다른 모든 인간관을 가능하게 하는, 그 밑바닥에 흐르는 그런 것이기도 하다. 도덕성이란 용어는 라틴어인 'mores'에서 유래하는데, 그것은 '예절(manners)'이나 '품행(morals)'을 가리킨다. 도덕성이란 좋은 것을 하려는 능력과 밀접하게 관련되어 있다. 도덕성은 좋으면서도 행복한 삶을 위해 필요하다. 이는 본인을 위해서뿐만 아니라 타인을 위해서도 요청되는 그런 사회성을 지닌 것이기도 하다. 다른 사람도 편안하게 해 주는 바람직한 그런 것이라는 점이다. 그래서 도덕성이란 개념은 착함[善] 곧, '좋음(the good)'을 함축한다.

이런 점에서 어떤 종류의 좋은 규범이 존재하는지, 그리고 그런 규범들을 어떻게 성취해야 하는지를 아는 일이 매우 중요하다. 우리는 좋음과 행복을 갈망한다. 좋음은 도덕성을 향한 힘이며 본질이다. 바람직한 행복은 좋은 삶에 기초한다. 좋음과 행복은 도덕적인 삶을 위해선 필수불가결한 요인들이다. 이런 개념들이나 개념들 사이의 관계에 관한 서술들은 보고적 정의(reportive definition)일 뿐만 아니라 실제적 정의(real definition)에 기초한다.[11]

---

11 여기서 보고적 정의는 사전적 정의(lexical definition)라고도 하는 것으로 어떤 특정한 언어 공동체에서 용인된 또는 표준적인 용법을 제시하는 데 기여한다(안건훈, 2005b: 34). 예컨대, 한글학회(1997)가 지은 『우리말 큰사전』에 따르면, 교육이란 "지식과 기술들을 가르치며 인격을 길러 주는 일(23)"임을 뜻한다. 한편, 실제적 정의는 설명되어질 것들의 어떤 특성을 지적하는 것에 치중한다. '의자'의 경우를 보면, 어떤 대상을 의자이게끔 하는 성질들 — 사람들이 걸터앉기 위한 보통 4개의 다리와 등받이를 지닌 걸상 — 을 지적하면 된다. 실제적 정의의 참과 거짓은 그런 설명이 경험적인 것들에 부합하는 정도에 의존한다(35).

도덕성에 관한 사전적 정의에서는 (1) 인간의 본성에 관한 신념; (2) 이상적인 것, 다시 말해 그 자체로 좋거나 바람직하거나 추구할 가치가 있는 것에 관한 신념; (3) 해야 할 것과 하지 말아야 할 것을 규정하는 규칙들; (4) 우리로 하여금 옳거나 그른 행동을 택하게끔 하는 경향이 있는 동기들을 포함한다(Edwards, 1978, (7): 150). 헤이든(Haydon, 1999)에 따르면, "도덕성이란 사람들이 어떤 방식으로 행위하고, 다른 방식으로는 행위하지 않기를 기대하는 것이지만, 어떤 다른 유형의 동기에 의해 그렇게 하는 것을 요구하지는 않는다"(101).

한편, 페리(Perry, 1961)는 "도덕성이란 상반된 관심들을 조화시키는 인간의 노력인바, 그것은 갈등이 다가올 때는 그것을 미연에 방지하고, 갈등이 발생할 때는 그것을 제거하고, 갈등은 아니지만 소극적인 조화는 협동이라는 적극적인 조화로 진척되도록 하는 것이다. 도덕성은 동일한 사람이나 서로 다른 사람들의 관심들 가운데 나타나는 갈등들에 의해 야기된 문제들을 해결하는 데서 찾아볼 수 있다"(277).

페리의 이런 견해는 선(good)에 관한 듀이(John Dewey)의 정의와 상당히 비슷함을 알 수 있다. 듀이(1922)는 "선이란 여러 가지 대립된 충동과 습관의 갈등과 혼잡성이 하나의 통일되고 정연한 행동으로 풀려지는 것을 경험할 때 생각할 수 있다."(210)고 했기 때문이다. 이어서 그와 터프츠(Dewey & Tufts, 1908)는 "도덕성 이론을 알기 위한 관건은, 만일 어떤 행위가 도덕적인 의미를 지닌다고 하면, 자아와 그 행위의 통일성에 관한 인정에서이다. 반면에 도덕성 이론에서의 오류는 자아와 행위가 서로 분리되고, 도덕적인 가치들이 서로 우열로 귀착될 때 발생한다."(318)고 했다.

윤리적인 진술은 우리가 사는 세상이 어떤지에 관한 기술(description)이 아니라, 오히려 세상이 어떻게 되어야만 하는지에 관한 지시

(prescription)며 처방이다. 그래서 도덕성은 도덕적인 신념의 형성과도 불가분의 관련을 맺는다. 그래서 우리는 어릴 때부터 부모님을 존경해야 하며, 이기심에 얽매이지 말아야 하며, 거짓말을 하지 말아야 하며 등등을 배운다. 아울러, 교육자들은 학생들에게 이런 가치들이 담겨 있는 개념들(value-laden concepts)을 정연한 체계로 조직화하여 가르친다. 그래서 도덕적인 신념체계(moral belief system)는 규범의 유형이자 내면화이다.

그런 체계는 자신이나 그가 생활하는 사회의 가치를 포함한다는 면에서 포괄적이다. 그래서 이와 관련된 무수한 유형의 윤리탐구가 있어 왔다. 전통적인 윤리이론들도 그 좋은 예들이다. 많은 도덕원칙들이나 기본규칙들이 그런 이론들로부터 유래하여 왔기 때문에, 그런 이론들은 특히 중요하다. 그래서 도덕적인 신념체제의 기초를 파악하기 위해, 전통적인 윤리이론들도 탐구할 필요가 있다.

인류는 서로 다른 다양한 문화와 가치를 형성하면서 살아왔다 할지라도, 서로 간에 지속적인 삶이나 생활을 유지하기 위해 보편적인 가치나 도덕적인 판단에도 관심을 지녀 왔다. 이로부터 사람들은 인류가 공통으로 지니거나 지니기를 바라는 그런 가치나 판단이 무엇인지에 관한 관심도 지니게 되었다. 사람들은 그들의 도덕적인 신념체제를 형성하기 위해 설득력 있는 판단기준들로 여겨지는 견해들에 의해 영향을 받기도 한다. 윤리학에서 말하는 목적론과 의무론도 그런 설득력 있는 경우들에 속한다.

앞에서도 언급했듯이 인간이 지닌 특성을 제시하려 할 때, 특히 많이 제시되는 것이 이성(理性)과 도덕성이다. 사람이 만물의 영장(靈長)이 될 수 있었던 것은 그 무엇보다도 바로 이런 두 가지 특성이 있었기 때문이라는 점이다. 이 두 가지 특성은 결합되어 여러 가지 설득력 있는 규범이나 도덕원칙들을 산출했다. 이성에 근거한 합리적인 결단과, 이성과 결합된 감성이나 감정이 삶의 질을 높이는 길임을 주장했다. 이성에 근거한 행위는 변덕스런 행위가 아니며, 예측가능한 행위이기도 하다.

우리는 종종 가치 갈등상태에 빠지는 경우가 있으며 그 경우 어느 것을 선택하여야 할 처지에 있게 된다. 우리들 가운데 많은 사람들은 선택할 처지에 있을 때, 자신이 형성해 온 신념체제와 사회에서 추구하는 이상적인 가치를 마음에 두면서 어떤 것을 택한다. 이런 신념체제와 이상적인 가치는 자연법칙과 같은 수준의 보편성을 띤 경험명제는 아닐지라도 어느 정도 일관성을 지니며, 선택이나 행위를 야기하는 근거가 되기도 한다.

이런 점에서 이성의 도움에 의해 도덕성 및 도덕적인 신념체제가 형성되어야 한다. 비교적 많은 사람들에게 설득력이 있다고 여겨지는 대표적인 도덕원칙들인 공리주의 윤리설이나 결과론, 법칙주의 윤리설이나 동기론도 이성의 도움에 의해 확립된 것들이다. 가치갈등상태에 빠져 있을 때 선택의 기준이나, 도덕적인 신념체제의 근거로 제시되곤 하는 이익극대화의 원리나 대등한 존경의 원리도 그런 맥락에서 찾아낸 것이다.[12] 여하튼, 우리에게는 도덕성을 지닌 어떤 선택을 할 때는 그 통제원리가 필요하다. 이런 점에서 도덕성은 우리가 지닌 이성과 밀접한 관련을 지닌다고 하겠다.

---

12   전통적인 규범윤리에서는 목적주의 윤리설과 법칙주의 윤리설이 중요한 두 견해로 여겨진다. '이익 극대화의 원리(principle of benefit maximization)'와 '대등한 존경의 원리(principle of equal respect)'도 이들 규범윤리들에 속하는데, 전자는 목적론에서의 경험적인 공리주의와, 후자는 법칙론에서의 칸트 윤리설과 각각 관련되어 있다. 다음은 이익 극대화의 원리와 대등한 존경의 원리를 비교한 것이다(안건훈, 2006: 245).

11.4 도덕적인 이성, 추리 및 지력[13]

도덕적인 신념체제나 도덕원칙과 같은 가치와 관련된 여과장치를 통해
감정이 정화되지 않는 사람은 자율적인 행위를 결여하기 쉽다. 도덕적
인 신념체제나 도덕원칙은 주어진 상황 속에서 우리가 무엇을 어떻게
해야 할지를 지시해 준다. 어떤 사람이 자기의 본능적인 감정이나 격렬
한 충동의 노예가 된다면, 그 사람은 자기 자신을 통제하지 못하는 사람
이다. 자신의 욕망이나 욕구를 통제하지 못하는 사람은, 비록 그 사람이
그렇게 할 충분한 이유를 지닌다 할지라도, 자율이 결여된 사람이다
(Berofsky, 1995 : 107). 물론, 자기를 통제하는 능력은 가치 있는 어떤 것
으로 이어져야 한다. 우리는 우리가 비도덕적인 행위에 빠지는 것을 방
지하기 위해 자기 통제훈련을 강화해야 한다. 그래서 도덕의 세계에서
말하는 자율이란 선에 기초한 바람직한 언행을 이미 함축한다.

이익 극대화의 원리	대등한 존경의 원리
· 목적론적 윤리학	· 법칙론적 윤리학
· 공리주의	· 칸트의 윤리론
· 고통보다는 쾌락의 중요성	· 도덕률의 중요성
· 최대다수의 최대행복	· 내재적인 선(양심)
· 경험적인 원칙	· 근본적 · 기초적인 원칙
· 현실적인 원칙	· 이상적인 원칙
· 결과주의자들의 견해	· 동기주의자들의 견해
· 가언명법(hypothetical imperatives)	· 정언명법(categorical imperatives)
· 가언적 · 조건적인 자유	· 정언적 · 절대적인 자유(자율)

13 이 부분은 필자(2006)가 펴낸 『자유의지와 결정론』 가운데 제6장 2절인 "2. 자율, 도덕
에서의 추리 및 지력"에서 발췌된 것임을 밝힌다.

도덕적인 이성(moral reasoning)은 자율능력의 형성을 위해 필요한
데, 그 이유는 도덕적인 이성은 이성이란 특성에 기초하여 우리로 하여
금 옳고 그른 것을 분별할 수 있게 해 주기 때문이다. 이성은 사람들이
추론을 하고 실천적인 결심을 하게 하는 데 관여하는 표준을 나타낸다.
도덕적인 이성은 또한 도덕적인 신념체제를 형성하기 위해서도 요청된
다. 이성은 합리성과도 관련되어 있다. 이성은 합리성의 필요불가결한
요인이다. 어떤 선택이 합리적이면 그리고 바로 그런 경우에만 그런 선
택은 도리에 맞는 선택경향을 드러낸다. 베로흐스키(Berofsky)에 따르
면, "합리적인 사람은 비판적인 숙고를 하며, 논증을 논리적으로 평가하
며, 어떤 목표를 이루기 위한 가능한 여러 수단들을 생각하며, 적어도
개연성에 근거한 기본법칙들을 이해하며, 장래의 일을 고려에 넣는 계
획을 고안해 내며, 성공과 실패의 차이점을 인지할 수 있는 그런 사람이
다"(109). 사람들의 자율은 강한 합리적인 의지에 의해 고양된다.

이처럼 이성에 따르는 합리적인 사람은 행위로 야기된 미래의 결과에
대해 통찰력을 지닌다. 결과를 내다볼 수 있는 능력은 이성의 결과이다.
물론, 이성이라는 의미는 그것이 사용되는 문맥에 따라 다양하다. 이성
이라는 의미는 생각들을 의식적으로, 정합적으로, 목적에 맞게끔 결합
시키는 능력을 뜻하기도 한다. 그것은 또한 주어진 자료나 전제들로부
터 정당한 결론을 이끌어 내는 과정을 뜻한다. 이처럼 이성적이라는 것
은 생각들을 정연하게 결합시킬 뿐만 아니라 논리적으로 생각하는 능력
을 뜻한다. 좋은 논증은 추리과정에서 옳은 것으로부터 그른 것을 이끌
어 내는 그런 것이 아님을 보증한다. 그릇된 전제를 근거로 그릇된 결론
을 이끌어 내는 것도 흠이 없는 추리이지만, 우리는 그런 추리를 하지
않기 위해 일종의 질적인 통제를 필요로 한다. 이런 이유 때문에 단순히
논리적으로 정당한 추리를 나타내는 논증(타당한 논증. valid argument)

과, 정당한 추리일 뿐만 아니라 옳거나 설득력 있는 전제들로 시작하는 논증을 구별할 필요가 있다. 후자와 같은 논증을 특히 건전한 논증(sound argument)이라 한다. 그래서 도덕의 세계에서 말하는 건전한 논증은 타당한 논증 — 전제가 참이면 결론도 필연적으로 참이 되는 논증 — 가운데서도 사실의 세계에서 바람직한 가치를 담고 있는 그런 논증을 가리킨다.

　이성에 따른 다양한 유형의 추리가 있지만, 그 가운데서도 대표적인 추리과정은 연역법과 귀납법이다. 연역법의 경우는 그것의 진행을 정당화하기 위해 어떤 궁극적인 원칙들을 필요로 한다. 연역형 도덕추리는 이미 알려져 있거나 옳은 것으로 가정한 원칙들로부터 어떤 것을 이끌어 내는 과정이다. 연역적인 도덕추리는 추리의 과정에서 옳은 것으로부터 나쁜 것을 이끌어 내지는 못함을 보증한다. 다음에 예시한 것을 보기로 한다.

　그러그러한 특성을 지닌 행위는 난폭한 행위다.
　이런 행위는 그러그러한 특성을 지닌다.
　그러므로 이런 행위는 난폭한 행위다.

　연역형 도덕추리에서는, 결론이 이미 알려진 보편적인 전제로부터 추론된다. 이익극대화의 원리나 대등한 존경의 원리와 같은 도덕원칙들은 연역형 추리에서는 바람직한 전제들이거나 근거들로 여겨질 수 있다.
　반면에, 귀납법은 일반적인 주장을 위한 근거로, 일단의 관찰된 개별적인 사실들에 주목하는 것으로부터 시작된다. 귀납추리는 특정한 관찰진술들로부터 시작되며, 그런 특정한 관찰진술들이 보편적·일반적인 진술인 결론을 이끌어 내기 위해 필요하다. 연역추리는 필연성에 의해

보증되는 반면에, 귀납추리는 개연성에 의해 보증된다. 예컨대,

그러그러한 특성을 지닌 것으로 관찰된 사람들마다 난폭한 행위를 한다.
따라서 그러그러한 특성을 지닌 행위는 난폭하다.

이처럼 귀납형 도덕추리에서는 특정한 전제들이 보편적·일반적인 결론으로 이어진다. 이런 점에서, 우리들의 도덕적인 신념체제 또한 연역추리나 귀납추리와 같은 추리들에 의해 정당화되어야 한다.

우리는 바람직한 결과를 이끌어 내기 위해 판단기준이 필요하다. 도덕원칙이란 그런 판단을 위해 중요한 기준이 된다. 그런 원칙은 도덕적인 신념체제의 형성에 중요한 영향을 끼칠 수 있다. 도덕적인 신념체제는 이익극대화의 원리나 동등한 존경의 원리와 같은 어떤 궁극적인 도덕원칙을 필요로 한다. 물론, 이미 지적했듯이, 이런 원칙들은 서로 얽혀 있지만 동등한 존경의 원리가 좀 더 기본적이고 근본적이다. 우리 모두가 서로 존경한다면, 그 결과는 모두를 위한 이익의 극대화로 이어지기 때문이다.

합리적인 사람은 또한 주어진 갈등상태에서 이지적인 행위를 한다. 지력(intelligence)은 당면한 실천적·이론적인 문제들을 기억이나 상상력이나 개념적인 사고를 통해 효과적으로 대처하는 심적인 능력이다(163). 지력은 추리보다 포괄적인데, 여기서 추리란 생각들을 정합적으로 결합시키는 능력이며, 논리형식을 지닌 사고다. 도덕적인 신념체제는 지력에 의해 형성되고 지도된다. 이런 점에서, 도덕적인 지력이라는 개념은 추리뿐만 아니라 돌봄과 상호존중과 같은 특성들과 관련을 맺을 때, 그 의미가 확대되거나 의의가 더하여 간다. 이성과 감정은 도덕적인 지력을 통해 통합된다. 그리고 이것은 인격으로 이어진다.

11.5 요약 및 결론

이성은 사고력이라고도 하는데, 추리력이 사고력 가운데 가장 중요한 요소이다. 이성이란 개념이 지니는 여러 뜻 가운데는 '자기를 인식하며 도덕의 주체임을 자각하는 능력'을 들어 이성을 규정하는 경우도 있다. 경우에 따라서는 진위, 선악, 미추를 판별하는 능력을 가리키기도 한다. 한편, 감성(感性)은 감수성(感受性)의 준말로 대상으로부터 촉발되어 표상(表象)을 얻게 되는 수동적인 능력이다. 감성과 깊이 관련된 것으로 감정(感情)이 있다. 감정은 느끼어 일어나는 심정으로 기분을 가리킨다. 쾌·불쾌와 같은 의식의 주관적인 측면이 강조되어 있다.

이성에 따르는 합리적인 사람은 자기가 한 행위의 결과에 대해 통찰력을 지닌다. 결과를 내다볼 수 있는 능력은 이성에 의존한다. 이성이라는 의미는 생각들을 의식적으로, 정합적으로, 목적에 맞게끔 결합시키는 능력을 뜻하기도 한다. 그것은 또한 주어진 자료나 전제들로부터 정당한 결론을 이끌어 내는 과정을 뜻한다. 이처럼 이성적이라는 것은 생각들을 정연하게 결합시킬 뿐만 아니라 논리적으로 생각하는 능력을 뜻한다.

도덕적인 신념체제나 도덕원칙과 같은 여과장치를 통해 감정을 정화하지 않는 사람은 자율적인 행위를 결여하기 쉽다. 도덕적인 신념체제나 도덕원칙은 주어진 상황 속에서 우리가 무엇을 해야 할지를 지시해 준다. 어떤 사람이 자기의 격렬한 감정이나 충동의 노예가 된다면, 그 사람은 자기 자신을 통제하지 못하는 사람이다. 물론, 자기를 통제하는 능력은 가치 있는 어떤 것으로 이어져야 한다. 우리는 우리가 비도덕적인 행위에 빠지는 것을 방지하기 위해 자기 통제훈련을 강화해야 한다. 그래서 도덕의 세계에서 말하는 자율이란 선에 기초한 바람직한 언행을 함축한다.

　이런 점에서 감정은 사고력인 이성에 의해 인도되어야 한다. 이성과 감정이 서로 대비되는 것으로 파악되어서는 안 된다. 이성과 도덕성은 인간의 대표적인 특성이며, 이는 감정이 이성에 인도될 때, 그 의의를 더하게 된다. 지력을 바탕으로 한 도덕적인 이성이 요청된다. 도덕적인 이성 속에서 인간의 고귀함이 자리매김되어야 한다는 점이다. 도덕적인 인간이기 위해 감정은 이성에 의해 인도되어야 하며, 이성은 감정에 의해 승화되어야 한다. 덕성이 바로 그런 노력에서 나타난 산물이다. 도덕의 세계에선, 이성과 감정이 서로를 요청한다. 도덕적 지력이란 개념도 그런 요청 속에서 싹튼다.

12. 찬성/반대; 적극적/소극적

12.1 선택행위로서의 찬성과 반대

찬성이나 반대는 우리가 알려고 하는 것이나 택하려고 하는 것에 대해 합의가 이루어지지 않을 때, 또는 관련된 것에 대해 객관적으로 그 참과 거짓이 밝혀질 수 없을 때 선호(選好)를 나타내는 하나의 의사표현으로 나타난다. 그래서 찬성(동의)이나 반대(부동의)는 앎(knowledge)보다는 믿음(belief)과 관련되어 있다. 긍정이나 부정의 경우도 그런 경우가 많다. 전형적인 예로는 형이상학적인 견해나, 신학적인 견해나, 가치에 관한 견해나, 시적(詩的)인 견해에 속하는 것들이 이에 관련된다.

　찬성이나 반대는 참과 거짓이 가려질 수 없을 때, 믿음에 근거하여 동의하거나 동의하지 않거나를 표시하는 방법이다. 찬성이나 반대라는 표현보다는 적극적(positive) 견해라든가 소극적(negative) 견해라는 말로 대체되어 사용되기도 한다. 같은 것을 뜻하지만 찬성이나 반대라든가, 긍정적이나 부정적이라는 경직된 표현보다는 적극적이라든가 소극적이라는 표현이 한결 부드러운 표현이기도 하다.

　일상생활에서 우리는 수시로 가치갈등사태에 접하면서 살아간다. 시시각각으로 수많은 정보를 접하게 되는 현대에 와서는 더욱 심해졌다. 가치갈등은 불확실한 미래에 대한 두려움에서 비롯되기도 하고, 견고하지 못한 신념체제에서 비롯되기도 한다. 그렇지만 우리는 가치갈등사태에 계속해서 머무를 수는 없다. 때가 되면 어떤 것을 선택해야 하기 때문이다. 찬성이나 반대, 긍정이나 부정의 경우는 바로 이런 상황에 우리가 처해 있을 때 이루어지는 선택행위 가운데 하나다.

찬성과 반대는 서로 모순개념(contradictory concept)이 아니라 반대개념(contrary concept)이다. 찬성을 부정한 것이 반대는 아니기 때문이다. '찬성하지 않음'에는 기권도 포함되고 반대도 포함된다. 찬성과 반대는, 참과 거짓이 객관적으로 밝혀질 수 없는 상황에서 주어진 문제를 해결하는 하나의 선택방식으로, 선택하는 자의 믿음이나 선호에 근거한다. 찬성과 반대는 계산이나, 실험과 관찰 등에 의해 참과 거짓이 증명될 수 없을 때 하는 의사표현방법이다. 물론, 찬성과 반대는 주변 사람들의 설득이나 분위기에 영향을 받을 수도 있다. 예컨대, 여론에 따라 선호나 선택이 이루어지는 경우가 이에 해당한다.

찬성과 반대는 같은 사람이라 할지라도 시간과 장소의 영향을 받을 수 있다. 하지만, 그런 의사표현이 일정한 경향성을 지니지 못하면 변덕스러워 보인다. 그러므로 찬성과 반대를 나타낼 때는 신중함이 있어야 한다. 경우에 따라서는 강요나 강제에 의해 찬성과 반대가 이루어질 수도 있다. 예컨대, 전쟁 시에 생명의 위협 속에서 이루어지는 강요된 찬성과 반대의 경우가 그것이다. 이런 경우에 어떤 사람은 생명을 버리면서 자기의 소신대로 찬성과 반대를 나타내는 사람도 있고, 생명만은 보존해야겠다는 신념에 의해 강요된 찬성이나 반대를 하는 경우도 있다. 주어진 상황 속에서 무엇을 더 중히 여겨야 할지는 사람마다 다르다.

12.2 결과로서의 찬성과 반대

찬성과 반대는 반대개념이므로 그 사이에 중간개념들이 있다. 예컨대, 기권하는 경우가 그것이다. 물론, 기권이 허용되지 않는, 찬성과 반대만 가능한 특수한 상황 속에서는 찬성과 반대 가운데 어느 하나로 결과가 나타나지만, 원래 찬성과 반대는 그 사이에 중간개념이 존재하는 그런 개념들이다. 찬성과 반대만 허용되는 특수한 경우도, 결과로 보면 이분 법적인 사고방식으로 드러나지만, 결과에 이르기까지의 과정을 보면 그렇지 않다. 예컨대, 선거 때 야당의 입후보자에게 투표한 사람의 경우, 마음속으로는 여당의 입후보자의 견해나 여당의 정강에 관해서도 어느 정도 호감을 지니는 경우도 있기 때문이다. 경우에 따라서는 선택하기 가 힘들어 기권을 생각하다가 아무 데나 기표하는 경우도 있을 수 있다.

이처럼 찬성과 반대는 그 사이에 중간개념이 있는 반대개념이지만 경우에 따라서는 그 중간개념과 관련된 기권이나 중립적인 태도가 허용되지 않을 수도 있다. 그렇다고 해서 찬성과 반대의 관계가 모순개념으로 정리될 순 없다. 나타난 결과는 찬성과 반대 가운데 어느 하나이지만, 이미 살펴보았듯이 그 과정에서는 그렇지 않다. 선거할 때, 선택하여 투표하는 경우도 선호의 문제는 양극단의 문제가 아니라, 정도 차이의 문제다.

찬성과 반대가 있기까지는, 자의적인 것에 의해 이루어지는 경우도 있지만 그렇지 못한 상황에서 이루어지는 경우도 있다. 강요된 행위로서의 찬성과 반대의 경우, 강요가 더 바람직한 것을 위한 것일 때는 강요가 설득력을 지닐 수도 있다. 예컨대, 바람직스럽지 못한 신념을 지니면서 살아가는 사람의 경우나 판단능력이 결여된 사람의 경우는 공적으로 인정된 바람직한 선택을 하도록 강요할 수도 있다. 그런 사람들 스스로의 선택을 반드시 중요시할 필요는 없기 때문이다. 삶에 의의를 느끼지 못하고 삶을 비관하면서 살다가 자살을 선택하려는 사람이나, 다른 사람에게 나쁜 짓을 행하려는 사람에게 그렇게 하지 못하도록 압박을 가하는 경우가 그런 경우에 속한다.

물론, 바람직한 선택은 강제성이 없는 자발적인 선택이다. 그런데 여기서 자발적인 선택이란 표현에는 이성을 지닌 양식 있는 사람이라는 표현이 함축되어야 한다. 자발적인 선택이 좋은 선택을 보장하지는 못하기 때문이다. 그래서 선택에는 그에 따른 책임이 따른다. 강요된 선택이나 비정상적인 정신상태에서의 선택에 대해서는 그 책임을 부과하기가 어려운 점들이 있다. 나타난 결과로만 파악한다면, 책임을 져야 하지만, 그 동기로 보면 책임 지우기가 곤란하기 때문이다. 물론, 그 동기를 너무 강조하다 보면 책임소재가 흐릿해지거나 주변 상황에 귀속되어 얼버무려지게 되는 문제점이 따른다.

12.3 정도차이로서의 찬성과 반대

이런 점에서 찬성과 반대는 정도차이로 이해된다. 그래서 모순개념이 아니라 반대개념이다. 정도차이로 파악해야 하므로, 찬성이나 반대라는 표현보다는 적극적이라거나 소극적이라는 표현이 더욱 어울린다. 후자와 같은 표현은 연속선상에서 나타내진다. 같은 것을 뜻한다 하더라도 찬성이란 말보다는 적극적이란 표현이 더 부드러운 표현이고, 반대라는 표현보다는 소극적이라는 표현이 더 부드러운 표현이며 점잖은 표현이다. 이런 점에서 같은 뜻이라 할지라도 후자가 더 적절한 표현이라 여겨진다.

이런 표현은 정의에 관한 이론에서 구안적 정의(programmatic definition)와 관련되어 있다. 구안적 정의는 사람들의 행동이나 태도에 새로운 변화를 일으키기 위해 주어지는 정의로, 예를 들면 인종적인 용어인 흑인이나 아메리칸 인디언이란 용어 대신에, 아프리카계 미국인(African American)이나 토박이 미국인(Native American) 등으로 새롭게 정의하는 경우들에서 찾아볼 수 있다. 빈민가(slum)를 중심가(central city)로 부른다거나, 문화적으로 결손된(culturally deprived) 어린이들을 문화적으로 다른(culturally different) 어린이들이라고 일컫는 경우들이 그것이다(안건훈, 2005b : 35).

아울러, 나타난 결과에 따라 극단적으로 판단할 것이 아니라, 그 과정도 함께 통찰하는 지혜와 융통성이 요청된다. 너무 대비되는 표현을 가급적 자제하고 찬성 속에서도 반대가 스며 있고 반대 속에서도 찬성이 어느 정도는 스며 있는 그런 표현으로 대체할 필요가 있다. 그래서 찬성과 반대라는 개념이 나타내는 경직되고 대립적인 면보다는, 부드럽고 포용적인 뜻이 깃든, 정도차이를 나타내는 '적극적', '소극적'이라는 표현이 마음에 든다.

찬성과 반대 또는 적극적인 태도와 소극적인 태도는 모순개념이 아니라 반대개념에 속하므로 찬성하지 않는다고 해서 그것이 곧 반대를 뜻하지는 않는다. 적극적이지 않다고 해서 소극적이란 것도 아니다. 그래서 찬성과 반대와 같은 용어는 표현하거나 이해할 때도 그 뜻하는 바를 정확하게 알고서 사용할 필요가 있다. 언어사용에 문제가 있어 반대개념과 모순개념을 혼동하면 소위 흑백사고의 오류(fallacy of black and white thinking)를 범하게 된다. 예컨대, 찬성하지 않는다거나 소극적이라는 말을, 반대나 적극적이란 말을 가리키는 것으로 잘못 간주한다면 말이다.

12.4 요약 및 시사점

찬성과 반대라는 개념은 모순개념이 아닌 반대개념이다. 찬성과 반대라는 의사표현이 이루어지기까지는 여러 가지 사고활동이나 담론을 거치게 마련이다. 자의적인 판단에 의해 찬성과 반대가 있을 수도 있고, 경우에 따라서는 강제나 강요에 의해 나타날 수도 있다. 비록 의사표현이 찬성과 반대 가운데 어느 하나로 귀결된다 할지라도, 그 표현에는 정도차이가 스며 있다. 나타난 표현으로 보면 극단적인 것으로 드러나지만 말이다. 이런 점에서 찬성과 반대라는 표현보다는 정도차이임이 더욱 강하게 부각되는 '적극적', '소극적'이라는 표현이 한층 부드럽고 정확한 표현이다.

경우에 따라서는 '긍정', '부정'이라는 표현으로 나타내지기도 하지만 이것 또한 너무 대비적인 경직된 표현이다. 요컨대, '찬성'이나 '긍정', '반대'나 '부정'이라는 경직된, 경우에 따라서는 감정적(憾情的)인 표현처럼 여겨지는 그런 언어생활보다는 '적극적'이나 '소극적'이란 표현이 더 올바르면서도 완곡한 표현이라 하겠다. 더 나아가 운치 있는 고급스런 표현이라 여겨진다. 이런 표현은 사람들의 행위나 태도에 새로운 변화를 일으키는 데 도움을 주는 소위 구안적인 정의(programmatic definition)가 지닌 장점이기도 하다.

무엇보다도 조심해야 할 일은 반대개념과 모순개념을 혼동하여 흑백사고의 오류를 범해서는 안 된다는 점이다. 특히 모순개념을 반대개념처럼 사용함으로써 나타나는 경직된 사고활동이나 언어활동을 조심해야 한다. 찬성하지 않는다거나 적극적이지 않다는 것이 반드시 반대나 소극적임을 뜻하지는 않는다. 마치 검은색이 아닌 것이 반드시 흰색을 가리키지는 않는 것처럼 말이다.

13. 동양/서양; 남(한)/북(한)

13.1 머리말

동, 서, 남, 북은 지리적인 개념이다. 이런 개념은 편의상 만들어진 개념
이다. 왜냐하면 둥근 공처럼 되어 있는 지구는 그 어느 곳이든지 기준점
이 되어 지구의 중심이 되기 때문이다. 그런데도 이처럼 주관성을 지닌
개념, 편의상 만든 개념이 일상인들은 물론 학계에서도 실재하는 것처
럼 사용되고 있다. 개념에 의한 범주에 묶여 전체적인 실상을 파악하지
못하는 잘못을 범해서는 안 될 것이다.

　아울러 더욱 우려되는 일은 이런 개념들이 이분법적인 대비방법으로
서도 사용되고 있다는 점이다. 편의상 만든 개념이 실재하는 대상을 지
칭하는 개념처럼, 나아가서 분할을 뜻하는 하나의 기준처럼 오용되고
있다. 이를 위해 이번 장에서는 동양과 서양이라는 해묵은 대비개념의
실상을 파헤치고, 우리나라의 경우 남한과 북한처럼 은연중에 분단을
시사하는 듯한 개념이 지니는 문제점도 살펴보려 한다. 개념에서 오는
이질감을 최소화하자는 것이 이번 장이 의도하는 바다.

13.2 동양과 서양

지구에선 지구의 적도를 기준으로 하여, 그 위쪽을 북위(北緯)로, 그 아래쪽을 남위(南緯)로 그 위치를 정하기도 한다. 그리고 사람이나 사물이 위치하고 있는 곳에서 남극 방향을 남쪽이라 하고, 북극 방향을 북쪽이라 각각 부른다. 그러므로 남쪽과 북쪽이란 개념은 상대적인 개념이다.

동과 서의 경우는 그나마 그런 기준선도 없다. 황해의 경우를 보면, 한국에서 보면 서해이지만 중국에서 보면 동해이다. 이런 지리학상의 상대적인 동서개념에 따라 학계에서 동양이나 서양이라는 이분법을 사용하면서 학문의 특징을 살펴려는 것은 지극히 이분법적인 태도에서 유래한다고 하겠다. 그것도 애매하고 모호하게 사용하면서 말이다. 그렇다면 지리적인 구분으로서의 동양이라는 개념은 어디에 적용되어 왔는가? 역사의 경우는 어떤가? 소아시아에서부터인가? 인도에서부터인가? 극동지역을 뜻하는가?

이런 동양이라는 개념이 지니는 그 뜻이 애매하고 모호한데도, 서양

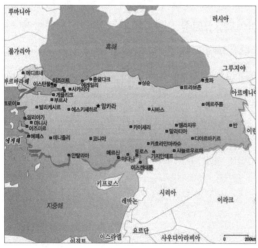

소아시아(터키 지역)

철학/동양철학, 서양사/동양사, 서양화/동양화, 양방의학/한방의학처럼
학계에서는 아주 폭넓게, 마치 그런 실체가 있는 것처럼 사용되고 있다.
이상스런 것은 진리를 추구하는 학문의 세계에서, 이런 애매하고 모호
한 지리적인 구분을 채택하여 사용하여 오고 있다는 점이다. 그렇다면,
그런 구분이 언제부터 유래하는지도 살펴볼 필요가 있다. 문제점을 파
악하기 위해선 그 개념이 유래하게 된 기원에 대해서도 알아볼 필요가
있다.

철학의 경우를 살펴보자. 철학에서 서양철학이라는 용어가 대두되는
대표적인 경우는 1945년에 뉴욕의 '시몬과 슈스터(Simon and Schuster)
출판사'에서 러셀이 펴낸 『서양철학사(*A History of western philosophy*)』
이다. 러셀의 『서양철학사』는 그가 머리말에서 그 집필목적을 밝혔듯이
"철학이란 사회·정치적인 생활의 통합부분임을 드러내 보이려는 것이
었다. 철학을 통해 주목할 만한 인물들의 고립된 사색으로서가 아니라,
다양한 체계에서 펼쳐졌던 다양한 공동체의 특성과 관련된 원인과 결과
모두임을 드러내 보이려는 데 있었다"(iv).

러셀은 『서양철학사』에서 철학을 신학과 과학을 중개하는 것으로서
이해했다. 철학은 유한한 지식이 아직까지는 불확실하다는 이유로 신학
처럼 사색하는 것으로 구성되어 있고, 전통이나 계시에 근거한 권위보
다는 인간이 지닌 이성에 호소한다는 점에서 과학과 같다는 것이다
(xiii). 그러면서 그의 저서에는 종교 특히 기독교와 관련해서 철학사를
언급한 부분이 많다. 과학·기술과 관련해서 철학사를 서술한 부분도
그렇다. 그러면서 그는 서양철학을 희랍사상으로부터 기술해 나가고 있
다. 그런데 종교와 과학·기술은 중동지역이나 멀리는 동남아지역이나
중국과의 교류 속에서 싹트고 발전하게 되었다. 그런 교류 없는 소위
'서양철학사'도 서술하는 데 한계성이 있었을 것이다.

그의 『서양철학사』는 13년에 걸쳐 쓰여진 폭넓은 책이다. 다루려는 것이 많다 보니, 그의 한정된 지식이나 자료에 의존하다 보니, 그리고 그가 언급한 부분이 제한적이다 보니, 일상적 · 지리적인 구분에 근거하여 편의상 하나의 서양철학사란 책이름으로 펴냈던 것 같다. 그 이후에 여러 철학자들도 이런 소박한 마음에서 서양철학사란 이름으로 된 책들을 펴내고 있다. 그러나 이런 그의 책 제목은 적절치 못하다. 이분법적인 '서양철학사' 란 표현 대신에 '유럽철학사' 나 '구미철학사' 등으로 나타냈어야 했다.

우리나라의 경우에도 동양철학이나 서양철학이란 말이 학계에서 사용되기 시작한 것은 20세기에 이르러서다. 해방 후 이런 경향은 더욱 두드러졌다. 그 이전에는 우리나라에서 이런 이분법적인 지역적 구별을 하는 경우가 드물었다. 분야별 구별은 있을지라도 말이다.

인간이 지닌 지적인 호기심에서 나타난 지혜에 관한 사랑으로서의 철학, 확실성 탐구로서의 철학, 자연이나 인간에 관한 근본적인 학문으로서의 철학이 한국이나 중국이나 인도 등에서는 어떻게 전개되어 왔는지를 지역적으로 나누어 탐구해 보는 일은 있을 수 있는 일이다. 그러나 편의상 설정한 지리적인 구분에 근거해, 확실성 탐구를 향한 인간의 사고활동도 이분법적인 발상에 의해 나누어 탐구하는 것은 적절치 못하다. 지구는 하나고 각 지역은 서로 연결되어 있다. 그 속에 사는 인류도, 인류의 사고활동도 서로 연결되어 있다.

철학은 그리스어인 'philosopia' 에서 유래하며, '지혜에 대한 사랑' 이란 뜻이다. 철학의 경계는 정하기가 힘들다. 지혜에 대한 사랑을 통해 얻어진, 다시 말해 확실성에 관한 탐구를 통해 밝게 얻어진 모든 것을 가리키기 때문이다. 그 대상이 자연이든, 인간이든 제한적이지 않다. 이런 점에서 유길준(兪吉濬)이 1895년 4월에 교순사(交詢社)에서 펴낸 『서

유견문(西遊見聞)』가운데 철학의 의미와 특성을 밝힌 부분은 매우 의의
있는 부분이라 여겨진다. 유길준의『서유견문』제13편 학업조목(學業條
目) 가운데 철학항목에는 "此學은 知慧를 愛好ᄒ야 理致를 通ᄒ기 爲홈인 故
로 其根本의 深遠홈과 功用의 廣博홈이 界域을 立ᄒ야 限定ᄒ기 不能ᄒ니 人
의 言行과 倫紀며 百千事爲의 動止를 論定혼 자라."고 적혀 있기 때문이다.
이런 표현은 철학이 어떤 학문인지를 철학의 어원이나 전통에 맞게 제
대로 나타낸 것이라 여겨진다.

역사적으로 보면, 철학의 전공은 대체로 방법론·논리학 부문, 형이
상학·인식론 부문, 가치학(윤리학, 미학 등) 부문, 철학사 부문, 개별
과학과의 관계를 다루는 특수화된 분야들(과학철학, 심리철학, 교육철
학, 역사철학, 정치철학, 법철학 등)로 나뉜다. 이런 분류는 서양철학의
특징이 아니라 철학일반의 특징이다. 물론, 고대로 거슬러 올라가면 이
렇게 분류되지 않고 통합해서 서술되는 경우가 많다. 한 철학자가 여러
분야에 걸쳐 주장을 펼치는 경우가 많다. 그러나 탐구대상이 많아짐에
따라 나누어 다루는 경향이 짙어졌다.

동양철학이나 서양철학은 개념적·지리적인 분류이지, 실체적인 분
류가 되기 힘들다. 지리적으로는 편의상 동양과 서양이 있을지라도, 보
편타당성에 근거한 진리를 추구하는 학문의 성격상, 더욱이 확실성을
탐구하는 철학의 특성상 서양과 동양이란 벽이 있을 수 없다. 중요한 것
은 동양이나 서양이 아니라 확실성 탐구를 향한 지적인 사랑이다. 그럼
에도 학계에서 그동안 이런 이분법적인 지역성에 근거한 울타리가 높아
져 왔음은 철학이나, 의학이나, 예술의 발전 등에 배치되는 아쉬운 일이
다. 인식론의 대가, 심리철학의 대가, 중국고대철학의 권위자, 한국화의
대가 등은 있을 수 있으나, 서양철학의 대가, 동양철학의 권위자, 서양
화의 대가처럼 다분히 이분법적인 표현은 적절치 못하다고 하겠다.

13.3 남한과 북한(남측과 북측)

남과 북, 남한과 북한이란 개념은 남극이나 북극이란 기준을 예로 들어 말한다면 지리적으로 통용될 수 있다. 그러나 그 기준에 관해서는 문제가 있다. 남한과 북한의 경우, 어디에서 어디까지가 남한인지 아닌지는 지리적인 개념이라기보다는 오히려 정치적인 개념이다. 과거 서독과 동독의 경우에서도 볼 수 있듯이 말이다. 6 · 25전쟁 이전에는 북위 38도선을 기준으로 그 위쪽을 북한(이북)이라 하고, 그 남쪽을 남한(이남)이라 했으나, 전쟁 이후에는 휴전선을 기준으로 한 것을 보더라도 그렇다.

군사분계선

남한과 북한이라는 개념이 사용되게 된 정치적인 근원을 살펴보면, 일제강점기 때 일본에 의해 만들어진 군 관할 지역과도 관련이 있다. 당시 북위 38도선을 기준으로 북쪽은 관동군 사령부가, 남쪽은 조선군 사령부가 군대를 관할하던 데서 말이다. 1945년 2월에 미국, 영국, 소련은 소련의 얄타(Yalta)에서 협정을 체결하여, 소련의 대일참전(對日參戰)과 38도선을 경계로 한 미국과 소련의 남북분점(南北分占)을 결정했다. 그 후 1945년 8월 15일 일본의 항복으로 제2차 세계대전이 끝나게 되자, 미국과 소련은 한국과 만주에 있는 일본군을 무장해제시키기 위해, 38도선 이북에는 소련군이 38도선 이남에는 미군이 각각 진주하게 되었다. 같은 해 8월 20일 소련군은 북한에서, 9월 11일 미군은 남한에서 각각 군정을 선포했다. 이어서 세계적화에 힘을 쏟던 소련은 1948년 9월 이른바 조선 민주주의 인민공화국을 출범시켰고, 38도선 이남지역에는 UN 감시하에 총선거를 거쳐 같은 해 8월 15일 대한민국정부가 탄생하게 되었다.

이처럼 남한과 북한이란 말은 다분히 정치적인 상황 속에서 나타난 개념으로, 그 근원을 살펴보면 우리 민족이 아닌 다른 나라 사람들에 의해 만들어진 개념이다. 우리 국민들이 원치 않는 그런 국토분단과 관련되어 나온 씁쓸한 개념이다. 대체로 이런 이분법적인 개념들은 처음에는 대수롭지 않게 사용되는 경우가 많으나, 세월이 지남에 따라 점차 고착화되어 예리하게 대비되는 상항으로 변해 간다. 먼저 대립적인 개념이 나타나고 그에 따라 실제 세계에서 대립적인 상황이 깊어지는 그런 경우다. 그러므로 그런 개념을 우리가 사용하는 것은 바람직하지 못하다. 가능한 자제해야 한다.

이런 이분법적인 사고방식에 익숙해져 가면서 그런 개념을 고착화하고 그에 따른 특징들을 심화시키려는 태도는 문젯거리다. 6 · 25전쟁이 이분법적인 사고방식을 더욱 고착시켰음은 이런 점에서도 비극이다. 남한과 북한의 대다수 주민들은 통일을 원한다. 수많은 사람들이 그동안 남북분단으로 헤어진 식구들을 그리다가 세상을 떠났다. 그들은 분단을 고착화하면서 정권을 유지해 오고 있는 정치세력과는 다르다. 세계사에 그 유래가 없을 정도로 서로 간에 교류가 없는 이런 두 체제는 극단적인 이분법적인 사고구조를 지닌 사회 · 정치지도층에 의해 만들어진 비극적인 측면이다. 정치집단이나 여론을 형성하는 사회집단이 이런 단순한 사고방식에 호소하면서 주민들을 조직화하고 우리나라를 지금까지도 이끌어 가고 있음은 애석한 일이다. 국사나 세계사에 오점으로 남을, 인류보편적인 가치로 볼 때도 부끄러운 이산가족문제도 이런 극단적인 이분법적인 사고방식에서 유래한다. 서독과 동독이 그런 구조를 넘어 하

나가 되었듯이 우리도 더 이상 이분법적인 사고구조의 틀 속에 머물러
서는 안 된다.

13.4 대립구도의 허와 실

개념의 세계와 사실의 세계는 같을 수도 있지만 다를 수도 있다. 이제까
지 살펴보았듯이 학계에서 흔히 사용하는 동양이나 서양이란 이분법적
인 구분법은 그 개념에 걸맞게 그 특성이 그리 명확하게 나뉠 성질의 것
이 아니다. 학생들 사이에서 흔히 말하는 문과와 이과의 경우도 그렇다.
일제강점기 때 편의상 구분한 것이 실체인 것처럼 지금껏 받아들여지고
있다. 상당히는 정도의 차이나 관점의 차이에 불과한 것인데도 말이다.
이런 이분법적인 사고방식이 우리나라에서 특히 성행하고 있어 사람들
로 하여금 올바른 안목을 계발하는 데 걸림돌이 되고 있다.

인간의 본성문제에서도 예컨대, 맹자(孟子)와 루소(J. J. Rousseau)는
성선설(性善說)에 기울어져 있는 반면에, 순자(荀子)와 홉스(Thomas
Hobbes)는 성악설(性惡說)에 기울어져 있다. 한국에 살고 있는 학자의
견해가 자기 이웃에 사는 학자의 견해보다는 외국에 사는 사람과 그 생
각이 유사할 수도 있고, 북경에 사는 학자의 견해가 상해에 사는 학자의
견해보다는 시드니에 사는 학자의 견해와 더 유사할 수도 있다. 그리고
사실상 그런 것이 학계다. 학문이 지향하는 진리추구는 지리적인 구획
이나 역사적인 제한을 뛰어넘을 때 그 힘을 더한다. 특히 교통이나 통신
수단이 발달해 가는 현대에 와서는 더욱 그렇다.

이분법적인 구분은 개념상 대립구도를 지닌다. 처음에는 문제시되지
않던 것이 나중에는 처음에 의도했던 것과는 달리 다른 문제를 야기할
수도 있다. 꼭 지역적인 것을 드러내고 싶은 경우에는, '한국의 전통의

학', '인도나 중국을 중심으로 한 철학', '유럽철학', '중국 산수화 등으로 나타내는 것이 더 정확하다. 더 세분화해서 '중국철학', '인도철학', '영국철학', '독일철학', '중국근대 산수화' 등으로 나타낼 수도 있겠다. 확실성을 추구하는 철학에 지역성을 지닌 이런 표현을 너무 자주 사용하는 것도 문제는 있지만, 최소한 동양이니 서양이니 하면서 크게 대별하는 이분법적인 대립구도에서 벗어날 수는 있으므로 덜 어색하다.

남한과 북한과 같은 개념에 근거한 이분법적인 사고방식은 단순한 개념의 세계를 지나치게 이념의 세계, 사실의 세계로 확대하여 받아들이려는 태도 때문에 문제가 더 커져 갔다. 진실의 세계에서는 그렇지 않은데도 마치 그런 특성을 지닌 별개의 지역이 처음부터 있었던 것처럼 여겨지는 경우다. 위험스런 일은 이런 개념적인 이분법이 세월이 경과되면 처음에는 없었거나 미약했던 것에 점차 대비되는 특성들이 덧붙여지고 굳어져 간다는 점이다.

그런 점에서 개념을 이분화하는 일은 가급적 조심스러워야 한다. 사실이 그렇기 때문에 그와 관련된 특성이 있는 것이 아니라, 개념이 있고 나서 그와 관련된 특성들이 덧붙여진다는 점에서 더욱 그렇다. 이는 대립구도를 조성하는 일로 변질된다. 이런 이분법적인 구도를 구사하면서 자기의 견해를 펴는 사람들은 의도적이든 아니든 어떤 점에서는 힘의 논리나, 정치적인 야심에 물들어 있는 사람일 가능성이 짙다. 그들은 그런 식으로 대립구도를 만들어 가면서 자기의 힘을 불려 나가려 하기 때문이다.

13.5 결론 및 시사점

이제까지 동양과 서양, 남한(남쪽)과 북한(북쪽)이라는 이분법적 개념이 지닌 소극적인 측면이나, 문제점을 주로 살펴보았다. 이어서 우리학계의 지나친, 울타리치기의 대표적인 예인 동양○○, 서양○○라는 식의 구분도 진리추구를 지향하는 학문의 본성상 크게 벗어나 있음을 지적했다. 아울러 우리 정치/사회의 고질적인 대립구도의 모습을 남한과 북한이란 분단의 아픔을 들어 살펴보았다. 우리나라에서 전개되어 온 인류 역사상 유래 없는 극단적이고도 지속적인 대립구도의 양상도 이런 이분법적인 사고방식에서 상당히는 유래했음을 지적했다.

물론, 이분법적인 사고방식은 어떤 점에서는 사고활동이나 언어생활에서 그 설명력을 높일 수도 있다. 단순하게 정리되면서도 호소력이 있기 때문이다. 그러나 이성보다는 감성에 치우친 선동으로 이어질 수도 있다. 특히 우리나라 학계에서 찾아볼 수 있는 동양/서양이란 그런 구분법이나, 정치/사회적인 개념으로서의 남한/북한이란 개념은 그런 개념들이 사용됨으로 해서 있지도 않은 대립이 조성되고, 미약한 차이성이 부각되어 공통성을 압도하는 일로 이어져 가는 측면이 강하다. 이런 점에서 그런 개념들은 인류공통의 진리추구를 위해, 민족의 재통일을 위해 가급적 자제되어야 할 개념이라 여겨진다.

동, 서, 남, 북처럼 방향을 나타내는 지리적인 개념은 상대적인 개념이다. 지구는 공처럼 둥글다. 둥근 곳에선 어디서나 그 중심을 이룬다. 더욱이 동양과 서양이라는 지리적인 개념이나, 남한과 북한이라는 정치적인 개념도 처음에는 대수롭지 않은 상태에서 크게 숙고하지 않은 채, 편의상 만들어진 개념이다. 그런 개념에 부합하는 커다란 차이점이 있을 수 없다. 주어진 개념에 따라 차이점을 조성해 나가는 일은 진실의 세계에 어긋난다. 편의적인 개념의 문제가 진실의 문제까지 위협해선 안 된다. 개념의 울타리에서 해방될 때, 사고활동이나 행위도 더 자유로울 수 있다.

14. 사회 · 정치적인 개념들에서의 이분법

14.1 머리말

우리는 사회생활을 하는 과정에서 잘못된 언어사용 때문에 오해를 불러일으키는 경우가 많다. 특히 이성보다는 감정에 젖기 쉬운 풍토나, 조화나 통합의 정신보다는 대결구도를 더 선호하는 풍토, 신중성보다는 조급성이 심한 곳에서는 그로 말미암은 피해가 매우 심하다. 그런 언어에 정치성을 지닌 개념들이 가세할 경우는 더욱 그렇다. 소위 지도자나 정치인들은 대비되는 개념들을 찾아내어 백성들의 감정에 호소하면서 백성들을 선동적으로 오도하는 경우가 있기 때문이다. 그리고 그로 인한 피해나 희생은 주로 백성들의 몫이다.

그래서 이런 풍토 속에서는 오해 때문에 빚어지는 불필요한 대결구도나 희생을 줄이는 일이 매우 중요하다. 정치적인 사상이나 이념대립에서 흔히 동원되는 대비적인 개념들을 찾아내어 그것이 담고 있는 뜻을 가능한 정확하게 아는 일이 중요하다. 특히 우리나라처럼 분단의 아픔을 겪으면서 생활하고 있는 곳에서는 더욱 그렇다. 개념들이 지닌 뜻을 정확하게 앎으로써 오도된 이념이나 사상의 틀에서 벗어나는 일이 무엇보다 필요하다. 이런 일은 통일을 위한 언어영역에서의 기초 작업이기도 하다.

언어생활에서 대비되는 개념들은 있게 마련이고, 정치풍토에서 대비되는 세력도 끊임없이 있어 왔다. 그러나 대비되는 개념들이라 할지라도 지닌 뜻을 가능한 정확하게 알아야 한다. 정치는 대비되는 정책을 가지고 서로 주장을 펴다가 타협의 묘미를 찾아내는 하나의 기술이다. 상대방으로부터 배울 것은 배우는 기술이다. 그래서 당리 · 당략에 전념하는 정치꾼(politician)과 식견이 뛰어난 통찰력 있는 정치가(statesman)는 구별되기도 한다. 대비되는 개념들도 알고 보면 다분히 서로 연결이 되는, 정도차이에서 드러나는 뜻을 지니는 경우가 많다. 개념에 관한 그릇된 교통정리는 대립과 갈등을 더욱 야기할 뿐이다.

정치인에서 정치가로 변하는 하나의 전환점은 이런 것에 관한 이해에서도 드러난다. 정치인들은 반대개념을 모순개념처럼 오용하면서 감정적인 선동에 능하다. 그들은 상대방을 이기기 위해 교활한 수단방법을 모두 동원하는 경향이 있는 반면에, 정치가는 상대방의 주장에도 귀를 기울이고, 장점을 배우려 하고, 타협을 통해 함께 이기는 방법을 더 우선시한다. 그렇다면 사회 · 정치적인 풍토에서 많이 사용되는 대비되는 개념들로는 어떤 것들이 있을까? 그런 개념들이 지닌 정확한 뜻은 무엇인가?

14.2 진보/보수

역사에서 보면, 어느 사회에서나 진보적인 성향을 지닌 사람들도 있고 보수적인 사람들도 있다. 진보성향을 지닌 사람들은 대체로 과거로부터 이어지는 전통보다는 앞으로 지향해야 가치를 앞세우면서 더 나은 상황으로 변화되도록 개혁에 그 무게를 둔다. 반면에 보수성향을 지니는 사람들은 안정성을 중시하면서 불확실한 미래에 대비하기 위해, 이제까지

지녀 온 기본적인 전통과 축적된 경험을 중시하면서 그것의 연속선상에서 현재나 미래의 일들에 대처한다. 더 나은 것을 향한 변화를 배제하지 않는다는 점에서 진보나 보수를 지향하는 사람들은 뜻을 같이한다.

물론, 각국마다 각 지역마다, 보수와 진보의 경향은 차이가 있다. 낙태에 대한 찬반, 환경문제 대처에 대한 적극성의 차이, 국방비의 확장 대 복지비용증액, 동성연애 등에서 보수진영과 진보진영은 각각 전자나 후자를 대변하는 경향이 있다. 보수주의자는 인기적인 윤리관을 지녔고, 작은 정부를 선호하고, 자신의 돈과 권력확대를 획책하는 음모론자로 진보주의자에 의해 규정되기도 한다(동아일보 2004년 2월 14일자).

미국 캘리포니아 대학 인지언어학 교수인 조지 레이코프(George Lakoff)는 그(2002)가 지은 『도덕의 정치』(손대오 옮김. 2004)에서, 보수와 진보진영에서 선호하는 도덕과 관련된 언어들을 정리하여 보수와 진보를 구별했다. 보수주의자들은 '힘', '응보', '경계', '완전한', '성실함'이라는 단어를 즐겨 사용하는 반면에, 진보주의자들은 '동정', '상환', '행복', '공정한 분배' 등을 좋아함을 그는 밝혔다. 이어서 그는 「제2부 도덕개념시스템」에서 도덕을 가정에 비유하여 5장에서는 엄한 아버지(strict father) 도덕을, 6장에서는 자애로운 부모(nurturant parents) 도덕에 관해 각각 서술하면서, 보수적 도덕관은 '엄한 아버지의 도덕을 선호하며, 그 특징은 '절제·책임·자립의 장려', '보상과 징벌의 도덕지지', '외부의 악으로부터 도덕적인 사람의 보호'라고 내세웠다.

그는 반면에, 진보적 도덕관은 '자애로운 부모의 도덕을 선호하며, 그 특징은 '감정이입행동과 공정성장려', '불리한 사람에 대한 도움', '스스로를 보호할 능력이 없는 사람에 대한 보호', '인생에서 충만함의 장려'로 나타난다고 했다. 그는 『도덕의 정치』의 표지에서 현재의 정치가는 치국평천하를 꿈꾸지만, 미래의 정치가는 수신제가를 꿈꾼다고 하

면서 정치의 근간을 가정으로 본다. 이념정치의 종말과 더불어 도덕정
치의 시대를 내세운다. 아울러, 진보주의자도 보수주의자가 지닌 도덕
적인 틀이나 장점을 받아들일 것을 주장한다. 물론, 진보주의의 의미 가
운데 몇몇은 보수주의의 의미와 겹치기도 함을 그는 지적했다(42).

　보수와 진보적인 성향은 분야에 따라 다르게 나타나기도 한다. 진보
성향을 지닌다고 해서 모든 분야에서 그렇다는 것은 아니라는 점이다.
어떤 사람은 정치와 경제적인 분야에서는 진보적인 성향을 지니지만 사
회, 문화, 예술 분야에서는 보수적인 경향을 지니는 경우도 있다. 반면
에 또 어떤 사람은 문화, 예술, 교육 분야에서는 진보적인 경향을 지니
지만 정치, 경제, 사회 분야에서는 보수적인 경향을 지니는 경우도 있
다. 그러므로 진보와 보수도 분야에 따라 다를 수 있다. 같은 사람이나,
집단이나, 사회라도 보수와 진보는 혼재되어 있다. 필자의 경우도 나 자
신을 살펴보면 어떤 분야에서는 진보적인 성향이 있지만, 다른 분야에
서는 보수적인 성향을 지니고 있음을 알 수 있다.

　사람들이 지니는 다양한 기질들을 비교적 정확하게 지적한 철학자로
는 제임스(William James. 1842-1910)가 있다. 그는 좀 더 감정적인 우주
관(the more sentimental view of the universe)을 지닌 사람을 유약질(柔弱
質. 유연한 마음을 지닌 사람)로, 좀 더 견고한 우주관(the more hard-
hearted view of the universe)을 지닌 사람을 강건질(剛健質. 강건한 마음
을 지닌 사람)로 각각 분류하면서, 유약질의 특징으론 합리적('원칙'들
에 의해 판단하는)·주지주의적·관념적·낙관적·종교적·자유의지
적·일원적·독단적인 것을 들고, 강건질의 특징으론 경험적('사실'들
에 의해 판단하는)·감각론적·유물론적·비관적·비종교적·숙명론
적·다원적·회의적인 것을 들었다. 이어서 자기의 경우는 지식론과 존
재론에 있어서는 경험론자, 감각론자였으며, 낙관론자로서 종교적이었

W. 제임스(William James, 1842-1910, 프래그머티즘 철학자며 심리
학자임)

으며, 자유의지를 옹호하기 위한 어떤 좋은 근거를 발견하려 했음을 지
적했다. 요컨대, 그는 자연적인 사실들(natural facts)과 관계 있는 문제
들에 대한 접근에서는 강건질적이었으나, 도덕과 신학에 이를 때는 유
약질적이었음을 밝혔다.

　이런 사실들에 근거해서 보면 진보와 보수의 경우도 동일한 사람이라
도 분야에 따라 다르게 나타날 수 있음을 알 수 있다. 그러므로 어떤 사
람에 관해 그 성향을 말할 때 보수적인 사람이나 진보적인 사람으로 일
괄적으로 조급하게 단정 짓는 일은 부적절하다. 이것이 지나치면 이분
법적인 사고방식이 지니는 문제점에서 벗어나지 못하게 된다. 몇 가지
특수한 사례를 근거로 이것을 조급하게 일반화했을 때 빚어지는 특수적
인 경우의 오류(fallacy of the special case), 조급한 일반화의 오류(fallacy
of hasty generalization)를 범하게 되기도 한다. 이런 오류들은 전제와 결
론이 부적절하게 결합됨으로써 빚어지는 자료적인 오류에 속한다(안건
훈, 2002 : 218). 경우에 따라서는 대표성을 지니기 힘든 표본에 근거하
여 의도적으로 일반화를 시도할 때 빚어지는 곧, 특수한 경우의 통계를
일반적인 통계로 간주함으로써 빚어지는 오류인 편의(偏倚) 통계량의
오류(fallacy of biased statistics)를 범할 수도 있다(56). 후자와 같은 오류

는 사례의 수에 오류가 있는 게 아니라, 의도적인 오류라는 데 그 큰 문제가 있다.

물론, 같은 분야라 할지라도 그 정도에 차이가 있다. 예컨대, 정치 분야에서 보수성을 지니는 사람들이라 할지라도 어떤 사람은 전통적인 가치를 옹호하면서 좀 더 수구적인 보수를 주장하는 사람이 있는가 하면, 또 어떤 사람은 미래의 새로운 가치도 중요시하면서 개혁적인 보수를 지향하는 사람도 있다. 옛말에 독서를 할 때, 권장되는 것으로 고칠현삼재(古七賢三才)란 말이 있다. 말뜻 그대로 보면 이 개념은 옛것을 좀 더 중요시하는 그런 경향을 지닌다. 그러나 미래의 것도 도외시하지 않는 그런 면모를 드러내 보이는 말이다.

보수와 진보는 사회변화와 지역에 따라 다르게도 나타난다. 예컨대, 20세기 후반의 경우를 보면, 자유진영에서는 사회주의를 지향하는 세력을 진보세력으로 내세우는 경우가 많았다. 한국의 경우도 예외가 아니다. 그러나 과거 사회주의 국가들의 경우는 자유의 확대를 지향하는 개혁세력을 진보세력으로 여겼다. 이런 점은 보수와 진보라는 개념이 다의적으로 해석되고, 그 경계도 모호함을 드러내 보인다. 예컨대, 중국의 경우, 세계무역기구(WTO) 가입을 추진했던 과거 장쩌민 주석이나 주룽지 총리의 노선은 개혁세력인 반면에 사회주의 경제체제를 고수하는 군부나 가입반대파는 보수세력이나 수구세력이라 하겠다.

현대에 와선 정치적인 측면에서 본다면 보수와 진보의 기준을 중앙정부의 권한과 관련시켜 말하는 경우도 종종 있다. 중앙정부의 권한을 강화하는 정책을 취하면 진보적이고, 권한을 지방에 이양하는 정책을 강화하면 보수적이라는 점이다. 중앙정부의 권한을 강화하려는 것은 자유경쟁의 폐단에서 야기되는 약자의 권익을 보호하자는 취지에서 나타나게 된다. 인류라는 공감대 위에서 인류가 지닌 어느 정도의 평등성을 권력의 힘으로라도 지키기 위해서다. 반면에 지방정부의 권한을 강조하는 것은 개인의 자유나 자유경쟁원리를 옹호하는 측면에서 취해진다. 같은 인류라 하더라도 능력이나 취향에 있어 차이가 있으며, 다른 생명체들에서 엿볼 수 있듯이 인간도 경쟁하는 동물이라는 점에서다.

우리에게 필요한 것은 어떤 분야에서 진보나 보수를 선택할 것이며, 어느 정도에서 진보와 보수를 조화시킬 것인가 하는 점이다. 1998년 영국의 사회학자인 앤서니 기든스(Anthony Giddens)는 '제3의 길'이라는 주장을 펼쳤는데, 이것이 하나의 좋은 예다. 이 이론은 서유럽 여러 나라에서 제2차 세계대전 후, 복지국가건설을 내세웠던 정책을 '제1의 길'로, 1980년대 영국의 마거릿 대처(Margaret Thachter) 수상이 추진한 국가의 간섭을 최소화하면서 시장경제를 중시한 정책을 '제2의 길'로 각각 일컫고, 이를 넘어 그 각각의 장점을 찾아 '사회적 평등'과 '시장의 효율성'을 강조한 데 근거한다. 이 이론은 그 당시 영국의 토니 블레어 총리(Tony Blair)나 독일의 게르하르트 슈뢰더(Gerhard Schröder) 총리에게 영향을 주어, '일자리창출을 통한 복지(workfare)'와 관련된 '신노동당정책', '신중도정책'을 펴게 했으며, 소위 영국병, 독일병을 치료하는 데 각각 효험이 있었다. 기든스는 지금은 더 진전된 이론으로 '적극적 복지'라는 개념을 통해, '경제성장과 기술진보가 가져다주는 번영을 공유하는 사회'를 내세우고 있다. 이어서 정부가 해야 할 일도 어려운 빈곤층을 돕는 '사후적인 치유'가 아니라, 국민들이 그런 상태에 빠지지 않도록 일자리를 마련해 주는 '사전예방적 복지'에 더 힘을 기울여야 하는 것임을 내세운다. 이런 기든스의 견해는 걸핏하면 극단적인 것으로 치닫는 우리들의 사고방식이 지닌 단점을 예방하는 데도 도움이 되리라 여겨진다.

물론, 진보와 보수라는 개념은 좀 더 다듬어 사용해야 할 그런 개념이다. 이런 상황에서 우리가 조심해야 할 일은 이런 애매성과 모호성을 지닌 개념을 근거로 서로 편을 가르고 적대시하는 경우이다. 감정에 민감하게 휘말리는 경향이 있는 지역이나 사회일수록 선동적인 언행이 독버섯처럼 돋아나기 쉽다. 선동적인 정치인은 인간의 감정에 호소하면서 여론을 몰고 다닌다. 이런 점에서 성숙한 민주주의는 합리성을 바탕으로 한 그런 민주주의이어야 한다. 조지 레이코프가 지적하였듯이 보수든 진보든 '가정의 가치'에 기반을 둔 도덕관을 국가로 확장하고 있다는 공통점을 지닌다. 엄격한 아버지 모델을 선호하는 보수도, 자애로운 부모 모델을 선호하는 진보도, 모두 다 가정을 존속시키고 이끌어 가기 위해서 요청된다. 국가를 위해서도 그렇다.

14.3 좌익(좌파)/우익(우파)

정치적인 견해나 사상에서는 진보와 보수라는 개념과 더불어 '좌익'과 '우익'이라는 개념도 많이 사용된다. 좌익과 우익이라는 개념은 근세가 지나면서 대두되기 시작하여, 20세기에 이르러서는 하나의 유행처럼 번져 나가기도 했다. '정치적인 견해나 활동에서 종종 일컫는 좌익(左翼)과 우익(右翼)을 새의 양쪽 날개와 같다고 보면서, 좌익과 우익이 결여된 정치는 제대로 된 정치가 아니다.'라고 말하는 경우도 있다. 물론, 이런 주장은 오류로서 '비형식적인 오류' 가운데 '비유의 오류(fallacy of metaphor)'에 속하는 예다. 비유의 오류는 어떤 것을 다른 것에 비유하고 나서 그런 비유를 토대로 전자를 극단적으로 긍정하거나 부정하는 데서 빚어진다(224). 이 오류는 제시된 논증에서 결론을 떠받치는 자료가 적절하지 않은데도 채택하여 사용하기 때문에 빚어지는 오류다.

좌익과 우익이라는 개념이 본격적으로 나타나게 된 것은 19세기에 이르러서였다. 철학사에서 보면 1835년 스트라우스(Strauss)가 『예수전 (*Das Leben Jesu*)』을 저술 · 발표한 것이 도화선이 되어 헤겔학도들 사이에 종교론 · 정치론에 관한 견해가 심각하게 대립되어 우파(die Rechte), 중앙파(das Zentrum), 좌파(die Linke)로 분열하였다. 이런 명칭들은 독일 의회의 우측 의석은 여당이, 좌측 의석은 야당이 차지하고 있는 것을 모방하여 스트라우스가 그 이름을 붙였다.

우파는 헤겔사상을 그대로 계승하려는 보수적인 입장을 취했으나, 좌파에 속하는 학자들은 유심론(唯心論)에 근거한 헤겔철학을 비판하고, 유물론(唯物論)을 주장하였다. 나중에는 논쟁의 주도권이 이들 좌파에게로 넘어갔다(안건훈, 2007b: 143). 헤겔좌파는 헤겔형이상학의 반대사상인 유물론을 주장하면서도 헤겔의 변증법은 중시하여 정치혁명의 수단으로 이용했다. 그들은 철학사상을 역사설명, 사회개조 등에 결부시켰다. 특히, 포이어바흐(L. Feuerbach)는 좌파의 대표자였다. 그는 유물론과 더불어 원망설(願望說)을 주장하여 신은 인간이 무엇을 원망할 때 상상하는 환상에 불과하며 존재하지 않는다고 했다. 그는 1841년『기독교본질』에서 신학을 인간학으로 격하시키면서, "인간은 인간에 대해 신이다."라고 했다. 그는 신을 인간화한 최초의 사상가였다. 그 당시 좌파에서는 복음서의 사실성도, 영혼불멸도 모두 인정하지 않았다. 이런 풍토 위에서 바우어(Bauer)는 성서를 비판하였고, 스트라우스는 복음서를 신화(神話)로 간주했다(143).

물론, 좌익과 우익이라는 개념도 애매하고 모호한 개념이다. 좌익에도 정도차이가 있고, 우익에도 정도차이가 있다. 그러나 사회가 어수선할 경우는 선동적인 지도자가 나타나게 되고 그들이 대중의 감정을 자극하면서 득세하게 된다. 그들은 표어로서 "좌익이냐, 우익이냐"라는 이분법에 근거한 선동적인 구호를 내세우면서, 자기편과 대립되는 편을

가른다. 그러나 좌익과 우익이라는 개념은 모순개념이 아니라 반대개념
이다. 좌익을 부정한 것이 우익이 아니고, 우익을 부정한 것이 좌익이
아니다.

만일 어떤 사람이 "그는 좌익인사가 아니다."라고 하더라도 그 말이
곧, "그는 우익인사이다."라는 말로 이어질 수는 없다. 좌익인사가 아니
라는 말 속에는 우익인사도 포함되고, 좌익인사도 우익인사도 아닌 인
물도 포함되기 때문이다. 그래서 '그는 좌익인사가 아니므로 우익인사
이다.'라고 규정하는 것은, 모순개념과 반대개념을 혼동한 것으로, '흑
백사고의 오류(fallacy of white and black thinking)'[14]를 범한 경우라 하겠
다.

우리나라의 경우도 남한에서는 해방 직후 혼란기에 좌익과 우익의 대
립이 극심하게 나타났는데, 그런 대립은 잘못된 이분법적 사고방식에서
유래한 것도 많다. 잘못된 이분법적 사고방식에 따른 언어사용은 서로
를 구별하고 서로를 반목하게 하는 도구로 사용될 수 있다. 특히 그런
언어사용은 민주주의를 제대로 체험하지 못했을 뿐만 아니라 좌익사상
과 우익사상도 제대로 정리되지 않은 상태에서, 옅은 감정과 결합하여
극심한 분열을 자아내게 했다. 여기에는 그 당시 낮은 교육수준과, 우리

---

14 어떤 것을 양극으로만 나누어 주장함으로써 빚어지는 오류다. 여기서 반대개념은 '두 개
념이 그 분량이나 정도에서 서로 상당한 차이를 드러낼 때 일컫는 것'으로, '덥다'와 '춥다',
'동쪽'과 '서쪽', '흰색'과 '검은색', '여당'과 '야당' 등을 가리킨다. 반대개념 사이에는 '미지
근하다', '남쪽', '노랑색', '무소속'처럼 그 사이에 중간개념이 있다. 반면에 모순개념은 두
개념이 있다고 할 경우에, 그 가운데 어느 한 개념이 다른 나머지 개념을 부정한 것과 같은 것
이 되는 경우로, 그 사이에 다른 개념이 개입될 수 없다. 예컨대, '덥다'와 '덥지 않다', '동쪽'
과 '동쪽이 아닌 쪽', '흰색'과 '흰색이 아닌 색', '여당'과 '여당이 아닌 당' 등을 가리킨다. 그
래서 '그는 여당이 아니므로 야당이다.'라고 한 것은, '여당이 아님'을 곧 '야당'이라고 한 점
에서 모순개념을 반대개념으로 오해한 흑백사고의 오류를 범한 것이다.

민족에게 종종 보여지는 조급함과, 논리성 · 합리성 결여도 그 큰 몫을 했다.

사고와 행위는 서로 밀접하게 관련을 맺어야 그의 언행은 설득력이 있다. 그런데 개발도상 국가에서 발견되곤 하는 엇박자적인 이중구조가 우리나라에서도 아직 사라지지 않고 있음은 이런 점에서 아쉽다. 실제 생활은 자본주의의 단물을 그 누구보다도 향유하면서 말이나 생각은 좌파에 기울어져 있는 부류의 사람들이나, 반대로 자본주의의 쓴 물을 맛보고 살면서도 극우파적인 생각을 하며 사는 사람들도 이에 해당한다. 두 부류의 사람들 모두 사고와 생활이 서로 엇박자를 이루는 이중구조를 지닌 사람이다. 좌파적인 부유층이나 지도층은 그들의 실제생활을 반성하면서 소외된 사람들이나 어려운 사람들을 실제적으로 돕는 데 더욱 힘써야 하며, 우파적인 빈곤층이나 소외층은 그들의 권익을 찾는 일에 소홀히 하지 말아야 한다. 엇박자를 이루는 이중구조사회는 정상적이지 않은 사회로 결국은 불안정한 사회로 이어지기 쉽다.

좌익은 진보를 추구하고 우익은 보수를 지향한다는 논리도 적절하지 않다. 진보는 좌익도 우익도 공통적으로 지니는 관심사다. 좌익과 우익은 모순개념이 아니라 정도차이에 따른 반대개념에 불과하다. 그래서 좌익이나 우익이란 개념은 상당히 애매할 뿐더러 모호한 개념이다. 이런 개념을 단순히 모순개념처럼 사용하면서 좌익과 우익이라는 개념의 틀로 얼마나 많은 사람들이 우리 현대사회에서 희생되고 고통을 받았는지를 생각하면, 잘못된 앎이 지닌 독초가 얼마나 무서운 것인지를 새삼스럽게 깨닫게 한다. 해방 후 사상의 혼란이나 6 · 25전쟁과 같은 비극은 이런 잘못된 이분법적 사고방식이 더욱 그 불을 지폈기 때문이다.

14.4 가진 자[유산자]/못 가진 자[무산자]

유산자(有産者, bourgeoisie)는 중산계급을 일컫기도 하고, 무산계급에 대해 유산계급, 자본가계급을 가리키기도 한다. 이에 대해 무산자(無産者, proletariat)라는 개념은 원래는 로마사회의 최하층계급을 일컫는 말이었으나, 19세기에 이르러 마르크스(Karl Marx)나 마르크스의 견해를 옹호하는 사람들은 노동계급이나 무산계급을 가리키는 말로 사용했다. 한동안 휴머니스트였던, 그러나 모든 것이 뜻대로 되지 않아 쓴맛을 본 마르크스로서는 그 당시의 사회부조리에 매우 민감했다. 그래서 그는 강단철학자라기보다는 혁명가의 길을 더 선호하면서 가두철학자로 변신했다.

유산자와 무산자라는 개념은 이런 마르크스가 자기의 정치·경제적인 주장들과 유물사관을 펼치기 위해 즐겨 사용하던 개념이다. 그 후 이 개념은 그의 견해를 신봉하는 사람들에 의해 채택되어 광범위하게 사용되었다. 마르크스는 세계사는 계급투쟁의 역사이고, 한 사회로부터 다음 사회단계로의 이행은 비평화적인 폭력혁명에 의한다고 하면서, 프롤레타리아는 공산주의를 혁명에 의해 실현시키려는 메시아적인 소명(召命)을 지닌다고 주장했다. 역사발전의 마지막 단계는 '생산수단의 사회화가 이루어지는 사회주의 사회'라는 것이 그의 주장이다. 이런 점에 근거하여 그는 계급투쟁론과 프롤레타리아 혁명론을 전개해 나갔다.

이런 그의 견해는 그 후 소비에트 러시아를 비롯한 여러 나라에서 정치권력과 결합하여 한동안 상당히 큰 위력을 지니면서 세계의 정치지도를 바꾸기도 했다. 그러나 여기서 우리가 분석하려는 것은 유산자와 무산자라는 개념은 유(有)와 무(無)라는 개념을 사용한다는 측면에서 형식적으로는 모순개념처럼 보이지만, 실제로는 서로 반대개념이라는 점이다. 재산은 있음과 없음이 아니라 '부자', '중산층', '서민', '빈곤층' 처럼 정도차이로 파악하는 것이 정확하다. 반대개념을 모순개념처럼 잘 못 사용하는 경우는 그의 견해 곳곳에서 발견되는데, 그도 지금 살아 있 다면, 그런 논리학상의 과오를 인정할 것이다.

물론, 각 나라마다 빈부격차가 심하다. 같은 나라 속에서도 그렇다. 미래를 이끌어 갈, 위기를 극복할 주역들은 부자로부터도, 어려운 형편 에 처한 사람들로부터도 모두 나타날 수 있다. 부자든 아니든 역경을 경 험한 사람들로부터 그런 주역들이 나타날 가능성이 높다. 그러나 그런 역경이 너무 클 경우는 각자가 지닌 재능이 싹트지 못하고 소멸되기 쉽 다. 이런 점에서 예컨대, 경제적으로 너무 어려운 처지에 있는 사람들에 게는 따뜻한 마음을 전하고 더불어 경제적인 배려를 해야 한다. 그런 배 려는 국가로부터, 경제적으로 더 나은 처지에 있는 사람들로부터 모두 에게 요청된다. 세월이 바뀌어 부자는 가난해지고, 가난한 자는 부자가 되는 그런 시장경제사회에서는 더욱 그렇다. 따뜻한 마음을 지닌 부자 나 건전한 사회지도층이 두터운 곳일수록 성숙한 사회며 국가다. 사회 지도층에 요구되는 도덕상의 의무인 노블레스 오블리주(Noblesse Oblige)가 특히 우리 사회에선 요청된다.

14.5 여당(인)/야당(인)

버크(Edmund Burke)나 매키버(R. M. MacIver)와 같은 학자들에 따르 면, 정당이란 어떤 특정한 주의(principle)나 정책(policy)을 지지하는 사 람들이 모여 조직한 결사(結社)로서, 그런 주의나 정책을 통해 국민의 이익을 증진시키려 노력한다. 물론, 정당에는 여당도 있고 야당도 있다. 개념 간의 관계에서 여당이 아닌 것이 야당이라면 여당과 야당은 서로 모순개념이다. 그러나 인물로 본다면 여당에 속하지 않는 사람으로는 야당에 속한 사람도 있고 무소속에 속하는 사람도 있으므로, 여당인과 야당인은 모순개념이라기보다는 반대개념이다. 그래서 '그는 여당의원이 아니므로 야당의원이다.' 라고 말하는 것은 모순개념을 반대개념으로 잘못 여김으로써 빚어지는 오해로 흑백사고의 오류를 범하는 것이 된다.

여당은 정당정치에서 정권을 잡고 있는 정당으로 정부의 편에 서게 마련이다. 반면에 야당은 현재 내각에 참여하지 않거나 행정부에 참여하지 않는 정당으로, 정부를 감시하고 비판하면서 앞으로 정권을 잡기 위해 노력하는 정당이다. 물론, 정당정치를 하는 나라에서도 여당이나 야당에 속하지 않으면서 정치활동을 하는 의원들도 있다. 소위 무소속에 속한 의원들이 그런 경우다. 무소속에 속한 사람들은 그들이 접하게 되는 사항에 따라 여당의견에 동참할 수도 있고 야당의견에 동참할 수도 있어, 그 나름대로 공정한 위치에서 국정에 참여한다.

여당도 야당도 더 나은 국가나 사회를 만들기 위해 형성된 정당이다. 그러나 그 추진방법에서 차이가 나므로 정강이나 정책에서도 차이가 난다. 경우에 따라서는 소속정당이 다르다 하더라도 비슷하거나 같은 공감대가 형성될 수도 있으며, 어떤 사안의 경우는 같은 정당에 속하는 의원들이라 하더라도 서로 다른 의사표시를 할 수도 있다. 민주주의의 역사가 깊은 나라에서는 이런 일들이 흔히 나타나는 현상으로 바람직한 일이기도 하다.

지도부의 지시에 따라 일사분란하게 움직이는 정당은 붕당(朋黨)으로 이어지기 쉽다. 붕당의 경우, 우리나라에서는 조선시대인 16세기 후반에 그런 정치집단이 생겨 정치를 좌지우지하다가, 17세기 후반에는 일당전제의 성향을 지니게 되고, 그 후에는 척신(戚臣)들에 의한 족벌(族

우리나라 국회의사당

閥)정치로 이어지게 되었다. 현대에 이르러서도 우리나라 국회에서 해
마다 빚어지는 국회의원들의 난투극은 민주주의 정당의 모습을 부끄럽
게 한다.

정당은 붕당이나 도당(徒黨)과는 구별되는 양식과 합리성에 근거한
정치집단이다. 비록 여당과 야당이 정권을 장악하고 있거나 장악하려고
노력하는 당이라 하더라도, 그리고 그 정강이나 정책에서 차이가 난다
하더라도, 더 나은 국가나 사회를 건설하기 위한 정치집단이라는 점에
서는 그 목적이나 목표가 서로 일치한다. 충분한 토의 후 양식과 합리성
에 근거한 표결이 이루어지는 그런 분위기를 지향하면서 정당정치는 실
행되어야 한다.

여당정치인과 야당정치인은 서로 모순개념이 아니라 반대개념에 속
하며, 정부 정책에 대한 지지도에서 정도차이에 따른 구별이다. 여당정
치인이 아닌 자를 야당정치인으로, 야당정치인이 아닌 자를 여당정치인
으로만 간주하거나 그런 식으로 사사건건 활동하는 것은 이분법적인 사
고활동에서 벗어나지 못한 행위다. 이분법적인 사고방식에 쉽게 물들어
가는 경향이 있는 상당수 일상인들의 경향을 바로잡기 위해서도 정치인

들은 언행에 조심해야 한다. 정치인들은 언행에서 일상인들의 모범이 되어야 한다. 있을 수 있는 정책적인 대립을 통합의 기술로 승화시켜 나가는 능력이 있을 때, 정치꾼이라기보다는 정치가로서의 자부심도 지니게 되고 일반인들로부터 존경도 받게 될 것이다.

14.6 서울/지방

서울이라는 말은 크게 두 가지 뜻이 있다. 하나는 한 나라의 중앙정부가 있는 곳을 뜻하며, 다른 하나는 우리나라의 수도 이름을 뜻한다. 전자는 보통명사로, 후자는 고유명사로 각각 사용되는 경우다. 전자의 경우는 한 나라의 중앙정부가 있는 곳을 뜻하므로 예컨대, 미국, 중국, 영국, 러시아의 서울은 각각 워싱턴, 베이징, 런던, 모스크바가 된다.

우리나라의 경우는 보통명사로서의 서울과 고유명사로서의 서울이 겹치는 특이한 경우로 우리나라 사람들의 서울에 관한 애착은 그래서 더욱 크고 의의가 있다. 그래서 우리 국민들의 서울에 대한 사랑은 자기 고향에 대한 사랑에 뒤지지 않는다. 물론, 서울은 우리나라 사람들 마음 속에서 오랫동안 정치적인 구심점 역할을 해 왔을 뿐만 아니라 경제·사회·문화·교육의 구심적 역할도 해 왔다.

지방은 '어느 한 방면의 땅'을 뜻하기도 하고, '서울 밖의 지역'을 뜻하기도 한다. 전자의 뜻으로는 서울도 지방에 속한다. 그래서 지방분권, 서울지방법원, 서울지방경찰청이라 일컫는다. 본래는 지방이란 개념이 주로 그런 뜻이었다. 그러던 것이 언제부터인가 지방이란 말이 '서울 밖의 지역'을 나타내는 말로 그 뜻이 점차 굳어져 갔다. 그래서 지방에서 온 사람이라든가, 지방대학 출신이라든가 하면, 그 말은 후자와 같은 뜻과 관련되어 있다.

　언어는 세월이 지남에 따라 그 의미가 변화될 수 있다. 지방이란 말도 그런 유형이라 하겠다. 그런데 여기서 문제되는 것은 지방이란 말이 원래의 뜻에서 벗어나고 있다는 점도 그렇지만, 이분법적인 구도에서 서울과 대비되는 용어로 많이 사용되고 있다는 점에서다. 언어도 생명력이 있어 변할 수 있지만, 그런 변화는 바람직한 변화로 이어져야 한다. 이분법적인 사고방식의 틀로 서울과 지방이 자리매김하는 것은 여러모로 바람직스럽지 않다.

　이분법적인 구도 속에서 어느 한쪽을 더 우월한 것으로 생각한다거나 대결구도로 생각한다면, 이것은 실로 이분법적인 사고방식이 지닌 역기능이나 문제점이라 하겠다. 예컨대, 서울에 위치하지 않더라도 전국 곳곳에는 전통이 깊은 유명한 대학들이 있다. 그러던 것이 서울과 지방이라는 이분법에 의해 지방에 소재하는 대학의 묶음으로 귀속되어 불이익을 당하는 경우가 그것이다. 이런 점에서 서울/지방과 같은 이분법적인 표현은 가급적 사용하지 않는 것이 바람직하다. 이를 위해서는 대중매체의 역할이 매우 크다.

　우리나라에서 지역에 기반을 둔 정치인들이 대결구도 속에서 자기의 위치를 부각시키기 위해 여러 유형의 이분법적 사고방식을 은근히 부추기는 것은 매우 잘못된 일이다. 그런 정치인들은 사회나 국가의 먼 앞날을 설계하는 정치가(statesman)라기보다는 개인의 영달이나 당리 · 당략에 매몰되어 있는 정치꾼(politician)의 근성을 떨쳐 버리지 못하기 때문에 그렇다. 안타까운 일은 정치꾼뿐만 아니라 상당수의 국민들도 이분법적인 대결구도를 설정하여 활용하면서 자기의 목표를 실현해 나가는 데 익숙해져 있다는 점이다.

14.7 요약 및 시사점

인간은 사회적 동물이라고도 하고, 정치적인 동물이라고도 한다. 이처럼 인간은 사회생활이나 정치생활을 하면서 살아가는 특징을 지닌다. 사회생활이나 정치생활을 하는 과정에서는 힘이나 권력이 중요한 개념으로 등장하게 되며, 힘을 지니기 위해서나 권력을 쟁취하기 위해 이분법적인 용어들을 사용하여 대립구도를 만들어 편을 가르기도 한다. 사회·정치적인 개념들에서의 이분법은 주로 반대개념들에서 나타난다. 견해를 서로 달리하는 집단들이 편을 가르고 대결할 때 이런 이분법적인 구도가 유용하기 때문이다. 경우에 따라서는 모순개념을 반대개념처럼 사용한다는 점에서 흑백사고의 오류를 범하기도 한다.

그래서 이제까지 '사회·정치적인 개념들에서 사용되는 이분법' — 진보/보수, 좌익/우익, 유산자/무산자, 여당/야당, 서울/지방 — 을 제시하여, 그런 개념들이 사회의 대립과 갈등을 부추기는 독소로서 어떻게 사용되고 있는지를 지적하였다. 이런 개념들 가운데, 진보/보수, 좌익/우익, 여당/야당은 반대개념으로서 그 사이에 있는 개념이 존재한다. 진보도 보수도 아닌 사람, 좌익도 우익도 아닌 사람, 여당도 야당도 아닌 무소속이 있음이 그것이다. 유산자/무산자의 경우도 그 중간개념이 있을 수 있다. 서울/지방의 경우는 서울이 아닌 곳을 지방이라 일컫는다면 서로 반대개념이 아닌 모순개념이지만, 지방이란 개념을 서울까지도 포함하는 뜻으로 사용한다면 이분법적인 구도로 생각할 필요가 없다. 이분법적인 구도가 순기능보다는 역기능이 심할 경우는 이분법적인 구도를 타개할 필요가 있다.

2001년 8월 15일 우리 사회 15명의 원로들이 서울 정동에서 「광복의 날에 즈음하여 오늘의 난국을 생각한다」는 제목의 성명서를 발표했는데 그 핵심적인 내용은 이분법이 지닌 위험성에 관한 경고였다. 그들은 성명서에서 "우리가 지향하는 성숙한 세상은 진보와 보수, 그리고 중도가 모두 제 색깔을 당당히 드러내는 한편, 공론의 장에서 합리적 토론을 통해 공동선을 추구하는 세상"이라고 하면서, "최근 우리 사회의 일각에서 부추기는 극단적 양극화현상은 사회통합을 해치는 분열주의로 규탄받아 마땅하다."고 지적했다.

그럼에도 선거 때가 되면, 이런 이분법을 활용하는 정치인들에 의해 많은 국민들이 기만되었다는 점에서, 그리고 상당수 국민들이 이런 이분법적인 사고방식에 익숙해져 있다는 점에서 우리의 후진 사회성이나 정치의 일면을 보는 것 같아 안타깝다. 이분법적인 사고방식에서 나타나는 역기능은 통일과 선진사회로 나아가기 위해 극복되어야 할 대상이다. 다분히 감정에 치우친, 편 가르기에 근거한 그런 이분법을 넘어, 서로의 처지를 바꾸어 생각하면서 서로를 이해하면서 더불어 사는, 그런 멋진 사회나 국가로 나아가야 할 터인데 말이다.

제3부

모순개념과 그 문제점

3부에서는 학문적으로나, 일상적인 사고활동이나 언어생활에서 많이 사용되는 개념들 가운데 모순개념으로 여겨지는 것들을 중심으로 그 이분법적인 사용을 살펴보려 한다. 모순개념은 두 개념이 있다고 할 경우, 그 가운데 어느 한 개념이 다른 나머지 개념을 부정한 것과 같은 것이 되는 경우로, 그 사이에 제3의 다른 개념이 개재될 수 없다. 임의의 개념을 P라 하면, ~P가 P의 모순개념이다. 이를 위해, '우연/필연', '삶/죽음; 생물/무생물', '내세/현세', '마음/몸; 정신/물체', '있음[有]/없음[無]', '개별자/보편자; 부분/전체', '자유의지와 결정론에서 양립가능론/양립불가능론'을 다루겠다. 이런 이분법적인 사고방식도 여전히 담론의 중심을 이루고 있을 뿐더러, 학계나 일상인들의 사고방식, 언어사용방식에도 큰 영향을 미치고 있기 때문이다.

15. 우연/필연

15.1 문제제기

우연과 필연이란 개념은 어디에서 유래하는가? 어떤 사람은 우연은 사실의 세계에서, 필연은 사유의 세계에서 각각 사용되는 개념이라 일컫기도 한다. 예를 들면, 필연이란 개념은 연역논리학에서 전제에서 결론을 이끌어 낼 때 사용되는, 전제와 결론의 형식적인 관계를 밝힐 때 사용되는 그런 개념이라는 점이다.

그런데 경우에 따라서는 사실의 세계에서나 도덕의 세계에서도 필연성이란 개념을 사용하기도 한다. 역사의 경우를 보더라도 우연사관과 더불어 필연사관이 있다. 그렇다면 필연성이란 개념도 애매성과 모호성을 지닌 개념인가? 우연성과 필연성은 서로 반대개념인가, 모순개념인가?

15.2 우연성, 가능성, 필연성, 불가능성

칸트는 인간의 인식은 직관능력인 감성과 사유하는 능력인 오성(悟性)의 종합으로 이루어져 있다고 보면서, 오성형식인 범주(範疇. Kategorie)는 양의 범주, 질의 범주, 관계범주, 양상범주로 이루어져 있다고 했다.

이들 범주는 다시 각각 세 가지씩으로 이루어져 있는데, 그 가운데 양상 범주에 속하는 것으로 가능성, 존재성, 필연성이 있다. 이처럼 우리들 모두에게는 공통되는 의식에서 유래하는 것으로 가능성과 필연성이라 는 사유 및 판단형식도 있다는 것이다. 칸트의 주장에서뿐만 아니라 예 전부터 많은 사람들에 의해 언급되어 온 것이 이처럼 가능성이나 필연 성과 같은 개념이다. 가능성은 우연성과 더불어 논의되기도 한다.

우연(偶然. chance)이란 개념은 『철학대사전』(1973)에 의하면, 라틴어 인 cadere(떨어지다)에서 나온 말로 (1) 결정되지 않은 것의 속성, (2) 확률법칙에 따라 예측할 수 있는 것의 속성을 가리킨다. 우연성은 그것 을 어떤 관점에서 보느냐에 따라 여러 가지 특성을 생각할 수 있다. 우 연성이 그 성격상 가능성과 유사한 관계에 있다는 이유에서 우연성과 가능성이 서로 깊게 관련을 맺고 있고, 필연성과 불가능성은 다 같이 필 증적(必證的)인 성격을 가졌다고 보는 경우가 그것이다. 예를 들면 라이 프니츠(Gottfried Wilhelm Leibniz. 1646-1716)가 주장하는 '이성(理性) 의 진리는 필연적이고, 사실의 진리는 우연적이며 그 대비적인 것은 불 가능적이다.'라고 한 것이 그것이다(811).

가능성을 증대(增大)한 극(極. pole)은 우연성을 감소한 극과 일치하 고, 불가능성을 증대한 극은 필연성을 감소한 극과 일치한다는 견해도 있다. 요컨대 극한(極限. limit)에 가서는 우연성은 불가능성에, 필연성 은 가능성에 접근해 간다는 사실에서 이들을 각각 상관적인 개념으로 보는 경우도 있다(811). 이런 경우는 결국은 우연성은 불가능성과, 필연 성은 가능성과 연속선상에서 각각 파악하는 경우라 하겠다.

도덕과 관련된 표현에서도 필연성이란 개념이 사용되는 경우가 있다. 예컨대, '하여야 한다'라는 표현은 '할 수 있다'는 것을 이미 함축한다 는 주장에서 그렇다. 여기서 함축은 필연성과 관련된 그런 것이다. 의무

논리(deontic logic)에서도 예컨대, O를 의무(obligation), P를 허용(per-mission), F를 금지(forbidden)를 각각 나타내는 기호로 사용하면, 'O~A는 OA → Φ를 수반한다.'라는 의무논리의 원칙은 ~PA → (OA → Φ), 곧 FA → (~OA ∨ OΦ)이 되어, 'A라는 행위를 금지한다면 A라는 행위를 의무적으로 한다는 것은 아니거나, 의무적으로 Φ라는 행위를 하여야 하는 것'을 뜻한다(안건훈, 2008a: 274). 그러나 15장에서는 의무논리나, 도덕에서 사용되는 필연성 개념은 언급하지 않기로 한다.

현대에 와서는 기호를 사용하여 양상개념들 사이의 관계를 규명하는 경우도 있다. 양상의 개념으로 흔히 가능성(possibility), 필연성(necessity), 불가능성(impossibility), 우연성(contingency)이 논의되며, 그것들에 관한 표현 및 그 사이의 관계는 다음과 같이 나타내진다(Gorovitz, 1979: 79).

	나타내는 법	동치인 것
필연성	$\Box P$	$\sim\Diamond\sim P$
가능성	$\Diamond P$	$\sim\Box\sim P$
우연성	$\sim\Box P \ \& \ \sim\Box\sim P$	$\Diamond\sim P \ \& \ \Diamond P$
불가능성	$\Box\sim P$	$\sim\Diamond P$

여기서 볼 수 있듯이, 우연성(偶然性. contingency)은 형식적으로는 필연성의 모순대당에 해당하는 개념으로 필연성을 부정한 것이다. 가능성과 불가능성이 그렇듯이 말이다. 그래서 '$\sim\Box P = \Diamond\sim P$', '$\Box\sim P = \sim\Diamond P$'가 성립한다.

15.3 자연세계에서의 우연론과 필연론

아테네 전기의 철학은 크게 초기의 자연철학과 후기의 자연철학으로 나뉘는데, 밀레토스학파(Milesian School)와 엘레아학파(Eleatic School)가 전자를 대표한다. 이 가운데 밀레토스학파의 철학자들은 만물의 근원적인 물질인 원질(arche)을 탐구하는 데 힘을 쏟았고, 엘레아학파는 생성의 문제를 주로 다루었다. 이에 대해 후기의 자연철학자들은 원질과 생성의 문제를 함께 다루는 경향이 짙었다. 이런 상황 속에서 나타난 원자론자인 데모크리토스(Democritus)는 "이미 있었던 것, 현재 있는 것, 장차 있게 되는 것 모두는 예부터 필연적으로 결정되어 있다."고 하면서 우연성에 소극적이었다(811). 그러면서도 그는 "우주 속에 존재하는 모든 것은 우연과 필연의 열매다."라고 말하면서(Monod, 1984:1), 우연성의 존재에 관해 부인하지는 않는 듯한 자세를 나타내기도 했다.

반면에 세계의 발생과 생성은 결국 우연에 귀착한다는 견해를 우연론(偶然論)이라 하는데, 헬레니즘 · 로마 철학인 에피쿠로스학파(Epicurean School)에서는 원자운동의 원인을 원자의 무게에서 찾는다. 에피쿠로스학파에 의하면 원자는 처음에는 모두 수직적으로 낙하하지만, 나중에는 그 무게에 의해 수직운동에서 벗어나 우연적 · 임의적인 운동을 하게 된다. 그런 과정을 통해, 원자는 서로 만나고, 결합도 하면서 구체적인 물체들을 이루게 된다는 것이다.

프래그머티스트인 퍼스(C. S. Peirce)도 우연주의(偶然主義. tychism)를 주장했는데, 여기서 'tychism'은 '운수', '우연'을 뜻하는 그리스어인 'tyche'에서 유래된 말이다. 그는 우연을 우주 내에서 작용하는 하나의 객관적인 실재로 간주하면서. 우연성의 소멸은 곧 진화의 정지를 의미하는 것이라 했다.

'우연과 필연'의 문제를 분자생물학에 근거하여 규명하는 데 힘쓴 현대의 대표적인 학자로는 모노(Jacques Lucien Monod, 1910-1976)를 들수 있다. 그는 『우연과 필연』이라는 책을 저술한 프랑스의 분자생물학자, 철학자로 1965년에는 노벨 생리의학상 ― '효소와 바이러스 합성의 유전적인 제어(制御)에 관한 연구' ― 을 받기도 했다. 모노(1984)에 의하면, 생물에서 진화에의 길을 터놓는 기본요소는 미시적인 세계에서 나타나는 우연적인 일이다. 이런 우연한 사건은 단독적·우연적으로 발생하기 때문에 그 예측을 불허하지만, 일단 DNA구조에 통합되어 버리면 확실하게 기계적으로 복제(複製)되고 해석된다. 복사체가 수백만, 수십억 개까지 불어나기도 한다. 요컨대, 이런 최초의 우연한 사건이 순수한 우연이라는 영역에서부터 유래되어 필연성과 확실성의 영역으로 들어간다(347).

그는 진화도 이런 우연에 근거한 돌연변이로 설명하였다. 돌연변이가 진화에서 중요한 역할을 담당한다는 점을 말이다. 그는 생물권의 진화는 '시간적으로 방향성을 지닌 비가역적(非可逆的)인 과정'으로 파악하면서, 우연한 교란운동이 복제기구에 의해 포착되어 복제된 끝에 도태작용으로 선별된다고 주장했다. 도태적인 진화작용이란 미시세계에서 나타나는 우연 속에서, 가치 있는 사건을 선별해 내는 작용이다(350).

그는 생명체는 유전정보를 복제하는 능력을 지닌다는 것과 복제의 잘못이 진화의 근거를 마련한다는 주장을 펼쳤으며 더불어, 하이젠베르크의 '불확정성 원리'를 미시적인 세계에서 나타나는 교란의 특성을 설명하기 위해 인용했다. 요컨대, 그런 미시적인 세계에서 나타나는 우연성에 의한 교란이 진화의 원동력이 된다는 것이다. 필연성이나 합목적성은 그 결과 위에 나타난 것으로 거시세계에서 인간들에 의해 해석되는 것에 불과하다. 미시적인 세계에서의 우연에 의한 교란의 결과가 거시

적인 세계에 이르러서는 합목적인 필연성을 지닌 것으로 사람들에 의해
변신을 하게 된다는 것이다. 특히 사람들은 예로부터 우리 자신에 관해
서는 필연적이고 불가피하고 영원한 신의 섭리 아래 예정된 존재이어야
함을 바란다. 인류 자신의 우연성을 필사적으로 부인하려는 데 노력을
다하고 있다는 것이다(292).

그는 베르그송(Henri Bergson, 1859–1941)의 형이상학적인 생기설(生
氣說)에 호감을 지니면서, 인간이란 진화에 의해 도달한 최고의 단계이
기는 하지만 그렇게 되려고 노력한 결과도 아니고 그렇게 되도록 예정
된 것도 아니라는 견해에 동의한다. 합리적인 지성은 비생명물질을 지
배하기 위한 수단이긴 하지만 생명현상을 이해하기에는 불가능하다. 반
면에, 본능은 생명의 약동과 동질적인 것으로 생명현상에 관한 직접적
이고도 전체적인 직관을 부여한다는 그런 견해에 그는 호의적이다.

15.4 역사에서의 우연사관과 필연사관[1]

역사에서도 우연성과 필연성은 종종 언급된다. E. H. 카(1970)에 의하
면 위대한 역사가나 사상가란 새로운 사물이나 새로운 상황에 처했을
때 '왜냐'라는 의문을 제기하는 사람이다. 그래서 그는 "역사의 연구는
원인의 연구이다."(87)라고 하면서 다음과 같은 예들을 제시했다.

역사학의 시조인 헤로도토스(Herodotus)는 자기가 지은 책의 첫 머리에서,
희랍인들과 야만인들의 행위에 관한 기억을 보존한다는 것과 '특히 그들이

---

1   이곳에 서술된 부분은 필자(2007b)의 책인『역사와 역사관』가운데 38쪽에서 41쪽에 실
린 내용이다.

왜 서로 싸우게 되었는가의 원인을 밝힌다는 것' 이 그의 목적이라고 규정했
다. ⋯ 18세기에 이르러서 몽테스키외(Montesquieu)도 『로마인들의 위대성
과 성쇠의 원인에 관한 고찰(*Considerations on the causes of the greatness of
the Romans and of their rise and decline*)』 속에서 '모든 왕조에 작용하여 그
흥기(興起)와 유지와 몰락을 초래하는 도덕적 및 물질적인 원인이 있다.' 는
원리와, '발생되는 모든 사건은 이런 여러 가지 원인에 좌우된다.' 는 원리를
그의 출발점으로 삼았다(87).

그래서 우리들이 '우리가 이 세상에서 보는 모든 결과는 운명의 산물
이다.' 라고 생각하는 것은 잘못이다. 인간의 행동도 일정한 법칙이나 원
리를 따른다는 것이다. 이로부터 거의 200년 동안이나 역사가와 역사철
학자들은 역사상의 사건들을 말할 때는 사건들의 원인과 이를 지배하는
법칙을 발견하고 그것을 가지고 인류의 과거경험을 조직해 본다는 일에
몰두해 왔다(88). 역사란 과거의 여러 사건들을 원인과 결과라는 일정
한 질서 속에 정돈함으로써만 이루어질 수 있다는 믿음이었다. 이처럼
역사에서 인과관계를 탐구하는 일은 매우 중요시되어 왔다.

이 가운데서도 강도 높게 인과성을 내세우는 사람들이 있으니 그들이
바로 필연사관(必然史觀)에 근거한 역사주의자다. 역사에서 필연성(ne-
cessity)을 말하는 사람들은 결정론(determinism) ― 모든 사건은 그것을
야기하는 원인이 있으며, 필연적으로 발생한다. ― 을 옹호하는 사람들
이다. E. H. 카의 표현에 따른다면, "결정론이란 모든 일에는 하나나 몇
개의 원인이 있고 그것(들)에 변화가 없는 한 그런 일에도 변화가 있을
수 없다는 신념을 말한다"(93). 역사결정론에 근거해 역사에서의 사건
이나 흐름을 파악하는 사람들 가운데 우리에게 잘 알려진 주장으로는
헤겔(G. W. F. Hegel)과 마르크스(Karl Marx)의 결정론적인 역사철학이

있다. 이런 역사주의(historicism)에서는 인간행위를 철저히 인과적인 관점하에서 설명하면서, 인간의 자유의지(free will)에 대해 소극적이다. 헤겔이 말하는 이성의 간계(奸計)(The wickedness of Hegel) ― 역사에서의 개인들의 행위는 주관적으로는 이기적인 목적을 추구하면서도, 객관적으로는 결국 보편적인 목적을 실현시키는 결과가 된다. 절대자인 신의 이성은 그의 보편적인 목적을 실현시키기 위해 역사에서 개인들의 이기심을 이용한다. ― 또는 마르크스가 말하는 사적 유물론(史的唯物論) ― 역사에서의 발전은 경제적인 토대에 의해 규정되며(경제결정론), 역사에는 필연적인 역사법칙이 있으며 그 법칙은 경제발전법칙에 의해 해명된다. ― 은 모두 이런 역사주의의 산물이다.

그러나 오늘날에 와서 '역사법칙'이라는 말은 상당히 퇴색되었고, '원인'이라는 말조차도 예전에 비해서는 조심스럽게 사용되고 있다. 두 개념 모두가 그것들이 지닌 애매성과 모호성 때문이다. 그렇다고 해서 필연성이 우연성(chance)에 의해 대체된 것은 아니다. 물론, 역사라는 것은 대부분이 우연의 집합체이고 우연의 일치에 의해 좌우될 뿐만 아니라, 돌연적인 원인의 소치라고밖에는 볼 수 없는 사건의 연속이라는 이론도 있다(98). 역사에서의 우연성(chance in history)을 말할 때 흔히 예시되는 안토니우스의 애인인 클레오파트라의 코(Cleopatra's Nose) ― 만일 클레오파트라의 코가 조금만 더 낮아졌다면 세계사가 바뀌었을 것이다. ― 에 관한 이야기가 그것이다. 이런 우연적인 것을 나열하면서 역사에서의 사건이나 역사의 흐름을 말하기도 한다. 희랍 출신의 로마 역사가인 폴리비우스(Polybius)는 "나라가 쇠퇴(衰頹)해서 로마의 한 속주(屬州)의 지위로 떨어졌을 때, 희랍인들은 로마의 승리를 공화국이 지닌 장점 때문이 아니라 그 행운 때문이라고 여겼다."(99)고 서술했다. 그러나 E. H. 카의 말을 빌리면 이런 우연사관(偶然史觀)의 문제점으로는 다음과 같은 것이 있다.

> 제대로 된 역사가라면 지금까지 우연사(偶然事)로 취급되어 오던 사건도 그
> 것이 결코 우연한 것이 아니라, 더 대국적인 견지에서는 합리적으로 설명될
> 수도 있고, 적절한 의의를 부여할 수도 있는 경우를 흔히 체험한다(102).

아무튼, '그 일은 왜 일어나게 되었는가?' 와 같은 물음은 예나 지금이
나 역사상의 사건을 말할 때는 불가피하게 따라다니게 마련이다. 아울러
그런 질문에 대한 대답을 위해 원인을 구명하는 활동을 펴게 된다. 그러
나 현대에 와서는 과거와는 달리, 앞에서 소개한 그런 역사결정론에 근
거해 역사에서의 사건들을 설명하는 견해는 그리 많지 않다. 자유의지와
결정론의 관계에 관한 논의에서, 강한 결정론에 의해 인간의 행동을 설
명하는 견해가 소수의견을 구성하듯이, 역사결정론에 근거한 역사서술
도 그렇다. 인간의 행위는 그것을 보는 견지에 따라 자유롭기도 하고 결
정되어 있기도 하다. 지금처럼 원칙이나 신념 등을 따르는 것이 자유라
는 지적인 풍토에서는 결정론을 따르는 것이 자유의지로 간주된다. 이런
경우, 결정론과 자유의지의 관계는 서로 양립불가능(兩立不可能. incom-
patibility)한 것이 아니라, 오히려 양립가능한 것으로 이해된다.

이런 점들을 고려하면서 E. H. 카는 주장하기를 용어 사용에 있어서
도 필연성이나 불가피성이라는 용어 대신에 '가능성이 매우 컸다.' 라는
표현을 쓰는 것이 좀 더 현명하다고 했다. 예컨대, '1917년 혁명 후에 희
랍정교회(the Orthodox Church)와 볼셰비키(Bolsheviks)의 충돌은 불가
피했다.' 라고 서술하기보다는 '그 가능성이 매우 컸다.' 라고 서술해야
한다는 점이다(96). 상당히 다듬어진 정확한 표현이라 여겨진다.

비록 우연성을 가지고 서술한다 할지라도 그런 우연성이란 것을 좀

더 과학적으로 깊게 탐구해 들어가면 우연적인 것이 아닌 것으로 파악되는 경우도 있다. 아직 우리가 사건의 근거를 제시하지 못할 때, 우연 변인을 넣어 설명하는 경우도 많다. 비록 어떤 사건의 발생을 우연성을 들어 말할지라도 한층 넓은 시공적인 관점에서 본다면 우연성에도 어떤 방향이 있음도 알 수 있다. 예컨대, 지구의 역사를 보면, 갑자기 지구환경에 큰 변화가 나타나 그 당시 지구상에 살던 동물들이 상당히 멸종해 버리는 경우를 볼 수 있다. 왜, 바로 그런 시기에 지각의 변동이 나타났거나, 커다란 운석(隕石)이 지구에 떨어지게 되었는지 그 원인을 알 수 없기 때문에 우연으로 처리하는 경우가 많다. 그렇다고 해서 필연성이 개재될 문을 열자는 것은 아니다. 우연성보다는 개연성에 근거한 정확성이나 인과성을 추구하자는 것이다.

사회과학은 자연과학에 비해 우연변인을 더 많이 논하는 경우가 많다. 그러나 우연으로 처리하던 것이 학문의 발달에 의해 그 원인이 규명됨에 따라 우연성이 해소되기도 한다. 더군다나 원인이 아직은 규명되지 않는다 할지라도 긴 시간이나 넓은 공간에서 본다면 밝혀지는 경우가 있다.

15.5 요약 및 시사점

이번 장에서는 우선, 우연과 필연이 지니는 각각의 뜻과 더불어, 그 논리적인 관계를 밝혔다. 논리적으로는 우연을 부정한 것이 필연이고, 필연을 부정한 것이 우연이다. 이어서 자연세계에서의 우연론과 필연론도 살폈다. 역사적인 고찰과 더불어, 진화론과도 관련시켜 보았다. 역사의 경우에서는 우연사관과 필연사관을 살폈다.

어떤 사람은 우연은 사실의 세계에서 사용되는 개념이며, 필연은 사유의 세계에서 사용되는 개념이라 일컫기도 한다. 진리에 관한 논의에서도 이런 필연성과 우연성에 근거해서 그 유형이 나뉘기도 했는데 예컨대, 라이프니츠는 우연적인 진리를 '사실의 진리'로, 필연적인 진리를 '이성의 진리'로 각각 일컬었다. 이런 점에서 보면, 사실의 세계를 말할 때 필연성을 논의하는 것은 무리다. 필연성은 사유의 세계에 국한시킬 필요가 있다는 견해다.

경험계에서 사건들 사이의 관계를 필연성에 의해 다루는 것은 사유의 세계에서 연역적인 계산과정에서 나타나는 필연성과는 그 뜻하는 경우가 다르다. 모노가 진화과정과 DNA구조를 설명하며 주장하는 우연과 필연의 관계나, 하이젠베르크가 미시세계와 거시세계를 각각 우연성과 필연성을 들어 그 특징을 규정하는 것은, 경험계의 경우는 필연성, 가능성, 우연성이란 개념이 연속선상에서 다루어짐을 보여 주는 예들이다.

필연성을 사유의 과정인 연역논증과정에서만 사용하는 그런 논리적인 개념으로 한정할 경우, 필연성이란 개념을 경험계에서 사용하는 데는 여러 가지 한계가 따른다. 그런 측면에서 본다면, 경험계에선 필연성이란 표현보다는 오히려 확실성이란 표현이 더 합당하다. 그러나 사유의 세계와 경험계의 상호연관성을 인정한다면 해결의 실마리는 엿보인다. 경험이 없는 사유는 공허하고, 사유 없는 경험은 체계성을 결여한다는 점을 고려하면 말이다.

우연과 필연의 관계가 그렇게 분리될 수 있는 것만은 아니다. 더욱이, 필연의 세계도 가능성을 수치로 표시한 개연성에 의해 나타낼 수 있기 때문이다. 필연성의 세계에선 100퍼센트와 0퍼센트만이 인정될 따름이다. 그런 점에서 우연성을 함축하는 개연성이 필연성보다 포괄적인 개념이다. 필연성은 개연성의 한 특수한 경우로 파악할 수도 있다. 그런 점에서 우연성과 필연성도 서로 대립적인 개념이 아니다.

16. 삶/죽음; 생물/무생물[2]

16.1 머리말

우리는 어려서부터 하루에도 몇 번씩 삶과 죽음에 관해 되뇌이며 살아왔다. 우리의 머릿속에 있는 생각 가운데 '삶'이나 '죽음'처럼 많이 맴도는 것도 드물다. 우리는 생명이라는 개념도 많이 사용한다. 그렇다면 생명이란 무엇인가? 생명이 있는 것[생물]과 없는 것[무생물]은 어떻게 서로 구별되는가? 과연 그런 구별이 가능한가? 물론, 생명이 있음과 없음을 구별하려는 것이 역사에서나 학문에서나 주류(main stream)를 이룬다. 철학적인 담론의 경우도 구별하려는 견해와 구별하지 않으려는 견해로 나뉘지만, 전자가 주류다. 그러나 문제점은 무엇인가? 나아가서 생명은 왜 존중되어야 하는가? 죽음이 우리 인간에게 주는 기능은 어떤 것인가?

---

2   이 부분은 필자(2008b)가 펴낸 『철학의 제 문제』 가운데 「11장. 삶과 죽음의 문제」(123–131)임을 밝힌다. 필요에 따라 약간의 수정·보완이 가해졌다.

16.2 생물과 무생물

생명이란 다른 말로 나타내면 목숨이다. 사전적인 정의에 의하면, 생명은 '사물이 지니는 작용의 본바탕'(『우리말 큰 사전』)으로, 생물에만 있는 고유한 것이다. 생명에 속하는 구체적인 속성들로는 '자극에 대한 반응', '적응이나 조절', '신진대사', '번식' 등을 들 수 있다. 요컨대, 생명은 이런 속성들로 이루어진 집합이다. 이는 생명에 관한 내포적 정의(connotational definition)라 하겠다. 이어서 생명이 왜 존중되어야 하는지에 관한 물음에 관해 예컨대, 생명중심윤리에서는 생명체마다 내재적인 가치를 지닌다고 하면서 생명을 중요시한다.

크게 생명이 있음과 없음에 의해 생태계를 분류하는 학문적인 방법은 고대 희랍시대로 거슬러 올라간다. 아테네기(期)의 철학자인 아리스토텔레스(Aristotle. 기원전 384-322)는 자연을 종(種. species), 류(類. genus), 과(科. family), 목(目. order), 강(綱. class), 문(門. phylum), 계(界. kingdom)로 분류하고, 계(界)를 크게 생물과 무생물로 나누면서 생물이나 무생물을 다시 분류하여 나갔다. 이런 분류법이 지금까지도 생물분류학에서는 주된 견해다.

지구상에서 생명이 발생하는 과정을 보면, 먼저 무기물로부터 유기물이 생성되는 단계를 거친다. 다음에는 그 유기물을 중심으로 물질의 집합체가 생겨난다. 아울러 물질의 집합체 내부에서 형태 및 기능의 분화가 일어나고, 이어서 환경과 끊임없이 물질대사를 영위하게 되는 그런 과정을 밟게 된다. 이런 과정을 거쳐 생명이 있는 생물로 된다는 것이 많은 과학자들의 견해다. 물론, 신학에서는 생명체를 비롯한 모든 것들이 창조주에 의해 창조된 것으로 설명한다.

생물의 각 개체는 고유한 체계를 지닌다. 물론, 생물이라는 측면에서 공통적으로 지니는 특징들이 있고, 동물들은 동물대로 식물은 식물대로 나름대로의 공통된 특징들을 지닌다. 각 개체 내부에서도 쉴새 없이 생성과 붕괴가 일어나고 있어, 개체성에 관해 일정한 정의를 가하는 데는 어려움이 있다. 그럼에도 주어진 개체의 체계를 들어 삶과 죽음을 정의한다면 '개체의 체계화 유지'와 '개체의 체계화 붕괴'를 각각 뜻한다고 하겠다.

그러나 우리가 생명이나 생물이란 개념을 정의할 때 유의할 점은 생명의 개념을 사용하거나 전제로 하여 생물을 정의하고, 생물의 개념을 사용하거나 전제로 하여 생명을 정의하는 경우다. 이런 식으로 정의를 하게 되면, 순환론적인 정의로 이어지므로 제대로 된 정의가 될 수 없다. 제시된 개념들 이외에 다른 개념을 근거로 정의하지 않음으로 해서 이런 순환론적인 정의는 결국 논점절취의 오류를 범하게 되기 때문이다.

한편, 생명이 있음과 없음을 구별하지 않으려는 견해는, 구별하려는 견해에 비해 현재로서는 아주 드물다. 구별하지 않으려는 사람들은 생명은 어느 것에나 있으며, 생명이란 '있음'과 '없음'이 아니라 정도차이로서 이해되어야 한다는 주장을 펼친다. 현대 철학에서는 영국의 신실재론자인 화이트헤드(Alfred North Whitehead, 1861-1947)의 견해에서 그런 특성이 잘 드러난다(안건훈, 2007a: 71-74).

그는 물리학에서의 소립자설과 생물학에서의 세포설을 통합하여, 자연전체에 생명을 불어넣는 소위 '유기체의 철학'을 확립하는 데 기여했다. 무생물과 생물의 대립을 해소하고, 유기적인 생명으로 가득 찬 자연관을 확립하려 했다. 그는 유기계와 무기계를 구별하지 않고, 자연의 궁극적인 존재로서 '유기체로서의 사건(events)'을 인정했다. 이어서 그는 생명을 지닌 이런 유기체는 발현(emerging)해 나간다고 주장했다. 그는 생명을 자기향유(self enjoyment)라는 일종의 활동으로 규정했다. 생명

이란 주위에 있는 여러 가지 소재들을 자기발현을 위해 통합하여 나가
는 활동이라는 점이다. 그는 이런 활동을 생명의 사유화(appropriation)
라고도 했다. 이런 사실이 우주를 창조적인 진행(creative process)으로
이끌게 한다. 결국, 생명의 실재는 '끊임없이 미래로 융합하여 나가는
활동'이라는 것이다.

   그에 의하면, 실재의 단위는 사건(event)이다. 물리학에서의 입자도
생물학에서의 세포도 마찬가지로 사건이요 활동체라는 점이다. 사건만
이 참다운 실재이며 생명을 지닌다. 물질도 유기체이며 저도(低度)의 의
식을 지닌다. 사건은 단독적 · 고립적인 것이 아니라, 오히려 역동적인
장(dynamic field)으로 존재한다. 사건은 이런 장들이 중첩된 상태이기
때문에, 구성적이요 유기적인 특성을 지닌다. 동시에 사건은 구체적 ·
동적인 과정(process)이며, 끊임없이 발현하는 진화과정(evolutionary
process)을 그 특성으로 한다. 그래서 그는 다음과 같이 말하기도 했다.

   존재는 끊임없이 미래로 융합해 나가는 활동이다. 철학적인 이해의 목표는
   그러한 존재의 선험적 기능에 있어 우리가 알지 못하는 활동을 해명하는 데
   있다(White, 1955: 100).

   자연 속에서 일어나는 모든 사상(事象. occurrence)을 나눈다면, 크게
6가지 곧, 인간 존재, 인간 이외의 다른 동물, 식물, 단세포 생명체, 아주
큰 무기물의 혼합체, 아주 작은 규모의 사건들(소립자의 세계)로 나뉜
다. 이들은 서로 영향을 주며, 서로를 요구하고 서로에게 이른다. 생명
의 과정은 항상 변모하는 하나의 과정이며, 생명의 실재는 항상 미래를
향하여 융합해 나가는 데 있다.

A. N. 화이트헤드(Alfred North Whitehead, 1861~1947, 영국의 철학자·수학자로『과정과 실재』등을 저술함)

화이트헤드 이외에 독일의 철학자인 라이프니츠(G. W. Leibniz. 1646~1716)도 생명체와 비생명체를 구분하지 않았다. 그는 모든 것은 서로 연관되어 있다고 했다. 비록 이런 형이상학적인 견해가 현재로서는 소수의 견해에 머무르고 있다 할지라도, 생명에 관한 해석의 지평을 넓혀 주고 있다는 점에서 그 의의는 여전히 크다고 하겠다.

16.3 생명의 존엄성

생명이 왜 존중되어야 하는가? 슈바이처(Albert Schweitzer)에 의하면, 모든 생명체는 그 내재적인 가치를 지니므로, 존중받고 경외의 대상이 되어야 한다. 인간 생명도, 생명 그 자체가 지니는 이런 자명한 성질에 의해 뒷받침되어야 한다. 그래서 도덕적으로 훌륭한 인격을 갖춘 사람이라면, 생명이 지닌 이런 내재적인 가치를 당연히 존중하고 경외해야 한다.

생명의 존엄성을 좀 더 체계적으로 설명한 사람은 환경윤리학자인 테일러(Paul Taylor)이다. 그는 생명체는 '목적론적인 삶의 중심(teleological-center-of-life)'이라는 용어를 사용하면서 그의 견해를 펼쳤다. 그에 의하면 '성장', '발전', '생존', '번식'이 생명체의 목적이다. 생명은

A. 슈바이처(Albert Schweitzer, 1875–1965, 독일의 신학자, 철학자, 의사로, 1952년 노벨 평화상을 수상함)

바로 이런 목적을 향해 나가는 목표지향적인 것과 관련되어 있으며, 생명체는 그런 목표지향적인 활동의 중심을 형성한다(DesJardins. 김명식 옮김, 1999 : 234). 그의 견해는 아래와 같은 표현에서 잘 드러나 있다 (Taylor, 1986 : 121-122 ; DesJardins. 김명식 옮김 : 235).

생명체가 목적론적인 삶의 중심이라는 것은 그것의 외적 활동뿐만 아니라 내적 작용이 목표지향적이라는 것, 그리고 그것이 자신의 생존을 유지하고, 자신의 종을 재생산하고, 변화하는 환경에 적응하게 하는 생명활동을 성공 적으로 수행하게 해 주는 경향성을 갖고 있다는 것이다. 생명체가 목적론적 인 활동의 중심이 되게끔 하는 것은 자신의 선을 실현하도록 방향 지어진, 유기체의 작용이 갖는 일관성과 동일성이다.

근세철학자인 칸트는 인간의 존엄성을 특히 강조한 사람이다. 그는 인간을 이성과 양심을 지닌 존재로 파악하고, "너 자신에 있어서나 타인 에 있어서나 인간성을 항상 동시에 목적으로서 사용하라, 결코 단순한 수단으로서만 사용하지 않도록 행위하라"[3]고 주장했다. 대체로, 철학자

---

3   Handle so, dass du die Menschheit sowohl in deiner Person, als in der Person eines

들의 인간에 대한 견해는, 인간이란 오랜 경험에 의해 매우 가치 있는 존재로 여겨져 왔기 때문에, 인간의 생명도 존엄성을 지닌 존재로 파악하는 경향이 짙다.

신학적인 관점에서는 우리 인간이 신에 의해 신의 형상과 유사하게 창조되었다고 본다. 예컨대, 기독교의 구약성경에는 "하나님이 자기 형상 곧, 하나님의 형상대로 사람을 창조하시되 남자와 여자를 창조하시고"(「창세기」1:27)라는 구절이 있고, "여호와 하나님이 흙으로 사람을 지으시고 생기를 그 코에 불어넣으시니 사람이 생령(生靈)이 된지라."(「창세기」2:7)는 구절도 있는데,[4] 이 구절들이 바로 그 대표적인 경우이다. 우리가 경배하는 하나님의 형상대로 창조된 인간, 하나님이 넣어주신 생명은 그 자체가 또한 존엄한 존재일 수밖에 없다.

그렇다면 우리 인간은 구체적으로 과연 언제부터 사람이라고 일컬어질 수 있는가? 칼라한(Daniel Callahan, 1972)이 소개한 것에 의하면, 유전학파(the genetic school)에서는 '임신되는 그 순간부터 인간이며, 발달학파(the developmental school)에서는 유전자형과 환경의 상호작용 속에서 인간임이 결정된다고 본다. 태아가 지닌 유전적인 잠재태는 자신의 독특한 방식으로 그 주변 환경과 상호작용함으로써 실현될 수 있기 때문이라는 점이다. 한편, 사회결과학파(the school of social conse-quences)에서는 '인간적인 생명이 언제 시작되는가?'에 더 깊은 관심을 기울인다. 태아가 인간인지 아닌지의 여부는 이 결정이 사회에 미치는

---

jeden anderen jedezeit zugleich als Zweck niemals als Mittel brauchst.

4   「The Genesis」1:27. So God created man in his own image, in the image of God created he him; male and female created he them. 2:7. And the Lord God formed man of the dust of the ground, and breathed into his nostrils the breath of life; and man became a living soul.

결과에 따라 결정된다(Shannon & DiGiacomo, 황경식과 김상득 옮김, 1990 : 48-51).

물론, 이런 견해들 이외에도 다른 견해들이 있을 수 있다. 위의 세 가지 가운데서는 유전학파의 견해가 가장 밑바탕이라 할 수 있다. 발달학파나 사회결과학파는 임신된 것을 전제로 그들의 주장을 펼치고 있기 때문이다.

16.4 인간에게 죽음이란?

생명이 있음과 없음을 구별하는 견해에 의하면, 죽음이란 생명이 없음을 가리킨다. 이런 견해와는 달리 죽음을 삶의 연장선에서 커다란 질적인 변화로만 받아들이는 견해도 있다. 그렇다 하더라도, 생명체에게 있어선 죽음이 가장 큰 사건임엔 틀림없다. 그렇다면 죽음이란 생명체에게 과연 어떤 기능을 지니는가? 죽음이 우리에게 주는 기능은 과연 어떤 것인가? 이런 물음에 관해 예로부터 다양한 의견이 있어 왔다. 여기서는 실존철학을 중심으로 살펴보기로 한다. 실존철학은 세계 제1차 대전과 2차 대전을 거치면서 인간이 겪었던 참담한 경험을 통해, 삶과 죽음의 문제에 관해 특히 진지하게 언급했기 때문이다.

1차대전이 남긴 폐허 속에서, 일단의 철학자들은 인간이 참다운 자기의 본래 모습으로 되돌아가야 함을 주장했다. 본래의 자기모습으로 되돌아가기 위해서는 우리 모두가 맞이하게 될 '죽음이라는 가능성'을 자각해야 하며, 양심껏 살아야 한다는 것이다. 그 가운데서도 실존철학자인 하이데거(M. Heidegger. 1889-1976)는 이런 견해를 비교적 설득력 있게 제시한 사람이다.

그에 의하면, 죽음이란 '자기만의 것이며(홀로 맞이하는 것이며), 확

M. 하이데거(Martin Heidegger, 1889~1976, 독일의 철학자로
실존주의적 존재론을 전개함)

실하며, 무규정적이며, 결코 경험할 수 없으며(되풀이되지 않으며), 인
간의 마지막 가능성이며, 언제 올지 모른다'. 그런데도 사람들은 그동안
이런 죽음에 관해 너무나 무관심해 왔다. 자기와는 별로 관계가 없는 제
3자의 것으로 죽음을 간주하는 경향도 있다. 경우에 따라서는 일상적인
생활에 몰두함으로써 죽음의 불안을 잊어버린다. 죽음이란 누구나 직면
하는 너무나 당연한 그런 것이기 때문에 언급할 필요조차 없다고 여기
기도 한다.

　그런데 하이데거의 견해는 그렇지 않다. 우리 인간은 죽음이라는 가
능성을 지닌 유한존재임을 자각하고 우리의 양심을 일깨울 필요가 있다
는 점이다. 주체성을 상실한 비본래적인 일상인들은 자기가 자기를 지
배하는 것이 아니라 타인에 의해 지배되는데, 여기서 타인이란 차이성
에서 벗어나 평균성, 평준화, 공중성을 지향하며, 그 속에서 책임면제와
위로를 받으려는 그런 특성을 지닌다. 여론에 따라 판단하고 생활하는
일상적인 세인(世人)들의 줏대 없는 삶을 가리킨다.

　그런데 죽음이란 우리의 삶이 유한적임을 알려 준다. 죽음의 기능은
인간을 자각시키는 각성제와 같다. 이제까지의 삶과는 구별되는 새로운
삶을 살 것을 알려 주는 각성제와 같은 기능을 지닌다. 비본래적인 삶에
서 본래적인 삶을 향하도록 하는 그런 기능을 말이다. 이런 본래적인 삶

으로 되돌아옴에 의해, 다른 사람들에 대한 태도도 변하며, 각자는 책임감과 더불어 연대성도 지니게 된다. 키르케고르(Søren Kierkegaard, 1813-1855)의 '주체성이 진리다.' 라는 말은 이런 점에서 실존철학의 견해를 요약해서 나타낸 표현이라 하겠다.

16.5 요약 및 결론

필자는 이제까지 생명이란 어떻게 정의되는지를 밝히면서, 생물과 무생물로 나누려는 견해와 그렇지 않은 견해로 구별하여 생명에 관한 논의도 살펴보았다. 유기체의 철학을 내세우는 화이트헤드는 모든 것을 유기체로 파악하면서, 생명은 있고 없고가 아니라 정도차이의 문제로 정리했다. 물론, 이제까지의 주류는 생물과 무생물을 구별하는 아리스토텔레스 이래로 이어지는 전통이다.

그러나 생명이 있는 것에서 없는 것으로 바뀌어진다는 것은 모순적이다. 어떻게 '있음' 에서 '없음' 으로 바뀌어지는가 하는 점에서이다. 화이트헤드의 견해에 근거하여 미루어 본다면, 삶과 죽음은 모순개념이 아닌 반대개념이다. 다시 말해 삶과 죽음의 관계에서 '살지 않음' 을 '죽음' 과 같은 뜻으로 파악할 것이 아니라, 삶의 과정에서 나타나는 급격한 질적인 변화로 죽음을 간주한다는 점이다. 삶의 과정에서 나타나는 큰 전환점으로 죽음을 단지 파악한다.

생명의 존엄성문제는 각 생명체가 지니는 내재적인 가치들과 더불어 논의되곤 한다. 내재적인 가치들 가운데서도 '성장', '발전', '생존', '번식' 과 같은 '목적론적인 삶의 주체', '목표지향적인 삶' 이라는 주장에서 그 단서를 찾아볼 수 있다. 이를 위해 내재적인 가치를 중시하는 슈바이처나 테일러와 같은 환경윤리학자들의 견해뿐만 아니라, 민주주의 정신을 윤리적으로 잘 요약한 칸트의 견해도 살펴보았다. 그는 인간이란 이성과 양심을 지닌 존엄한 존재이므로, 결코 다른 어떤 것을 위해 수단으로 삼아서는 안 된다고 했다. 종교적인 관점에서도 인간의 존엄성을 살폈다.

인간의 경우 언제부터 사람이라고 할 수 있는지도 관심거리다. 임신되는 그 순간부터 생명체이며, 인간이라는 견해가 있는가 하면, 유전자형과 환경의 상호작용 속에서 인간임이 결정된다는 견해도 있다. 경우에 따라서는 '인간적인 생명이 언제 시작되는가?' 에 더 깊은 관심을 기울이기도 한다. 그러나 이 가운데 가장 기본적인 것은 인간은 임신되는 그 순간부터라는 견해다. 다른 견해들은 이 견해를 전제로 하여 펼쳐지는 것에 불과하다.

죽음의 기능에서는 실존철학자인 하이데거의 견해를 살폈다. 죽음이란 사람들로 하여금 비본래적인 삶에서 주체적인 삶의 길을 찾아 본래적인 삶으로 어서 돌아오라는 각성제와 같은 기능임을 소개했다. 우리가 생물학적인 죽음을 맞이하게 되는 것은 피할 수 없다. 그러나 죽음을 맞이하는 존재라는 점을 깨달으면서 살아갈 때, 우리는 한층 가치 있는 삶을 영위할 수 있다. 아울러 다른 사람들의 삶이 소중함도 깨달을 수도 있다.

17. 내세/현세[5]
―유신론/무신론과 관련시키면서―

17.1 문제제기

인간이 지닌 여러 가지 특징들 가운데 하나는 종교적인 생활을 하면서
산다는 점이다. 그래서 예로부터 여러 가지 인간관들 가운데 종교적 인
간(homo religiosus)도 인간의 특징을 규정하는 하나의 주요 개념으로
자리잡게 되었다. 종교적 인간은 사람들이 무한하고 영원하고 절대적인
그런 완전한 속성을 지닌 신(神)을 추구하고, 그에 의지하려는 경향을
나타낸다. 그래서 신의 존재증명이 종교에서는 그 중심적인 문제가 되
었다. 여기서는 철학자들의 견해를 중심으로 이에 관한 논의를 살펴보
기로 한다.

17.2 유신론을 위한 증명들

신이 있음을 증명하는 방법은 크게, 존재론적인 증명(ontological argu-
ment), 우주론적인 증명(cosmological argument), 목적론적인 증명(tele-

---

5 이 부분은 필자(2008b)가 펴낸 『철학의 제 문제』 가운데 「9장. 신이란 있는 것일까?」
(101-108)임을 밝힌다.

ological argument)으로 나뉜다. 이런 논증들이 지닌 특징과 문제점들을 살펴보기로 한다.

이 가운데 존재론적인 증명은 신이라는 개념이 지니는 특성을 분석함으로써 그 존재를 입증하려는 것으로 우선, 신의 관념이 인간에게 있음을 중시한다. 여기서 사람들이 지닌 신에 관한 관념이란, 신은 '최고', '완전', '절대', '영원'이라는 속성을 지녔다는 점이다. 사람들은 이런 속성들로 이루어진 신에 관한 관념을 자기들이 지녔음을 부정할 수 없다. 그러므로 신관념 속에는 이미 '존재'라는 속성이 포함되어 있다. 이런 존재론적인 증명은 고대 아테네의 철학자인 플라톤(Plato. 기원전 약 427-347), 중세의 안셀무스(Anselmus. 1033-1109), 근세의 데카르트(René Descartes. 1596-1650)의 주장에서 특히 잘 드러나며, 라이프니츠(G. W. Leibniz. 1646-1716)나 헤겔(G. W. F. Hegel. 1770-1831)에 의해서도 옹호되었다.

데카르트에 의하면 사람들에게는 태어날 때부터 '자아관념'과 '신관념'이라는 2개의 본구관념(本具觀念. innate idea)이 있다. 그에 의하면 전자는 '나는 생각한다. 그러므로 존재한다. ― 생각하고 있는 나의 존재는 의심할 수 없다. ―'는 명제에서 볼 수 있고, 후자는 우리가 지닌 '완전'이라는 개념에서 찾을 수 있다. 우리에게는 '불완전'이라는 개념이 있는데, 이는 '완전'한 그 무엇이 어느 곳인가에 있기 때문에 그로부터 유래한다. 그런데 완전한 그 무엇이 바로 신이다.

그러나 이런 존재론적인 증명이 지닌 문제점은 '관념'과 '존재'를 혼동하는 오류를 범한다는 점이다. '황금으로 이루어진 서울에 관한 관념'이 곧, '황금으로 이루어진 서울의 존재'와 일치하는 것은 아니다. 우리는 실재하지 않는 것들도 상상할 수는 있기 때문이다.

우주론적인 증명은 이 세상에 있는 모든 것은 인과관계로 된 계열선상에 놓여 있다는 논거에서 출발한다. 이런 연쇄적인 인과관계의 최후 종점에는 제1원인인 존재가 있을 것인데, 그 존재가 바로 신이라는 주장이다. 이런 증명은 이 세상 모든 것을 단계적으로 고찰하고 싶어 하는 사람들이 유추에 의해 가장 높은 존재인 신의 실재를 이끌어 낸 데서 유래한다(최동희 외, 1978:195). 존재론적인 증명이 인간에게 '신의 관념'이 있다는 것에서 '신의 존재'를 이끌어 내는 것과는 다르게, 우주론적인 증명은 구체적인 사물들이 있다는 것으로부터 그것들의 인과계열을 추적하여 그 시원이 되는 신의 존재를 관념적으로 구성한다는 특징이 있다. 고대의 아리스토텔레스(Aristotle. 기원전 384~322), 중세의 토마스 아퀴나스(Thomas Aquinas. 1225~1274), 근세의 스피노자(Benedict de Spinoza. 1632~1677) 등이 이런 경향을 지닌다.

이런 증명방법이 지닌 문제점은 우주의 모든 것이 과연 인과관계로만 되어 있는가 하는 의문점이다. '모든 것은 인과관계로 이루어져 있다.'라는 명제는 종합적이면서도 아프리오리한 명제이다. 이 명제는 경험적인 명제인 듯이 보이지만 실제는 형이상학적인 명제다. 그러므로 이런 주장과 대비되는 주장도 가능하다. 신을 추정할 수는 있다 하더라도, 어떻게 인식하느냐 하는 인식의 문제도 대두된다. 나아가서 모든 것이 인과계열 속에 있다면 제1원인인 신은 무엇에 인과적으로 의존하는지도 의문이다.

목적론적인 증명은 이 세상을 포함한 우주에서 발견되는 조화로운 질서와 합목적성에 근거하여, 그런 것을 가능하게 하는 창조자를 추론하는 데서 이루어진다. 그림이나 조각이나 멜로디(melody)가 있으면, 그것을 만들어 낸 화가나, 조각가나, 작곡가가 있듯이 말이다. 이런 증명방법은 특히 종교인들에 의해 많이 옹호되는 논증방법이다. 근세 과학자들의 경우도 전지전능한 신이 우주의 질서와 여러 법칙들을 창조했다고 여기면서 그런 법칙들을 찾아내려고 힘썼다.

이런 증명방법이 지닌 문제점으로는 우선, 자연계에는 아름답지 못한 것, 조화롭지 못한 것, 불합리한 것들도 많이 있다는 점을 제기할 수 있다. 이런 것들은 어떻게 설명되어야 할 것인가? 단지 아름다운 것, 조화로운 것, 합리적인 것들을 돋보이게 하기 위한 필요악(necessary evil)으로 간주해야 할 그런 것들인가?

지금까지 소개한 3가지 증명들은 주로 중세나 근세시대에 기독교의 영향 속에서 나타났다. 그러나 위와 같은 증명방법에 의해 신이 있음을 증명하는 것이 아니라, 다른 식으로 증명하는 방법도 있다. 우리 인간의 인식능력으로는 신이 있는지의 여부를 알 수 없다는 불가지론(不可知論)을 취하면서도, 도덕생활이 이루어지기 위한 요청으로 신이 있어야 함을 내세우는 견해다. 칸트의 견해가 이에 해당하는데, 그는 사람들이 도덕률에 따라 생활하는 것과 그에 따른 행복을 일치시키기 위해 영혼불멸과 신이 있어야 함을 요청했다. 이론적인 관점에서가 아니라 실천적인 관점에서 신을 요청한 것이다.

경우에 따라서는 칼 바르트(Karl Barth)와 같은 신학자들이 제시한 위기신학(危機神學)에서 알 수 있듯이, 이성에 의해 신의 존재를 증명하는 것이 아니라, 신 자체의 소리에 귀를 기울이는 소위 계시(啓示. die Offenbarung)를 통한 증명도 있다. 물론, 사람들이 이런 종교적인 체험을 통해 신앙생활을 하게 되는 경우도 많음을 부인할 순 없다.

이런 논증 이외에도 여러 가지 방법으로 신의 존재를 증명하려는 시도가 있어 왔다. 반면에 '신은 없다.' 는 무신론도 그 맥을 이어 오고 있음을 우리는 알 수 있다. 그렇다면 무신론을 대변하는 대표적인 견해로서는 어떤 것들이 있을까?

17.3 실천적인 무신론과 이론적인 무신론

무신론에 관한 견해도 다양하나, 크게 실천적인 무신론과 이론적인 무신론으로 나눠 살펴보는 것이 편리하다. 전자는 신이 있는지 아니면 없는지를 이론을 펴면서 논증하는 것에 관심을 두지 않고, 신은 그냥 없는 것으로 여기면서 살아가는 생활태도이다. 이 경우 사람들은 '신은 없다.'고 단정하는 것이 아니라 그저 '신은 없는 것으로' 생각하면서 살아가고 있을 따름이다(최동희 외, 1978 : 197).

한편, 이론적인 무신론은 '신이 없음'을 이론적으로 주장하는 태도이다. 이론적인 무신론을 지지하는 사람들이 내세우는 논거는 소위 '자연과학적인 이성'인 경우가 많다. 자연과학적인 이성은 실증성에 근거한 이성이다(197). 그러나 신에 관한 논의는 보통은 실증성과 관련된 영역에서 이루어지는 것이 아니다. 이런 점에서 실증성 여부에 의해 신의 존재여부를 말하는 것은 범주설정에 문제가 있다. 이를 무시하고 실증성을 토대로 과학의 이름 아래 무신론을 주장한다면 독단이다(198).

17.4 종교와의 관계

생명체는 죽음을 피할 수 없다. 많은 사람들이 죽음이라는 것을 통해 인생의 허무함을 느낀다. 아울러 이런 인생의 유한성에서 벗어나, 오래오래 가능하다면 영원히 살고 싶어 한다. 경우에 따라서는 이 세상을 살아가며 절대적인 그 무엇에 의존하면서 용기를 얻기도 하고, 이 세상에서 이루지 못한 뜻을 내세에서 보상받고 싶어 하기도 한다. 비록 이 세상에서는 고통을 받고 살지라도 옳거나 선한 일을 함으로써, 내세에서 절대자의 축복을 받고 싶어 한다.

사람들은 죽음이라는 넘을 수 없는 큰 벽에 직면하면서, 죽음을 앞둔 유한적인 삶 속에서, 이런 죽음에 대한 불안과 자각을 통해 종교를 갖게 되었다. 사람들은 종교를 통해 마음의 평화와 용기를 얻고자 한다. 신이나 내세가 있는지도 없는지도 모르는 상황에서, 사람들은 신이나 내세가 있다고 믿으면서 살아간다. 그렇다면 그런 상황 속에서 종교를 지니면서 사는 삶과 그렇지 않은 삶은 어떤 것이 더 나은 삶일까?

이런 물음에 이성적인 계산기능을 통해 종교적인 믿음을 적극적으로 권장한 사람이 있으니, 파스칼(Blaise Pascal, 1623-1662)이 대표적인 경우이다. 그 한 예가 소위 '파스칼의 내기'인데, 그 내용은 다음과 같다.

> 이성의 견지에서는 신이 존재한다고 생각해도 존재하지 않는다고 생각해도 한쪽이 다른 쪽보다 더 합리적이거나 비합리적일 수 없다. 양자는 다 같이 동격이다. 그러나 우리의 '정복(淨福, 맑고 조촐한 행복)'이라는 처지에서 생각하면, 이 양자는 결코 같은 것이 아니다. 신이 존재한다는 것이 이긴 때에는 우리는 모든 것을 얻는다. 설령 우리가 내기에 졌다 하더라도, 그 때문에 아무것도 상실하지 않는다. 그러므로 우리는 신이 있다는 쪽에 주저 없이 내기를 걸어야 한다. 신의 존재는 지성에 의해 증명될 수 없다. 신의 문제에 관해 결정적인 것은 지식이 아니라 의지다(205).

이런 그의 논증을 곰곰이 생각해 보면 단순하면서도 나름대로 치밀함과 탁월함이 스며 있음을 감지할 수 있다. 파스칼은 프랑스의 수학자, 물리학자, 종교철학자로 보기 드문 천재였다. 수학에서는 특히 기하학 분야에서 원추곡선론(圓錐曲線論)을 발표하여 세상을 놀라게 했고, 그 당시에는 최고 수준의 덧셈과 뺄셈을 할 수 있는 계산기를 발명해 냈으며, 물리학 분야에서는 '파스칼의 원리 — 밀폐된 유체(流體)의 한 부분

B. 파스칼(Blaise Pascal, 1623–1662, 프랑스의 철학자이자 수학자, 물리학자이며, 종교철학서 『팡세』를 저술함)

에 힘을 주면 그 힘이 유체 안의 모든 곳에 같은 크기로 전달된다는 원리 ―'를 발견해 냈다. 아울러 그는 깊은 종교적인 체험과 진지한 신앙생활을 통해 그의 종교철학을 확립해 나갔다.

그가 지은 대표적인 종교철학서로는 『팡세』가 있다. 그는 이 책 속에서 기독교 변증론(辨證論)을 펼쳤는데, 그의 변증론은 3단계로 되어 있다. 인간이란 존재를 허망함과 위대함의 모순구조로 파악하면서, '인식의 오류'와 '진리 및 선을 추구하는 생각하는 갈대'의 모습으로 표현한 것이 첫 단계이고, 철학에서 나타나는 독단론과 회의론과 같은 대립을 나타낸 것이 그다음 단계이며, 인간의 모순을 설명하면서 인간을 구원할 수 있는 종교의 역할을 제시한 것이 마지막 단계다.

종교철학에서는 전지 · 전능하고 자비로운 속성을 지닌 신과, 이 세상에 있는 악의 존재에 관해 그 관계를 어떻게 설정해야 할 것인지가 문제가 되기도 한다. 예컨대, 다음과 같은 논증을 어떻게 풀어 나가야 하는가이다.

만일 신이 전지 · 전능하고 자비롭다면, 이 세상에 악이 없을 것이다. 그런데 이 세상에는 악이 있다. 따라서 신이 전지 · 전능하면서 또한 자비롭다고 함은 거짓이다.

위의 논증은 만일 전제를 참이라고 가정한다면, 결론도 필연적으로 참일 수밖에 없으므로 타당한 논증이다. 그러나 전제 가운데 대전제는 사실적 · 객관적으로 참이라고 입증할 수 있는 방법이 없으므로 건전한 논증은 아니다. 대전제에 관한 한 여러 가지 견해가 있을 수 있다. 어떤 사람들은 위의 대전제를 믿는 사람도 있을 것이며, 또 어떤 사람들은 '신이 전지 · 전능하기 때문에 이 세상에 악이 있다.'고 믿는 사람도 있을 것이다. 인간에게 자유의지를 부여한 신이라면 필요에 의해 악도 만들었다는 주장도 가능하다. 대다수의 사람들을 스스로 깨우치게 하기 위해, 악이 무엇이며 어떤 것인지를 사람들로 하여금 알게 할 필요도 있었기 때문에, 어느 정도의 악도 있게 되었다는 것이다.

이런 여러 가지 의문점들이 풀려지지 않았음에도 종교는 그 나름대로 그 의의를 지닌다. 특히 인간이 지닌 불완전성을 인간들이 자각하는 한 종교를 향한 인간의 희구(希求)도 사라지기 힘들다. 종교가 세속적인 정치권력과 결탁하여 폭력화되거나, 건전한 상식을 벗어나 독선적이지 않는 한, 종교가 지닌 긍정적인 측면을 부인하기 힘들다. 종교는 인류에게 고난과 죽음의 두려움에서 벗어나게 하는 등의 용기와 희망을 주어 왔을 뿐만 아니라, 문화와 문명을 발아시키거나 이끌어 온 모태나 요람과 같은 역할도 해 왔기 때문에 더욱 그렇다.

17.5 요약 및 시사점

이제까지 유신론적인 신의 존재증명을 위해 존재론적인 증명, 목적론적인 증명, 우주론적인 증명을 소개했다. 아울러 요청으로서의 신, 계시를 통한 신도 소개했다. 이어서 무신론을 옹호하는 경우는 크게 실천적인 무신론과 이론적인 무신론을 중심으로 고찰하였다. 이어서 유신론과 무신론적인 삶 가운데 어떤 것이 더 권장되는 삶인지를 파스칼이 제시한 내기를 통해 살펴보았다.

　인간의 삶이 유한하고, 죽음에 대한 두려움이나 불가사이가 존재하는 한, 신과 종교에 관한 인간의 관심은 소멸되기 힘들다. 아울러 종교가 그동안 인간에게 기여해 온 여러가지 긍정적인 기능을 생각하면 더욱 그렇다. 단지 우리에게 우려되는 일은 종교가 독선적이거나 정치권력화되어, 종교가 지닌 본래의 엄숙하고도 진지한 기능이 훼손되었을 때 나타나는 부정적·소극적인 측면이다. 정치지도자들이 교묘하게 종교와 밀착하여 정치세력화하는 일도 경계해야 한다. 이를 극소화하기 위해선 종교지도자나 정치지도자들이 솔선해서 그 본래의 역할로 되돌아가는 일이 그 무엇보다도 필요하다. 아울러 양식을 지닌 건전한 국민들은 그들에 대한 감시도 소홀히 해서는 안 된다.

　내세의 존재성 여부에 관한 믿음은 신의 존재증명과 더불어 종교에 관심을 지닌 사람들에게는 매우 중요한 일이다. 본문에서는 종교철학에서 언급되는 신의 존재증명을 중심으로 살폈다. 물론, 대부분의 사람들도 체계적이지는 않지만 내세에 관한 관심은 많다. 신을 믿는 많은 사람들은 체계적인 이론에 의해서라기보다는 태어난 환경이나 주변 사람들의 권유에 의해, 또는 어떤 계시에 의해 신앙생활을 하게 된다. 종교생활은 믿음에서 비롯된다. 그런 믿음이 믿는 사람의 마음에 안온함과 용기와 행복을 불러일으킨다면, 나아가서 사회를 정화시키고, 바람직한 문화창조에도 기여한다면 그런 믿음은 권장할 만하다.

18. 마음/몸; 정신/물체

18.1 문제제기

마음(mind)은 지각하고, 느끼고, 생각하는 것으로 주로 지능이 있는 동물들에게 두드러지게 나타나며, 그 대표적인 경우는 인간의 마음이다. 인간의 마음은 지(知), 정(情), 의(意)로 나누어 정리되기도 한다. 마음은 하등동물에게도 정도의 차이는 있지만 있는 것으로 여겨진다. 마음의 영역을 식물에까지 확대하여 언급하는 경우도 있다. 식물도 느끼면서 살아간다는 주장이다. 그런 주장이 사실로 밝혀진다면 마음이란 생명체가 지니는 하나의 공통된 특징이라 할 수 있다.

마음은 행위를 야기하는 내적인 원인이 되기도 한다. 마음과 관련되어 언급되는 것으로 의식(consciousness)이 있다. 의식은 마음상태 가운데서도 지각작용이나, 자각이나, 알아차림과 관련되어 있다. 물론, 의식은 마음이 없이는 존재할 수 없다. 하지만 의식이 마음의 필요조건은 아니다. 우리의 마음에는 습관(habits)이나 반사(reflex)와 같은 무의식도 포함되므로 마음과 의식이 동연(同延. coexistence)은 아니다. 의식은 마음을 함축한다. 그러나 그 역은 성립하지 않는다.

이런 마음이나 의식은 두뇌(brain)와 밀접하게 관련되어 있다. 마음은 의식에 비해 포괄적인 개념이고, 몸은 두뇌보다 포괄적인 개념이므

로 논의의 편의상 이번 장에서는 마음과 몸(body)의 관계에 관해 살펴
보기로 한다. 나아가서 정신과 물체에 관해서도 다룬다. 마음과 몸의 관
계에 관해선 마음과 몸을 별개의 실체로 여기는지의 여부에 근거해서
몇 가지 견해들이 있어 왔다. 크게 보면 일원론과 이원론으로 나뉘고,
전자는 다시 유심론과 유물론으로 나뉜다.

마음과 몸의 관계[심신관계]를 역사적인 흐름에서 보면 심신이원론이
우세했다. 종교적인 믿음일 뿐더러, 또한 상당수 일상인들의 심신문제
에 관한 소박한 생각이기도 했다. 그러나 고대 희랍의 유물론이나 현대
의 동일론에서 알 수 있듯이 일원론자들의 주장도 만만치 않다. 그렇다
면 일원론과 이원론의 종류와 나타나는 특징들로는 각각 어떤 것들이
있는가? 현대의 주류는 어떤 경향을 지니는가? 나아가서 마음과 몸의
관계를 어떻게 이해해야 바람직스러운가?

18.2 이원론(dualism)

이원론은 모든 것을 정신적인 것과 물질적인 것으로 나누어 고찰하는
물심이원론, 속성이원론에 근거한다. 이원론에 의하면 심리적인 사건들
은 순수하게 비물질적인 것에서 발생한다. 이원론자들은 순수하게 비물
질적인 것들과 더불어 순수하게 물질적인 사물들의 존재를 둘 다 인정
한다. 이런 이원론은 그 특징에 따라 심신상호작용설(psychophysical
interactionism), 부산현상론(epiphenomenalism), 역부산현상론(reverse
epiphenomenalism), 심신병행론(parallelism), 인간이론(person theory)
이 있다.

이 가운데, 심신상호작용설에서는 마음[정신]과 몸[신체]은 따로 떨어
져 있는 것들이기 때문에 각각은 서로 독립해서 존재한다고 본다. 때로

는 마음이 원인이 되어 몸에 영향을 미치고, 때로는 몸이 원인이 되어 마음에 영향을 미친다. 예컨대, 심사숙고하여 누름단추(button)를 누르기로 결심하고, 그것을 누르기 위해 손을 뻗는 경우나, 몸이 너무 피로하여 짜증이 나는 경우가 각각 그것에 해당한다. 가장 체계적인 심신이원론을 제안한 철학자로는 데카르트(René Descartes)를 들 수 있는데, 그는 의식의 주체는 마음이며, 마음은 몸으로부터 독립된 것으로 분명히 서로 다르다고 했다. 물체인 몸은 그 본질이 공간을 차지하는 것으로 모양, 크기, 공간 안에서의 위치를 지니는 그런 사물인 반면에, 마음은 전적으로 비공간적이며, 모양이나 크기를 지니지 않는다. 마음의 특성은 사고, 느낌, 기억, 지각, 욕구, 감정 등으로, 마음은 불멸이며, 몸이 죽어서 사라진 뒤에도 여전히 존재한다고 했다. 그는 실체를 다시 무한실체(substantia)와 유한실체로 나누어, 신(神)은 전자에 속한다고 했다. 후자는 연장(延長)을 그 속성으로 하는 물체와 사유를 그 속성으로 하는 마음으로 나누어 고찰했다. 그는 이처럼 현실적으로 존재하는 실체들을 사유하는 마음의 존재와, 연장(extensio)을 지니는 물체(인간의 경우 신체)의 존재로 구분했다.

부산현상론자들은 몸에서 마음으로의 일방적인 인과관계만 인정한다. 그들은 신체적인 사건들이 심리적인 사건들에 영향을 미친다는 주장만을 받아들인다. 마음속에 일어나는 것은 무엇이든 단순히 신체적인 활동의 결과나 부산물이라는 점이다. 이런 견해는 유물론적이라 불리기도 하는데, 그 이유는 사물들의 물리적인 측면에 그 중요성을 더 부여하기 때문이다. 마르크스(Karl Marx)의 견해가 이에 해당한다. 그는 인간의 인식, 사고, 심리적인 교섭은 물질적인 것들에서 유출된다고 했다. 그런 것들은 물질적인 것들에서 도출되는 별개의 비물질적인 것들이라는 점이다. 그러나 이런 부산현상론이 안고 있는 문제점으로는 예컨대,

긴 철교나 높은 건물이 깊은 사고활동의 도움 없이 어떻게 세워졌으며, 그림이나 붓글씨, 조각 등과 같은 것이 아무런 감정 없이 어떻게 이루어 졌을까 하는 점이다.

부산현상론과 대비되는 주장을 펼치는 역부산현상론(reverse epiphe-nomenalism)도 이원론에 속한다. 역부산현상론에서는 신체적인 사건들 특히, 건강과 질병에 관한 신체적인 사건들은 심리적인 활동에 의해 야기되는 것으로 간주한다. 신앙의 힘에 의해 병을 고치는 방법으로 정신 요법을 중시하는 크리스천 사이언스(Christian Science)의 주장이 이에 해당한다.

심신병행론(parallelism)의 경우도 이원론에 속한다. 심신병행론자들은 정신 속에서 일어나는 사건들과 신체 속에서 일어나는 사건들 서로 간에 밀접한 관계를 인정하지만 그것이 인과관계라고 주장하지는 않는다. 정신과 신체는 전혀 다르기 때문에, 인과적으로 서로 작용할 수 없다는 것이다. 그러나 양자 사이에는 인과관계에 근거한 직접적인 상호 작용은 없을지라도 병행적인 대응관계는 있다. 이런 점에서 정신과 신체는 서로 다른 두개의 시계와 같다. 두 시계는 서로 간에 어떠한 인과 관계도 없으면서도 항상 같은 시간을 가리킨다는 점을 그 예로 제시한다.

스피노자(Baruch de Spinoza. 1632~1677)의 견해가 그 대표적인 경우 인데, 그에 따르면, 신은 유일하며 무수한 속성(attributum)을 지닌다. 그 가운데 우리가 알 수 있는 것은 사유와 연장이라는 두 가지 속성뿐이 다. 이런 속성이 나타난 것을 양태(樣態. modus)라고 하며, 마음은 사유 가 나타난 양태이며, 몸은 연장이 나타난 양태다. 마음과 몸은 서로 교 섭하지 않는다. 그러나 몸과 마음은 하나의 실체인 신이 지닌 두 가지 속성에 지나지 않으므로, 인간의 정신적인 현상과 신체적인 현상은 직접적인 교섭이 없다 하더라도 서로 대응하면서 발생한다. 요컨대, 대응관계에 있다. 이것이 이른바 그의 심신병행론이다(최동희 외, 1980 : 26-27).

그러나 이런 심신병행론이 지닌 문제점들로는 몸과 마음이 어떻게 인과관계 없이 대응관계가 성립할 수 있을까 하는 점이다. 질적으로 완전히 서로 다른 실체들이 어떻게 서로 영향을 줄 수 있는가 하는 점이다. 이런 난점을 해결하기 위해, 프랑스의 철학자인 말브랑슈(Nicolas Malebranche. 1638-1715)는 소위 기회원인론(機會原因論. occasionalism)을 제창했다. 심신분리의 이원성을 극복하기 위하여, 정신과 신체의 공통근원인 신의 힘을 능동인(能動因. causa efficiens)으로, 정신을 신체운동의 기회인(occasional cause)으로 각각 삼아 신체적인 변화를 설명하려고 했다.

소위 인간이론(person theory)도 이원론에 속한다. 인간이론은 양면이론(double aspect theory)의 수정판으로, 영국의 철학자인 스트로슨(P. F. Strawson)에 의해 제시되었다. 인간이론에서는 인간이란 일종의 혼합물(amalgam)이라는 점을 주장한다. 유물론에 반해 인간은 의식을 지닌다는 점을, 이원론에 반해 인간의 단일성을 확립하려는 근거에서 이 이론은 싹텄다. 인간이론은 심리적 속성들과 물리적 속성들이 본성상 서로 다른 속성임을 인정하는 동시에, 양자가 다 같이 하나이며, 동일한 주체의 속성인 것처럼 보인다는 사실을 정당화했다. 심리적이고 물리적인 속성들을 동시에 받아들이는 대상이 다름 아닌 인간이라는 주장이다.

그러나 이런 심신이원론에 대해, 이의를 제기하거나 소극적인 견해를 지닌 학자들도 끊임없이 나타나, 그들의 주장을 펼쳤음은 물론이다. 특히 과학기술이 발달함에 따라 구체적인 사례를 들면서 그들의 주장을 전개하는 경향이 있다. 특히 유물론이나 유물론적인 측면에서 그들의

견해를 펼치는 경향이 짙다. 그렇다면 이런 일원론에 관해서도 살펴보
기로 한다.

18.3 일원론: 유심론/유물론

우선, 일원론에 속하는 것으로 유물론이 있다. 유물론은 4, 5세기의 고
대 희랍인들에게서도 찾아볼 수 있는 매우 역사가 깊은 이론이다. 예컨
대, 데모크리토스(Democritus)는 인간의 가장 복잡한 행동까지도 원자
들 사이의 상호작용으로 이해했다. 유물론자들은 '사고', '느낌', '소
망' 등과 같은 용어들은 물리적인 현상을 지칭하여야 한다고 했다. 이른
바 심리적인 사건들은 물리적인 사건들에 불과하다. 그들에 의하면 오
직 물리적인 것들 — 질량, 에너지 및 허공 — 만이 존재한다.

유물론 가운데 가장 급진적인 것으론 무의미성 이론(unintelligibility
thesis)을 들 수 있는데, 이 이론에서는, 심리적인 용어들은 참인 것으로
드러날 수 있는 아무런 의미도 지니지 않으므로 우리들의 언어에서 버려
야 한다고 본다. "나는 따분하다."와 같은 표현을 "하-흠"과 같은 하품
이라는 행위의 단편으로 간주하는 표명이론(avowal theory)도 이에 속한
다. 윗슨(J. B. Watson)[6]에 의해 제창된 행동주의 심리학도 유물론적인
경향이 강하다. 행동주의 심리학에서는 종래의 의식심리학에 반대하여,
심리학이 과학이 되기 위해서는 내성방법을 버리고, 객관적으로 관찰되

---

6   윗슨(John Broadus Watson. 1878-1958)은 미국의 심리학자로 존 홉킨스(Johns
Hopkins) 대학 교수였다. 행동심리학의 주창자로, 지금까지의 심리학이 그 대상으로 하고 있
었던 '의식'을 버리는 동시에, 내관이나 내성법을 철저하게 거부하고, 행동을 조건반사에 의
해 이해하려고 하였는데, 이것을 윗슨주의(Watsonism)라 부른다. 동물심리에 관한 연구가
많다.

는 행동만을 오로지 그 대상으로 삼아야 한다고 강조한다. 특히, 이런 이론 전개에 중심역할을 한 것은, 러시아의 생리학자인 파블로프(I. P. Pav-lov)의 조건반사설이다. 행동주의 심리학에서는 자극과 반응(stimulus-response : S-R)의 관계를 성향적인 술어로 정의한다.

그런데 이런 여러 유물론 가운데서도 현대에 이르러 가장 강력한 영향을 미친 유물론은 동일론(identity theory)이라 할 수 있다. 동일론에서는 사고, 느낌, 소망 등 이른바 심리현상이란 신경조직의 상태나 과정, 또는 두뇌과정과 하나이며 똑같은 것으로 간주한다. 심리현상과 두뇌현상(물리현상)은 하나이며 같은 것이다. 그래서 어떤 생각을 지니고 있다는 것은 이러이러한 상태에서 어떠어떠한 신체의 세포를, 또는 다른 상태에서는 다른 세포를 지니고 있다는 것과 동일하다. 심리적인 것과 물리적인 것은 서로 동일하므로, '마음의 상태(mental state)'와 '두뇌의 상태(brain state)'는 서로 동일하다. 심리현상과 물리현상의 관계는 마치 번개와 전기방전의 관계와 같다는 주장이다.

심리학적인 언어들은 신경생리학적인 용어들을 통해 더 정확하게 나타낼 수 있다. 행동주의와 마찬가지로 동일론에서도 심리상태와 신체상태를 서로 동일한 것으로 파악한다. 그러나 행동주의자들이 행동이라는 성향개념을 들어 심리용어들을 분석하는 데 반해, 동일론자들은 신체기관을 구성하는 세포들로 심리상태를 정의하려 한다. 예컨대, '고통'을 들어 말한다면, 고통이란 다름 아닌 'C-신경섬유의 작동'이라는 것이다. 암스트롱(David Malet Armstrong. 1926-)에 의하면, 우리는 동일한 패턴의 추리를 통해, 고통과 C-신경섬유의 작동 사이의 동일성을 도출할 수 있다. 그의 관점에 따르면, '고통'이라는 개념은 '생체조직의 손상 때문에 생기는, 움츠림과 신음과 같은 행동을 일으키는 내적인 상태'다.

그런데 이런 심리-신경동일론(psychoneural identity theory)은 일반적

으로 유형물리주의(type physicalism)로 해석되지 개별자물리주의(token physicalism)[7]로 해석되진 않는다. 유형물리주의에서는 심적인 사건유형과 물리적인 사건유형을 동일한 것으로 파악한다. 달리 말하면 심적인 속성들과 물리적인 속성들은 동일하다(Kim, 1999 : 108). 행동주의자들에게는 심적인 유형이 행동적인 유형임에 반하여, 물리주의자들에게는 하나의 심적인 유형은 하나의 물리적인 유형 곧, 신경생물학적인 유형이다. 이런 유형물리주의는 일종의 환원적인 물리주의로서, 유형물리주의에 의하면 물리적인 속성들 이외에 심적인 속성들은 없다. 결국 물리적인 사실들만 있을 뿐이다. 이처럼 유형물리주의는 강력한 유물론이다.

다음에는 일원론의 또 다른 모습인 유심론(唯心論. spiritualism)에 관해 살펴보기로 한다. 유심론에서는 우주의 궁극적인 실재나 본체는 정신이며, 이런 정신이 우주의 근저에 충만해 있다는 이론이다. 유심론은 형이상학적인 논제의 한 축으로 유물론과 대비를 이루며, 인식론상의 관념론(idealism)과 그 본질에 있어 서로 통한다. 물론, 관념론은 인식론에서는 실재론(realism)과 대비되어 주장된다.

이런 유심론이나 관념론에 관해 체계적인 주장을 편 사람으로는 플라톤을 들 수 있다. 플라톤은 경험계에서 지각될 수 있는 생성소멸하는 만물 대신에, 정신적인 이데아계를 실재하는 세계로 파악했다는 측면에서 유심론을 대표하는 고대 철학자다. 헬레니즘 · 로마철학 시대에 있었던 신플라톤학파(Neo-platonists)의 플로티노스(Plotinos. 206-270)도 그렇다. 그는 유일자(唯一者. to hen, das Eine)인 신(神)으로부터 만물의 유출

---

7   개별자 물리주의에서는 심적인 유형과 물리적인 유형 간의 동일성을 반드시 주장하지는 않는다. 오히려 어떤 심적인 사건류(mental-event kind)에 포섭되는 사건이 물리적인 사건류(physical-event kind)에도 포섭되는 정도로 이해한다.

(emanatio)을 주장했다. 유일자인 신은 변함없이 언제나 충족된 상태로 있다. 유일자로부터의 유출은 3단계로 나뉜다. 마치 빛이 태양으로부터 흘러나와 점차 멀어질수록 어두워지듯이 신으로부터 멀어짐에 따라 신이 지닌 완전성도 점차 엷어져 간다. 신으로부터 흘러나오는 3단계는 이성(nous), 영혼(psyche), 물질의 순서다. 만물은 정도의 차이는 있지만 신성을 지니므로 자연물에도 불완전하나마 신의 본성이 있다(최동희, 1978 : 63).

인간의 경우에는 이 세 가지 계기(契機)를 모두 갖춘 소우주(micro-cosmos)이다. 그런데 악의 근원은 물질에 있다. 소수의 뛰어난 사람만이 지적인 직관에 의하여 물질적인 세계인 육체에 속박되어 있는 상태로부터 벗어나 신과 합일되는 경지인 탈자(脫自. ekstasis)를 누릴 수 있다. 그는 이런 경지야말로 인생의 궁극적인 목적이라 했다. 이런 플로티노스의 신비주의적인 사상이 중세 그리스도적인 세계관에 큰 영향을 끼쳤다(63).

이러한 유심론적인 세계관이 근세에 와서도 이어지는 경우가 있는데, 라이프니츠(G. W. Leibniz)의 단자(monad)설이 이에 해당한다. 그는 철학의 출발점으로 실체(實體. substance)의 문제를 다루었는데, 그는 그런 실체를 단자(單子. monad)라고 일컬었으며, 그 본질은 '힘'이며 작용을 떠나서는 있을 수 없다고 했다. 그는 단자의 작용을 표상(表象, perception)이라 하였고, 의식적인 표상뿐만 아니라 무의식적인 미소표상(微少表象, petite perception)도 그것에 포함시켰다. 우주에는 무한히 많은 모나드가 있으며, 이런 모나드는 서로 독립적이며 자족적이다. 이러한 서로 다른 모나드가 질서를 이루면서 우주를 이루는 것은, 창조주로서의 신과 신의 예정조화 때문이다. 이처럼 그도 유심론적인 세계관을 펼쳤다(95-96).

헤겔(G. W. F. Hegel)도 전형적인 유심론자다. 그에 의하면 절대자(絶對者. das absolute Geist)는 유한자의 변화과정을 통해 자기 자신을 끊임없이 발전시켜 나간다. 이런 발전적인 전개과정을 통해 절대자는 자기를 실현해 나가므로, 역사는 절대자의 자기전개과정이다. 이런 점에서 목적론적이다. 역사발전의 마지막 단계는 완전한 상태다. 역사의 과정이나 그 속에서의 인간의 행위는 신의 섭리에 의한 것이다. 역사에서 나타나는 수많은 사건들도 절대자의 힘에 의해 조종된다. 그는 이것을 이성의 간계(奸計, die List der Vernunft)라는 말로 표현했다.

이처럼, 유심론자들은 우리의 오관에 의해 감지되는 세계도 그 기원이나 근원을 정신적인 것이나 신적인 것에 두어 설명했다. 단지 설명방법에 있어, 플라톤처럼 완전성을 지닌 이데아계와 그렇지 못한 경험계로 나누어 파악하는 경우도 있고, 플로티노스처럼 자연물의 경우는 이성이나 영혼에 비해 신성이 덜한 것으로 파악하는 경우도 있고, 헤겔처럼 유한자 속에도 절대자인 신이 이미 들어 있는, 차별을 두지 않는 그런 경우도 있다.

18.4 비환원적인 물리주의

한편, 1967년 퍼트남(Hilary Putnam. 1926-)에 의해 제기된 기능주의(functionalism)는 유물론적인 특성을 지니면서도 행동주의나 동일론과는 다른 특성을 지닌다. 기능주의에 의하면, 심적인 종류는 기능적인 종류나 인과적-기능적인 종류다. 여기서 '기능'이라는 것은 어떤 인과적인 역할을 실행하는 것을 뜻한다. 기능주의는 '심적인 상태'를 인과력을 지니는 유기체의 내적(internal)인 상태로 간주한다. 반면에 행동주의에서는 내적인 상태들에 관해 언급하지 않는다. 행동주의자들은 심적인 상태들을 자극-반응이론(S-R 이론)과 같은 도구주의적인 접근방식에 근거해 '행동적 성향'들로만 간주하는 데 반하여, 기능주의자들은 심적인 상태들을 행동의 내적인 원인들로 여기면서 실재하는 것으로 파악한다. 행동주의자들은 관찰가능한 물리적 자극과 관찰가능한 행동적 반응들로 심적인 상태를 규정하지만, 기능주의자들은 그 이외에 심적인 상태들도 포함하는 그런 접근방법을 취한다.

특히 기계기능주의자들은 마음을 일종의 튜링기계(또는 확률적 자동기계)로 간주한다. 심적인 상태들을 기계표의 내적인 상태들과 동일시함으로써, 심리적인 특성을 물리적으로 적절히 복잡한 튜링기계처럼 파악했다(Kim, 1999 : 156). 유기체의 심적인 상태들과 튜링기계의 내적인 상태들을 동일시했다는 점이다. 이런 내적인 상태들은 입력과 출력 사이에서 인과적인 매개체 역할을 하면서 그 유기체 안에 실재하는 상태로 있다(161). 한 유기체나 체계가 심리적인 특성을 지닌다 함은 그것이 하나의 적절한 튜링기계를 실현한다는 것이 된다. 우리의 두뇌가 우리의 마음인 이유는, 그것이 컴퓨터이기 때문이지, 그것이 유기적인 생물학적 구조이기 때문이 아니다(162). 그래서 만일 기계들이 어떤 수준의 지적인 과제들을 인간만큼 잘 수행할 수 있다면, 그것들도 인간처럼 심리적인(지적인) 존재로 간주되어야 한다(170).

특히, [튜링의 논제]에 의하면, 만일 두 체계들이 입-출력에서 동일하다면, 그것들은 동일한 심리적인 지위를 지닌다. 그러나 이런 주장은 서얼(John Searle)이 제시한 소위 '중국어 방 논증'[8]에 의해 그 문제점이

---

8 중국어를 전혀 이해하지 못하는 어떤 사람이 어떤 방(중국어 방)에 갇혀서, 그에게 주어진 규칙들에 따라, 일련의 중국어 문자들을 받을 때마다 신속히 작업을 하고, 그 즉시 적절한 일련의 중국어 문자들을 내보낼 수 있을 정도로, 중국어 표현들을 조작하는 데 매우 숙련되어 있다. 그 방 밖에 있는 사람의 관점에서 보면, 그 입력-출력관계들은 마치 서얼 대신에 중국어

드러났다. 마음은 하나의 의미론적인 엔진(semantic engine)인 반면에, 컴퓨터는 단지 통사론적인 엔진(syntatic engine)일 뿐이다(178). 심성은 인간의 두뇌와 같은 복잡한 생물학적인 체계들에서만 나타날 수 있는 것으로, 기호 사이의 형식적인 관계를 연구하는 통사론적인 것일 뿐만 아니라, 의미를 파악하는 의미론적인 것이기도 하다. 분자와 세포들로 부터 어떻게 의미와 이해가 발생할 수 있는지는, 일련의 0과 1들로부터 어떻게 의미와 이해가 발생할 수 있는지처럼 미스터리다(178).

　유형물리주의로 여겨지는 전형적인 유물론인 동일론이나, 시공간계 안에 물리적 소립자들과 그 집합들 이외에는 어떠한 것도 없다는 존재 론적인 물리주의(ontological physicalism)와 같은 환원주의자나, 환원적 물리주의자들은 네이글적인 환원(Nagel-reduced)[9]을 함축한다. 사람들 은 이런 환원에 의해 몇몇 기초법칙들과 기초표현들에 근거해 통일성과 체계성을 유지하면서 심신관계를 설명한다. 그러나 이런 설명에는 통일 성, 체계성, 존재론적인 단순성이라는 긍정적인 측면도 있지만, 심신환 원을 근거짓는 심적인 속성과 물리적인 속성을 연결하는 곧, 교량역할 을 하는 그런 심물법칙들(psycho-physical laws)이 과연 있는가 하는 점 에서 문제를 야기한다. 그래서 심물무법칙론을 내세울수록 심물환원주

를 이해하는 사람이 그 방안에 갇혀 있을 경우의 그것과 정확히 동일하다. 그러나 그 방 속에 있는 서얼은 중국어를 전혀 이해하지 못한다. 그 방 안에서 진행되고 있는 것은 오직 기호들의 형태나 '통사론'에 기초해서 기호들을 조작하는 일뿐이다. 그러나 진정한 이해란 '의미론' 곧, 그 기호들이 표상하거나 의미하는 바를 아는 것을 포함한다. 비록 서얼의 행동이 중국어 화자의 경우와 입-출력에서 동일하다고 할지라도, 서얼은 중국어에 대해 아무것도 이해하지 못한다.

9　표적법칙(target law)이나 표적이론(target theory)을 T_2라 하고, 기초법칙이나 이론을 T_1이라 한다면, 교량원리들(bridge principles)에 의해 T_1이 공리의 역할을 하는 전제로, T_2가 정리의 역할을 하는 결론으로 각각 논리적으로 자리매김이 되는 경우이다.

의는 그 설명력이 약화된다.

 그래서 현재는 존재론적인 물리주의와 속성이원론을 결합한 일종의
비환원적인 물리주의가 오히려 더 힘을 얻고 있다. 윗단계가 아랫단계
에 의존은 하지만 환원되지는 않는다는 점이다. 개별자물리주의나 기능
주의도 비환원적인 물리주의이지만 창발론(emergence theory)[10]이나 수
반론(supervenience theory)[11]이 이런 경향을 더욱 지닌다. 수반적인 물
리주의에서는 대체로, 높은 단계 속성들은 낮은 단계 속성들에 의존하
거나 그것들에 의해 결정된다고 본다. 대리석 조각에 물리적인 작업을
가하는 과정에서, 어느 시점에 이르면 그런 물리적인 속성으로부터 미
적인 속성이 나타나듯이 말이다. 물리적인 속성에 수반하여 정신적인
것이라 할 수 있는 미적인 속성이 나타난다는 점이다. 그러나 미적인 속

---

10 20세기에 접어들어 한동안 번창했던 창발론은, 비환원적 물리주의에 대한 최초의 체계
적인 공식화였다. 알렉산더(Samuel Alexander), 브로드(C. D. Broad), 러브조이(A. O.
Lovejoy)와 같은 철학자와, 모건(C. Lloyd Morgan), 스페리(Roger Sperry)와 같은 과학자들
이 지지했다. 창발론은 다음과 같은 3가지 특징들을 지닌다.
• 존재론적 물리주의: 시공계 안에 물리적 소립자들과 그것들의 집합들 이외에 어떠한 구체
적인 존재나 실체들도 없다.
• 속성의 창발: 물리적 소립자들의 집합이 적절한 단계의 구조적 복잡성을 이루게 될 때, 새
로운 속성들이 창발한다.
• 창발속성의 환원불가능성: 창발된 속성들은 그것들의 창발 기초가 된 아랫 단계 현상들로
환원될 수 없으며, 그로부터 예측될 수도 없다.
11 수반에는 약수반, 강수반, 총체적 수반이 있다. 이 가운데 약수반은 어떤 시점에서 단일
한 세계에 국한된 것이기에 의존관계를 보증하기에 약하다는 문제가 있다. 한편 강수반은 수
반속성과 토대속성을 세계 대 세계의 관점에서 평가하므로 통세계적인 일관성이 있다. 그러나
강수반에서의 필연성이라는 양상이 논리적 필연성과 물리적 필연성이라는 두 가지 해석을 어
떻게 서로 작용시키는지에 문제가 있다. 한편 총체적 수반에서는 개별적인 개체를 세계로 대
체시킨 것에 불과하기에, 통세계적인 비교의 문제가 있으며, 수반관계가 매우 약하다는 문제
가 있다.

성이 물리적인 속성에 수반한다고 할지라도, 예술작품이 지닌 미적인 특성이 물리적인 정의나 환원으로 이어질 수는 없다는 견해다. 이는 도덕의 경우도 마찬가지다. 도덕과 관련된 속성들은 기술적 · 자연주의적인 것에 근거한 비도덕적인 속성들에 수반한다. 이런 견해는 심적인 속성과 물리적인 속성을 구분한다는 것과, 전자는 후자에 의존하지만 후자로 환원될 수는 없음을 인정하는, 유물론적이면서도 이원론적인 경향을 지닌 비환원주의라 하겠다.

이처럼 수반론은 물리주의와 비환원주의 둘 다를 정당화할 수 있는 비환원적인 의존관계를 드러낸다. 유기체의 심성이 그것의 물리적 성질에 수반한다는 주장은, 심적인 것은 물리적인 속성들에 의존하거나 그것에 의해 결정된다는 물리주의자의 요구와, 이러한 의존성이 환원에 이르지는 않는다는 비환원주의자들의 주장을 모두 받아들이는 것이 된다(378).

18.5 이분법적인 몸과 마음의 한계

전통적인 심신이원론이 현대에 이르러 행동주의, 동일론과 같은 유물론에 근거한 일원론이나, 수반론과 같은 유물론적인 이원론에 의해 침식되는 경향이 있다. 심신이원론이 적어도 학문의 세계에서는 그 영향력이 약화되었다는 점이다. 그러나 아직도 그 영향력이 종교계나 많은 일상인들에게는 절대적이며, 학문의 세계에서도 급격하게 수그러들지는 않는 형편이다.

물론, 의식이나 생명과 같은 것이 '있음'에서 '없음'으로 바뀐다는 주장은 논리적으로 모순에 이른다. 심리적인 것이 있다가 없어진다거나, 없다가 생긴다는 것이 과연 가능한가? '있음'과 '없음'은 양립불가능한 개념이다. '있는 것(something)'에서 어떤 변화를 거치면서 '있는 것'으로 이동하는 것은 가능하나, '있는 것'에서 '없는 것(nothing)'으로 향한다거나 '없는 것'에서 '있는 것'으로 향한다는 것은 논리적으로 가능하지 않다.

그렇다면 마음과 몸의 관계를 이해하는 방법은 논리적으로 다음의 4가지밖에는 없다.

(1) 마음과 몸의 존재를 인정하되, 연속적인 측면에서 이해하는 견해

(2) 마음의 존재는 인정하되, 몸의 존재는 인정하지 않는 견해

(3) 마음의 존재는 인정하지 않되, 몸의 존재는 인정하는 견해

(4) 마음과 몸의 존재 모두 인정하지 않는 견해

위와 같은 4가지 가능성 가운데 (2)의 경우는 현실과 들어맞지 않는다. 우리가 엄연히 지각할 수 있는 물질계로서의 몸이 존재하기 때문이다. (3)의 경우도 성립되기 힘들다. 우리는 지, 정, 의와 같은 우리의 정신활동을 부인할 수 없기 때문이다. 마음이라는 현상이 우리에게 있다는 것을 아무도 부인할 수 없다는 점이다. 물론, (4)의 경우도 틀렸다. 그렇다면 남는 것은 (1)뿐이다. 마음도 몸도 엄연히 존재하며, 마음과 몸이 합쳐 생명을 구성한다. 마음과 몸은 질적인 차이나 정도 차이는 있을지언정 서로 밀접하게 연결되어 있는 그런 것이다. 이런 점에서 생명이란 개념도 '없는 것'에서 '있는 것'으로 향한다거나, '없는 것'에서 '있는 것'으로 향하는 그런 것이 아니다. 몸과 마음의 관계 속에서 나타난다.

마음은 몸과 불가분의 관련을 맺으면서 존재한다. 있다가 없어진다거나 없다가 있는 그런 것이라기보다는 몸이 있는 한 언제나 존재한다고

보아야 한다. 상황에 따라 질과 양적인 변화를 일으키면서 말이다. 어떤 사람에게 나타나는 마음의 상태는 그 당시의 몸상태와 관련지으면서 그 특성을 말할 수 있다. 이런 점에서 소위, 죽음이라는 것도 생명이 '있음'에서 '없음'으로 전환된 것이 아니라, 존재하는 것에서 발생하는 커다란 하나의 질적인 변화로 보아야 마땅하다. 이런 점에서 과거와 같은 이분법적인 몸과 마음의 관계나, 정신과 물질의 관계나, 삶과 죽음의 관계는 시정되어야 할 필요가 있다.

18.6 요약 및 시사점

이원론은 모든 것을 정신적인 것과 물질적인 것으로 나누어 고찰하는 물심이원론, 속성이원론에 근거한다. 심신이원론자들은 순수하게 비물질적인 것들과 더불어 순수하게 물질적인 사물들의 존재를 인정한다. 이 가운데, 전형적인 이원론인 심신상호작용설에서는 마음[정신]과 몸[신체]은 따로 떨어져 있으며, 각각은 서로 독립적으로 존재한다고 본다. 때로는 마음이 원인이 되어 몸에 영향을 미치고, 때로는 몸이 원인이 되어 마음에 영향을 미친다. 부산현상론, 역부산현상론, 심신병행론, 인간이론도 이원론에 속한다.

반면에 전형적인 일원론은 유형물리주의인 동일론에서 그 특징이 드러난다. 심리적인 것과 물리적인 것은 동일한 것인데, 그 동일함은 물리적인 것에서 동일하다는 점이다. 심리적인 것과 물리적인 것은 서로 동일하므로, '마음상태(mental state)'와 '두뇌상태(brain state)'는 동일하다. 이런 유형물리주의는 일종의 환원적인 물리주의로서, 이에 따르면 물리적인 속성들 이외에 심적인 속성들이란 따로 없다. 이는 물리적인 사실들 이외의 심적인 사실이란 없다는 것을 필연적으로 함축한다. 그래서 유형물리주의는 강력한 유물론이 되게 마련이다.

유물론적인 물리주의를 표방하면서도 심리적인 측면이 개재될 틈새를 제공하는 견해로는 기능주의가 있고, 일정 수준에 이른 물리적인 것에서 심리적인 것이 발생한다는 견해로는 창발론, 수반론을 들 수 있다. 이런 점에서 후자와 같은 이런 이론들은 이원론적인 유물론이라 할 수 있다. 심리적인 것은 물리적인 것에 의존하지만 물리적인 것으로 환원되지는 않는다. 물리적인 것이 없는 한 심리적인 것도 없다. 그러나 그 역은 성립하지 않는다.

마음과 몸의 관계를 이해하는 방법은 (1) 마음과 몸의 존재를 인정하되, 연속적인 측면에서 이해하는 견해, (2) 마음의 존재는 인정하되, 몸의 존재는 인정하지 않는 견해, (3) 마음의 존재는 인정하지 않되, 몸의 존재는 인정하는 견해, (4) 마음과 몸의 존재 모두 인정하지 않는 견해가 있다. 위와 같은 4가지 논리적 가능성 가운데 가장 설득력이 있는 것은 (1)뿐이다. 마음도 몸도 엄연히 존재하며, 마음과 몸이 합쳐 생명을 구성하기 때문이다.

마음과 몸은 질적인 차이나 정도 차이는 있을지언정 서로 밀접하게 연결되어 있다. 이런 점에서 생명이란 개념도 '없는 것'에서 '있는 것'으로 향한다거나, '있는 것'에서 '없는 것'으로 향하는 그런 것으로 파악하면 어려움에 직면하게 된다. '있음'과 '없음'은 공존할 수 없기 때문이다. 그렇다면 소위, 죽음이라는 것도 생명의 '있음', '없음'이 아니라, 존재하는 것에서 발생하는 커다란 질적인 변화로 보아야 마땅하다. 그러므로 이제까지의 이분법적인 몸과 마음의 관계나, 정신과 물질의 관계는 시정되어야 할 필요가 있다.

19. 있음[有]/없음[無]

19.1 '있음[有]' 과 '없음[無]' 의 관계

'있음[有. something]' 과 '없음[無. nothing]' 은 서로 양립불가능한 모순 개념이다. 왜냐하면 '있지 않음' 을 '없음' 이라고 하기 때문이다. 그러므로 개념의 뜻에 근거한다면, '없음' 에서 '있음' 이 유래한다거나, '있음' 에서 '없음' 이 추론된다는 것은 있을 수 없다. 그렇다면 사실의 세계에서는 '있는 것' 을 아무리 분해해도 결국은 '있는 것' 으로 귀결되는 것일까? '없는 것' 에서 '있는 것' 으로의 이행은 절대자인 신에게만 가능한 것인가?

논리적인 가능성을 따져 보면, '있음' 과 '없음' 의 관계에서 다음과 같은 4가지 경우의 추론관계가 가능하다.

(1) '있음' 에서 '있음' 으로(something from something)

(2) '있음' 에서 '없음' 으로(nothing from something)

(3) '없음' 에서 '있음' 으로(something from nothing)

(4) '없음' 에서 '없음' 으로(nothing from nothing)

위의 4가지 경우에서 (2)와 (3)은 논리적으로 불가능하다. '있음' 과

'없음'은 서로 모순개념이기 때문에 함께 공존이 불가능하다. 그렇다면 사실의 세계에서는 어떤가? 예컨대, 어떤 물체를 계속 쪼개 나가면 그 물체는 결국 없어지는 것일가? '있음[有. 存在]'에서 '없음[無. 非存在]'으로 바뀔 수 있는 것일까? 역으로 '없음'에서 '있음'도 될 수 없는 것일까? 필자의 견해로는 사실의 세계에서도 '있는 것'에서 '있는 것'으로, '없는 것'에서 '없는 것'으로 이어질 수밖에 없는 것으로 여겨진다.

그러나 '있는 것'에서 '있는 것'으로 이어진다 하더라도 양적인 변화뿐만 아니라 질적인 변화도 나타날 수 있다. 우선, 양적인 변화를 살펴보기로 한다. 예컨대, 소금의 경우를 예로 들어 보자. 굵은 소금을 계속 자르면 가늘고 부드러운 소금이 된다. 가늘고 부드러운 소금은 굵은 소금을 계속해서 빻아 부서지게 함으로써 그 크기가 작아진 경우로 질적인 변화는 없다. 물론, 소금의 특성을 지니는 한계까지는 그렇다는 것이다. 이처럼 '있는 것'을 계속 쪼개 나가면 결국에는 '없는 것'처럼 보인다. 그러나 여기서 '없는 것처럼 보이는 것'은 '없는 것'과는 다르다. 전자는 엄밀히 말한다면 '있는 것'을 가리키기 때문이다.

다음에는 질적인 변화를 살펴보기로 한다. 기계를 사용하여 소금에 화학적인 분해를 가하면, 중성인 소금을 나타내는 분자식인 $NaCl$은 알칼리성을 띤 Na^+이온과 산성을 띤 Cl^-이온으로 나뉜다. 계속 나눈다고 하더라도 '있음'에서 '있음'으로 향하는 것은 변함이 없지만, 후자의 경우는 소금이 질적인 변화를 가져온 경우이다. 물리적인 특성이 화학적인 특성을 지니는 것으로 변했다. 물리학에서 내세우는 질량불변의 법칙에 의해 그 총량은 변함이 없지만 화학에서는 질적인 변화를 가져온 경우다.

그러나 굵은 소금이 가는 소금으로 물리적으로 변했든, 중성인 소금이 나트륨(Na)과 염소(Cl)로 화학적으로 분해되었든 그런 변화들은 '있는 것'에서 '있는 것'으로의 변화다. 전체적인 질량은 불변이다. 이런 관계와는 다르게 '없음'으로부터 '없음'으로의 이동을 생각해 보면 그 관계는 딴판이다. '없음'은 물리적 변화나 화학적 변화를 가할 수 없다. '없음'을 모아 놓는다 하더라도 '있음'이 나타날 순 없다. 물론, '없는 것처럼 보이는 것'도 모아 놓으면 '있는 것'이 된다. 하지만 '없는 것'과 '없는 것처럼 보이는 것'은 아주 다른 표현이다.

19.2 「창세기」에서의 '있음'과 '없음'

『구약성경』「창세기」에는 하나님에 의한 천지창조 과정이 서술되어 있다. 하나님과 이 세계의 관계에 관해 논리적으로 분석해 보자. 그 관계는 다음과 같은 4가지 경우가 논리적으로 가능하다.

(1) 세계는 시작이 있고 하나님에 의해 창조되었다.
(2) 세계는 시작이 있지만 하나님에 의해 창조되지는 않았다.
(3) 세계는 시작이 없지만 하나님에 의해 창조되었다.
(4) 세계는 시작도 없고 하나님에 의해 창조되지도 않았다.

『구약성경』「창세기」는 (1)에 근거한 서술이다. 「창세기」는 하나님의 천지창조에 관한 서술로 시작된다. 제1절이 "태초에 하나님이 천지를 창조하시니라"이고, 2절은 "땅이 혼돈하고 공허하며 흑암이 깊음 위에 있고, 하나님의 영은 수면 위에 운행하시니라"이고, 3절에는 빛의 창조에 관해 서술되어 있다.[12] 이어서 하나님에 의해 피조물들이 하나씩 하

---

12   톰슨성경 편찬위원회(1989)에서 펴낸 『톰슨대역 한영성경』 1쪽.

나씩 창조되어 가는 과정이 서술되어 있다. 하나님이 천지를 창조하기 이전에는 그냥 혼돈과 공허와 흑암이었다.

그렇다면 이 가운데 1절과 2절에 각각 서술되어 있는 태초와 공허는 도대체 각각 어떤 특성을 지닌 것일까? 우선, 태초는 "하나님이 천지를 창조하기 시작하신 시점"(『톰슨대역 한영성경』, 1989: 1)을 가리키며, 공허는 "단순히 텅 빈 상태를 의미하는 것이 아니라 아직 정돈이 안 된 우주의 모습을 묘사한다"(1). 그러니 「창세기」 1절은 앞에서 제시한 (1)~(4) 가운데 (1)에 해당하고 2절에서의 공허는 없음[非存在. 無]이 아니라 있음[存在. 有]을 가리킨다. 그러니 하나님의 천지창조는 있음에서 있음으로의 변화를 가리킨다.

19.3 '있음'과 '없음'에 관한 학자들의 견해들

논리의 세계에서 '있음'과 '없음'은 서로 모순개념이므로 함께 공존할 수 없다. 어떤 것이 동시에 있으면서 또한 없다는 것은 논리적으로 거짓 (logically false)이 되어 무모순율(principle of non-contradiction)에 어긋난다. 그렇다면 논리적으론 그렇다손 치더라도 경험계인 이 세계는 실제로 어떻게 되어 있을까? '없음'이란 도대체 어떤 상태를 뜻하는가? 이 세계는 '없는 것'과 '있는 것'이 함께 공존할 수 있는가? 이에 관한 답변으로 다음과 같은 2가지 경우가 논리적으로 가능하다.

---

1. In the beginning God created the heaven and the earth. 2. And the earth was without form, and void; and darkness was upon the face of the deep; and the Spirit of God moved upon the face of the waters. 3. And God said, Let there be light; and there was light.

(1) '있음'과 '없음'이 공존하는 세계

(2) '있음'으로만 되어 있는 세계

일상인들은 흔히 (1)을 지지한다. 일상인들은 상식적인 수준에서, 물체와 허공(虛空)을 생각하면서 (1)을 말하기도 한다. 그러나 소위 허공이라는 것도 과학적으로 보면 '없는 것'으로 이루어져 있는 것이 아니다. 수많은 입자들과 운동의 집합으로 이루어져 있기 때문이다. 우리의 감각기관에 의해 지각되지 않는다고 해서 존재하지 않는 것은 아니다.

어떤 사람들은 '있음'과 '없음'을 같은 시각이 아닌 시간의 흐름 속에서 언급하면서 모순이 공존함을 주장하는 경우도 있다. 예컨대, 소나무가 세월이 지나면 소나무가 아닌 흙으로 변하는 것을 들어 소나무와 소나무가 아닌 것이 함께 공존한다고 보는 것이다. M이라는 물체는, 엄밀히 말한다면, 거의 동시에 M이 아닌 물체가 된다. 똑같은 M이 유지되지 않는다. 그래서 M과 'M이 아닌 것'이 함께 공존하는 것으로 본다. 그러나 이런 주장은 대상들을 시간의 흐름 속에서 파악했을 때 그렇다. 그러나 단지 '있음'이라는 측면에서 본다면 그 상태가 어떻든 '있음'이 유지된다. 예컨대, '여기에 한 그루의 소나무가 있다.'는 주장은, 주장하는 그 순간이나 당분간은 참이거나 아니거나이다.

'있는 것'[有]과 '없는 것'[無]의 특성은 예로부터 학자들의 관심거리였다. 고대 그리스의 경우, 초기 자연철학 가운데 엘레아학파(Eleatic School)의 창시자인 파르메니데스(Parmenides. 기원전 5세기 초에서 중반기 생존)는 '있는 것[有]만이 존재하며, 있지 않는 것[非有]은 존재하지 아니한다.'고 주장했다. 'A'가 변화한다는 것은 'A가 아닌 것'이 되는 것에 지나지 않는다. 그러나 이것은 '있는 것'과 '없는 것'을 동일시하는 결과가 되어 결국 자기모순에 빠지게 된다. 그러므로 세계는 불생불

멸(不生不滅), 아무런 변화도 없다고 했다. 생성변화가 있다고 생각하는 것은 감각에서 오는 그릇된 인식이라고 그는 주장했다(최동희, 1978: 46-47).

그러나 이런 견해는 하나의 궤변에 불과하다. 파르메니데스는 '변화'와 '없음'을 혼동하면서 자기의 주장을 그럴듯하게 펼쳤다. 'A가 아닌 것'이 'A가 없는 것'을 뜻하는 것은 아닌데도 말이다. 개별적인 물체가 물리적이나 화학적인 변화를 거쳐 달리 변화한다는 것은 역사적으로나 과학적으로 증명이 된다. 그러나 어떤 상태로든 물체가 존재한다는 사실은 부인할 수 없다. '있음'을 부인할 순 없다.

고대 중국사상에서도 '있는 것'과 '없는 것'은 관심거리였다. 중국 고대 초(楚)나라의 사람인 노자(老子. 기원전 604?-531)는 유(有)의 세계는 무(無)로부터 나온다고 했다. 노자가 추구하려는 것은 무명(無名)의 존재가 유명(有名)의 현실존재로 자연생성하는 길을 해명하는 데 있었다. 이런 해명을 위해 그는 지식을 형성하는 인간의식의 무명 속으로 들어간다(『철학대사전』, 1973: 171). 그는 도(道)를 무(無)로 표현하기도 한다. 도는 무분별·무차별한 것이며, 그 속에 원리·원질(原質)·원상(原相)·전체 등의 뜻을 지닌다. 그래서 언어로써 규명할 수 없고 이름이 없는 그런 것이다. 이처럼 이름이 없는 도가 바로 천지(天地)의 시작이기도 하다.

그의 사상을 이어받은 장자(莊子. 기원전 약 365-270)는 지식의 일체 규정이 부정된 세계는 무(無)로서의 비존재(非存在)가 아니고, 무규정적인 존재로서의 무(無)이며, 유명(有名)의 유(有)에 대한 무명(無名)의 무(無)라 했다. 그러나 장자는 무명의 존재가 어떻게 발전하여 현실을 이루었는지, 지식이 시비를 야기하는 근거와 지식을 형성하는 의식의 근거는 무엇인지는 밝히지 못했다(170).

이처럼 노장사상에서의 무(無)는 비존재(非存在, nothing)로서의 '없음'이 아니다. 존재(something)하기는 하되 언어로서 규명할 수 없고 이름이 없는 그런 것으로, 천지만물의 원상이다. 이런 점에서 존재와 비존재를 각각 가리키는 그런 것이 아니다. 개념적인 방법으로 파악되는 것이 아니라 추상적인 표현이긴 하지만 직관적인 방법으로나 인식될 수 있는 그런 것이다.

19.4 요약 및 결론

논리의 세계에서 '있음'과 '없음'은 서로 모순개념이므로 공존할 수 없다. '있음'에서 '있음'이, '없음'에서 '없음'이 추론되는 것은 논리적으로 당연하지만, '없음'에서 '있음'으로나, '있음'에서 '없음'으로 향하는 것은 논리적으로 불가능하다. 그러나 신은 전지전능하므로 그런 것들도 가능하다. 어떤 면에서는 그것이 순순한 창조일 수도 있다. 「창세기」에서의 창조는 정돈이 안 된 혼돈의 세계를 정돈시킨 그런 유형의 창조다. 있음에서 '변화된 있음'으로의 전이다.

파르메니데스는 '변화'와 '없음'을 혼돈한 사람이다. 그가 말하는 '있는 것'들은 시간이 흐름에 따라 변화한다. '없는 것'으로 이어지는 것이 아니라 '있음'의 연속이다. 노장사상에서 언급되는 무(無)도 비존재로서의 '없음'이 아니다. 존재하기는 하되 언어로서 규명할 수 없고 이름이 없는 그런 것이다. 노자는 도(道)를 무(無)로 표현하기도 한다. 그에 의하면, 도는 언어로써 규명할 수 없으며, 무분별·무차별한 것이지만, 천지(天地)의 시작이기도 하다. 노장사상에서 주장하는 무는 비존재가 아니라 존재하는 그 무엇이다.

이 세상이 '없음'과 '있음'으로 구성되어 있는지, '없음'은 개념으로만 존재하고 실제로는 '있음'으로만 되어 있는지는 여전히 논쟁거리다. 하지만, 논리적으로는 '있음'에서 '있음'으로, '없음'에서 '없음'의 추론만 가능하다. 「창세기」에서의 창조, 파르메니데스의 견해, 노장사상에서의 무는 모두 '있음'을 전제로 한 내용이다. 물론, 전지전능한 신은 무모순의 논리를 뛰어넘는 그 이외의 능력도 구비했을 것이다. '있음'에서 '있음'으로뿐만 아니라, '있음'에서 '없음'으로나 '없음'에서 '있음'을 가능하게 하는 그런 능력을 말이다.

20. 개별자/보편자; 부분/전체

20.1 시각의 차이

일정수의 개체들에 해당하는 성질을 일반화하고, 그런 일반화된 서술이 가리키는 것이 존재한다고 생각할 때, 그것을 보편이라 하고, 이에 대하여 개체를 특수라 한다. 예컨대, '이순신 장군은 사람이다.' 라고 할 때, 사람이 보편이고, 이순신 장군이 개체다. 철학에서는 '보편은 실재로 존재한다.' 고 주장하는 견해를 실념론 또는 실재론(實在論. realism)이라 하고, 이에 대해 '보편은 개념에 지나지 않으며 개체만이 실재한다.' 고 하는 견해를 유명론(nominalism. 唯名論)이라 한다. 이런 양자 사이의 논쟁을 흔히 '보편논쟁(普遍論爭. controversy of universal)' 이라 하는데, 이런 논쟁은 특히 중세 말기에 활발했다.

중세에 있었던 보편논쟁 말고도, 개체와 보편, 나아가 부분과 전체와 관련된 담론은 그동안 세계 이곳저곳에서 있어 왔으며, 지금도 진행되고 있다. '참으로 실재하는 것이 무엇인가' 라는 존재론적인 물음은 형이상학적인 물음이다. 그리고 이에 대한 대답은 참과 거짓에 의해 밝혀지는 것이 아니라 찬성과 반대에 의존한다. 찬성과 반대는 객관적인 실험이나 관찰 등 증명에 의존한다기보다는 설득이나 믿음에 의존하는 경향이 짙다.

그렇다면 과연 개체와 보편은 나누어 생각할 수 있는 것일까? 나눌 수 있다면 개체가 우선인가, 보편이 우선이가? 부분과 전체의 관계는 어떤가?

20.2 보편자 · 보편주의/개체 · 개체주의

사물들 중에는 '유사성이라는 현상(phenomenon of similarity)'이나 속성일치현상(phenomenon of attribute agreement)이 있다. 실재론자들은 이런 현상에서 대상들이 서로 유사하거나 속성이 일치하는 경우, '대상들은 그 어떤 것을 공유한다.'고 보면서 이 공유되는 엔터티(entity)를 보편자(universal)라 일컫는다. 이런 보편자에는 사물들의 속성(properties), 관계(relations), 종(kinds) 등이 포함되어 있다(Loux, 2010 : 47). 예컨대, 개체(particulars)들이 속성 면에서 일치를 보이는 것은 이런 개체들이 어떤 보편자를 함께 예화(exemplification)하기 때문이라는 것이다. 이런 보편자 가운데 개체들이 개별적으로 예화하는 보편자를 1항보편자(one place universal) 또는 단항보편자(monadic universal)라 하고, 서로 관계를 맺는 개체들 여럿에 의해 예화되는 보편자를 다항보편자(polyadic/many place universal)라 하는데, 다항보편자에는 관계논리에서 다루는 2항관계, 3항관계, ……, n항관계가 있다(52-53).

보편을 강조하는 보편주의(universalism)는 보편자를 개체보다 상위에 두고, 후자는 전자와의 관계 속에서만 그 존재이유와 의의를 지닌다고 본다. 보편주의는 개체주의와 대비를 이루는 표현이다. 보편주의를 주장하는 견해는 고대의 희랍사상가들에게서도 엿볼 수 있는데 예컨대, 플라톤은 우리가 경험하는 현상계는 변전무상(變轉無常)하지만 이와는 달리 현상계를 넘어서는 완전하고 영원불변한 이데아(Idea)의 세계가 있음을 주장하면서, 그런 이데아의 세계를 보편자가 지닌 특성으로 보았다.

　중세시대에 와서는 스콜라철학이 형성되던 초기에 실념론(實念論. realism) — 보편은 실재성을 지니며 개체에 앞서 존재한다. — 이 대두되면서 보편주의가 이어진다. 실재론(實在論) 또는 실념론은 보편이 실재 안에 실체로 존재한다는 설로서, 보편주의를 주장하는 대표자는 기욤(Guillaume de Champeaux. 1070-1121)이다. 이 설에 의하면 예컨대, '인간' 이라는 공통된 실체에 우유성(偶有性: 우연히 갖추어진 특성)이 가해져 개개의 인간이 존재하게 된다(406). 특히 안셀무스(Anselmus. 1033-1109)처럼 스콜라철학을 개척한 사람들은 플라톤사상의 영향을 많이 받았던 사람들이다. 그들은 신앙의 내용을 이성에 의해 이해하고, 신의 존재도 이성에 의해 증명하였으니, 존재론적인 증명(ontological argument) — 신이란 '완전', '절대', '최고' 란 속성을 지닌다. 따라서 신관념 속에는 이미 그런 속성을 지닌 존재를 함축한다. — 이 그것이다. 스콜라철학이 실념론에 기울어지게 된 것은 보편(universal)이란 뜻을 지닌 가톨릭(Catholic)이란 개념에서도 잘 나타나 있다. 교회를 보편적으로 존재하는, 다시 말해 지상에서의 신의 나라라고 여겼기 때문이다. 완전자인 신, 보편적으로 실재하는 교회, 그리고 지상에서 교황의 위치를 체계적으로 확보하고 싶었기 때문이다. 그래서 보편주의는 신권(神權)과 왕권(王權)의 관계에서 신권에 의한 세계질서를 확립하는 데 도움을 주기도 한 이론이다.

　근세에 와서는 대륙이성론을 개척한 데카르트(René Descartes)에 의해 보편이 강조된다. 그가 중요시하는 이성은 'cogito ergo sum(나는 생각한다. 그러므로 나는 존재한다.)이 참임을 아는 능력' 이며, 이런 능력은 인간이면 누구나 보편적으로 지니는 그런 것이다. 관념론자인 칸트

(Immanuel Kant)도 오성(悟性)의 형식인 12범주[13]는 모든 인간들에게
공통되는 의식일반(意識─般. Bewußtsein überhaupt)에서 유래된다고 함
으로써 보편주의를 지향했다. 헤겔(G. W. F. Hegel)도 역사발전의 주체
로 정신을 내세우면서 결국은 세계정신에 의해 전개되는 세계사적인 보
편성을 지향했다.

한편, 개체주의를 지향하는 유명론자들은 보편자가 존재한다는 견해
에 대해 소극적이다. 유명론의 형태도 다양한데, 가장 극단적인 형태는
오직 구체적인 개체들만 있다는 견해다. 이들에 의하면 보편자를 옹호
하는 주장은 사실상 구체적인 개체들에 관한 주장을 위장(僞裝)한 것에
불과하다. 보편자를 옹호하는 주장은 언어적인 표현들과 관련된 주장일
뿐이라는 메타언어적(metalinguistic) 형태의 유명론도 이런 유명론의
대표적인 경우이다. 트롭이론(trope theory)이라는 유명론도 개체주의를
표방하는데, 이 이론에 의하면, 속성이나 성질 같은 것들의 경우, 이런
것들이 존재하기는 하지만 이런 속성들 각각은 오직 한 대상 안에서만
발견될 수 있는 것으로 모두 개별적이라는 것이다. 보편자에 관한 주장
처럼 여겨지는 모든 주장은 따지고 보면 이런 개별적 속성들(trope)에
관한 주장일 뿐이라는 것이다. 나아가서 허구주의(fictionalism)라는 유
명론에 따르면, 보편자에 관한 이야기는 마치 허구적 담론에 관한 이야
기와 같은 것으로, 허구적 이야기 가운데 하나일 뿐이라는 주장이다
(Loux, 2010: 105-106).

---

13 칸트는 인간의 인식은 감성(직관의 능력)과 오성(사유하는 능력)의 종합으로 이루어진
다고 했다. 형식은 감성에도 오성에도 모두 있는데, 감성형식은 시간과 공간이라는 선험적인
직관형식과 관련되어 있고, 오성형식은 12범주(範疇. Kategorie)로 이루어져 있다. 12범주는
양(量)의 범주인 단일성, 수다성(數多性), 총체성, 질(質)의 범주인 실재성, 부정성, 제한성, 관
계의 범주인 실체성, 인과성, 상호성, 양상의 범주인 가능성, 존재성, 필연성을 가리킨다.

이처럼 개체주의(individualism)는 보편주의에 상대되는 개념으로, 현실은 개체와 개물(個物)로 되어 있어 개별적인 것만 진실이라고 하는 견해다. 고대 그리스의 원자론자들이나, 아테네의 철학자인 아리스토텔레스의 견해가 이런 경우에 속한다. 특히 중세 말기에 있었던 유명론(唯名論)이 유명한데, 유명론자들 가운데 로스켈리누스(Roscelin of Compiègne. 약 1050-1120)는 보편은 '명사' 또는 '음성의 흐름(flatos vocis)'에 불과하며, 실재 안에는 개물(個物)만이 존재한다고 했다. 14세기에 이르러서는 오컴(William of Ockham. 약 1287-1347)이 이 주장을 다시 들고 나와 중세 스콜라철학에서 근세철학으로의 이행을 싹틔웠다. 그는 보편은 개체를 대표하는 명사(名辭. nomina)에 지나지 않으며, 참으로 실재하는 것은 개체라고 했다. 실제로 경험될 수 있는 개체들과 경험적으로 파악될 수 없는 보편을 구별하면서, 보편자로서의 신은 믿음의 대상으로서만 받아들일 수 있다고 했다. 이런 그의 견해는 경험의 중요성, 각 개인의 중요성을 부각하고 신권으로부터 왕권의 분리를 야기하는 하나의 큰 실마리가 되었다.

영국경험론은 이런 풍토 속에서 싹텄다. 근세철학에서의 개체주의는 영국경험론에서뿐만 아니라 대륙이성론자들의 견해에서도 찾아볼 수 있는데, 라이프니츠(G. W. Leibniz. 1646-1716)의 단자론(單子論)이 이에 속한다. 그에 의하면, 우주 안에는 수많은 모나드(monad)가 있다. 이런 모나드는 모두 서로 다르고 독립해 있는 개체(individium)이다. 그는 이런 모나드들이 독립적임을 강조하기 위해, 서로 출입할 수 있는 창과 같은 것이 없는 그런 특성을 지녔다고 하여 '창 없는 모나드'라 했다.

인간사회와 관련시켜 본다면, 이런 개체주의가 개체를 개개의 인간으로 보는 개인주의로 이어졌다. 서로 교섭이 없는 독립적인 모나드의 운동이 혼란스럽지 않은 것은 신이 정한 예정표에 의해 조화롭게 움직이기 때문이다. 인간사회도 각 개인들의 행위가 전체적으로는 통일된 질서를 유지하게 되는 것은 바로 신의 예정조화(preestablished harmony)에 의한 운동이기 때문이다. 이처럼 라이프니츠는 개체주의를 옹호하면서도 보편적인 마음을 지닌 신을 도입하여 전체와의 관계를 연결시켰다.

이제까지 보편주의와 개체주의가 전개된 과정을 고대 그리스시대부터 근세철학에 이르기까지 역사적으로 살펴보았다. 이 가운데서도 전형적인 보편논쟁은 11세기에서 12세기에 걸쳐 중세 유럽에서 '보편문제'를 둘러싸고 전개된 존재론적 · 논리학적인 철학논쟁이다. 이런 논쟁은 플라톤의 이데아론과 그것에 대한 아리스토텔레스의 비판에서도 이미 있었지만, 중세에 들어오자 다시 활발하게 논의되어 중세 전후반기를 통해 이어졌다. 중세 후기에 와서는 보편논쟁에서 경험론적인 경향의 철학이 그 지평을 넓혀 감에 따라, 유명론에 기울어지는 모습을 보였다.

오늘날의 안목으로 볼 때는 보편을 '집합'이라고 해석하는 것이 자연스럽다. 논리학의 최근의 성과는 집합의 존재를 긍정하는 견해, 다시 말해 일종의 실재론에 대해 유리한 증거를 부여하고 있기도 하다(406). 앞에서 제시한 사실들에서 알 수 있듯이 보편자와 개체, 보편주의와 개체주의의 연결가능성을 시도하려는 견해도 꾸준히 있어 왔음을 알 수 있다. 접근방법에서 다르더라도 어느 한 측면을 완전히 배제하기는 힘들기 때문이다.

20.3 부분/전체

부분집합과 전체집합의 관계에서 보면 부분과 전체는 다음과 같이 정리되기도 한다. 부분집합(subset)은 두 집합 A, B에서 A를 B의 부분집합이라고 하면, A ⊂ B로 나타내진다. 또 집합 B가 유한집합일 때, B의 원소의 개수를 3이라 하면, B의 부분집합의 총수는 2^3(개)이다. 이를테면, B = {1, 2, 3}이면, B의 부분집합은 {1}, {1, 2}, {1, 3}, {2}, {2, 3}, {3}, {1, 2, 3}, ϕ의 8개이다. B 자신과 공집합(空集合)도 B의 부분집합이기 때문이다. 여기서 B는 이런 모든 부분집합들로 이루어진 전체집합이다. 이처럼 부분집합과 전체집합은 서로 밀접하게 관련되어 있어, 어느 한 부분집합이라도 결여된 상태에서는 전체집합을 논할 수 없다.

원자와 분자의 관계에서 보면 원자가 부분이라면, 분자는 전체에 해당한다. 황산[H_2SO_4]의 경우를 들어 보자. 여기서 황산을 구성하는 원소들인 수소, 산소, 유황은 부분에 해당한다. 그런데 이런 것이 모여 부분에서는 그 특성을 찾아볼 수 없는 강한 산성을 띤 황산이 된다. 이 경우 황산은 부분을 구성하는 각 원소의 어떠한 특성과도 닮은 데가 없다. 그런데도 개별적인 부분이나 구성원이 참이면, 이런 것이 속해 있는 전체나 집합도 공동으로 참인 것으로 간주하게 되는 소위 합성의 오류(fallacy of composition)를 범하게 된다. 거꾸로 전체나 집합에서 공동으로 참인 것을 개별적인 부분에서나 그 구성원에도 참이 되는 것으로 사람들이 여기게 될 경우는 분할의 오류(fallacy of division)에 빠진다.

사회에서 부분과 전체의 관계를 살펴보면, 부분사회는 전체사회를 이루는 하나의 구성요소이다. 부분사회는 전체사회에 대해 사용되는 말로, 전체사회가 자족적인 포괄적·자율적인 사회인 데 대해, 부분사회는 그 구성요소를 이루는 것으로 볼 수 있다. 최근에는 상위체계와 하위체계로 거론되는 사회체계론 안에서도 전체사회체계와 부분사회체계라는 말이 사용되고 있다. 미국의 사회학자 R. M. 매키버(R. M. MacIver)는 커뮤니티를 기초사회로, 어소시에이션을 파생사회로 각각 규정했는데, 이 경우에 후자는 부분사회라 할 수 있다.

최근에는 부분사회라는 말 대신에 집단 또는 집합체라는 말을 사용하기도 한다. 사회체계론에 있어서도 사회체계는 집단이나 집합체를 뜻하는 것이며, 일반적으로 사용되고 있는 사회라는 말은 전체사회체계라는 말로 보통 사용된다. 부분사회라 하더라도 구체적으로는 가족이나 지역사회처럼 구체적인 집단을 말하는 것이어서, 문제는 여러 가지 집단과 사회와의 관련에 있어 어느 집단이 중요한 역할을 하고 있는지, 어느 집단이 다른 집단에 대해 규정적인 성격을 지니는지를 해명하는 데 있다(『동아세계대백과사전』〈14〉. 1988 : 556).

반면에 전체사회는 요소적 통일체(要素的統一體)에 의해 형성된, 일정한 상대적 · 종합적인 통일체를 가리킨다. 미국의 현대 사회학에서는, 2명 이상의 상호행위를 사회체계로 간주하면서, 이를 포괄하는 전체사회체계를 자족적 단위(自足的單位)로 규정한다. 전체사회체계는 각자 고유한 기능을 발휘하는 몇 개의 하위(下位)사회체계들로 이루어져 있으며, 각 하위사회체계는 다시 또 몇 개의 더 아래의 하위사회체계들로 이루어져 있는, 상위체계-하위체계의 관계 속에서 전체사회체계라는 개념이 형성되어 있다.(『동아세계대백과사전』〈24〉, 1988 : 496)

지구에서 전체와 부분이 어떤 관계에 있는지를 '온생명', 개체생명, 보생명을 통해 펼쳐 나가는 장회익의 견해도 흥미롭다. 온생명이란 지구상에 나타난 전체생명현상 그 자체를 하나의 전일적 · 단일적인 실체로 인정하는 개념으로, 온생명의 외연은 지구다. 이에 대해 개체생명들이란 자신들의 보생명과 더불어 온생명의 생존을 유지함과 동시에, 상대적인 독립성을 지닌 개체로서 자신의 생존도 유지해 나가는 존재다. 온생명과 개체생명의 관계에서 개체생명들이 지닌 가치의 경중(輕重)은 온생명의 이상적인 존재양상 속에서 그 기준이 결정된다. 온생명, 개체생명, 보생명의 관계를 보면 신체를 온생명에 비유하고, 신체 내의 한 세포를 해당 개체생명이라 할 때, 신체를 함께 구성하는 주변의 여타세포들이 보생명이다. 보생명은 한 개체생명을 기준으로 했을 때, '온생명에서 그 개체생명을 제외한 나머지 부분'을 일컫는다. 개체생명은 보생명과의 관계에서 개체생존에 유리한 그 무엇을 얻어 내려 함과 동시에 보생명과는 원만한 공존상태를 유지하려 한다. 이런 개체생명과 보생명이 함께 모여 온생명이 된다(안건훈, 2004: 21-23).

20.4 전칭명제와 특칭명제

한량논리(限量論理. quantificational logic)에서의 명제는 크게 전칭명제(universal proposition)와 특칭명제(particular proposition)로 나뉜다. 전자는 제시된 명제의 주장이 그 명제의 주사(主辭. subject term)가 지시하는 외연(外延. denotation) 전체에 관한 것이고, 후자는 제시된 명제의 주장이 그 명제의 주사가 지시하는 외연 일부에 관한 것이다. 한량명제는 그 주사가 외연 전체에 관한 언급인지 아닌지에 따라 구별될 뿐만 아니라, 주사와 빈사의 관계가 긍정적인 관계인지 부정적인 관계인지에 의해서도 나뉜다. 요컨대, 한량명제는 양(量. quantity)에 의해 전칭명제와 특칭명제로 나뉘고, 그 질(質. quality)에 의해 긍정명제(affirmative proposition)와 부정명제(negative proposition)로 나뉜다(안건훈, 2002: 104). 그래서 한량명제는 명제의 양과 질의 관계에 의해 다음과 같은 4가지 형태의 명제로 나뉜다.

전칭긍정명제(universal affirmative proposition)

예 모든 S는 P다. $(x)(Sx \rightarrow Px)$

전칭부정명제(universal negative proposition)

예 어떠한 S도 P가 아니다. $(x)(Sx \rightarrow \sim Px)$

특칭긍정명제(particular affirmative proposition)

예 약간의 S는 P다. $(\exists x)(Sx \& Px)$

특칭부정명제(particular negative proposition)

예 약간의 S는 P가 아니다. $(\exists x)(Sx \& \sim Px)$

한량논리에서 사용하는 한량기호(quantifier)로는 크게 '모든(all)'을 나타내는 전칭한량기호(universal quantifier)로 '(x)', '$\forall x$', '$\wedge x$', 'Πx' 등을 사용하고 특칭한량기호(particular quantifier)로 '$(\exists x)$', 'Ex', '$\exists x$', '$\vee x$', 'Σx' 등을 사용한다. 전칭한량기호에서 볼 수 있는 '$\forall x$'는 '모든'을 나타내는 'all'에서 첫 글자를 따온 것이고, 특칭한량기호에서 볼 수 있는 '$(\exists x)$', 'Ex', '$\exists x$'는 '존재한다(있다)'를 나타내는 'exist'에서 첫 글자를 따온 것이다.

전칭한량기호는 보편한량기호(universal quantifier)라고도 일컫는데 그 이유는 전칭이 다름 아닌 전체나 보편을 지칭하는 경우가 많기 때문이다. 반면에 한량논리에서는 전체가 아닌 것을 특칭이라 한다. 다시 말해 '모든이 아닌 것'을 특칭이라 한다. 그런데 전체나 보편은 사용되는 상황에 따라 그 가리키는 것이 다를 수 있다. '모든 사람은 죽는다.' 처럼 관찰된 것과 관찰되지 않은 것을 모두 포함한 그런 뜻으로 사용되는 경우도 있고, 어떤 한계를 정해 놓고 '모든' 이란 관형어를 사용하는 경우도 있다. 예컨대, 후자의 경우는 '오늘 우리 회사의 모든 사람들이 출근했다.' 와 같은 명제에서 드러난다.

특칭한량기호는 존재한량기호(existential quantifier)라고도 일컫는데, 그 이유는 특칭한량명제는 그 명제가 뜻하는 것의 존재성을 함축하기 때문이다. 예컨대, '약간의 철학도는 과학도이다.' 라는 명제는 그 말 속에 '철학도이면서 과학도인 사람이 있다(존재한다).'라는 것을 이미 함축하고 있다. 특칭한량명제에서 발견되는 이런 존재성은 형이상학에서도 매우 중요한 발견이라 여겨진다. 개체와 존재와의 관계를 엮어 주는, 나아가서 경험계의 특징을 알려 주는 단서가 되기 때문이다. 그래서 특칭한량기호는 개체의 존재를 나타내는 기호다.

20.5 요약 및 결론

보편은 일정 수의 대상에 공통되는 성질을 지닌 것과 관련되어 있다. 그래서 공통되는 성질을 지닌 것을 개념화하고 그런 것이 존재한다고 주장한다. 이에 대해 개체는 독립하여 존재하는 낱낱의 물체를 이르는 개념이다. 보편론은 특수보다 보편을, 개체보다 전체를 더 중하게 여기는 견해이며, 보편주의는 보편이 개체보다 더 참된 실재라고 주장하는 반면에, 개체주의는 개별적인 것이 진실이라고 하는 견해다.

한편, 부분과 전체의 관계를 살펴보면, 모든 부분집합들로 이루어진 것이 전체집합이다. 이처럼 부분집합과 전체집합은 밀접하게 관련되어, 어느 한 부분집합이라도 결여된 상태에서는 전체집합을 논할 수 없다. 사회의 경우도 부분사회 곧, 집단이나 집합체도 전체사회체계와의 관계 속에서 그 특성이나 기능을 발휘할 수 있다. 부분사회 없는 전체사회도, 전체사회 없는 부분사회도 생각할 수 없다는 점이다. 지구라는 온생명에서 개체생명, 보생명과의 관계도 그렇다.

요컨대, 개체와 보편자, 부분과 전체라는 개념은 서로 대비되는 개념이지만, 서로를 위해 없어서는 안 될 그런 특성을 지닌 상보적인 개념이다. 개체와 보편은 어느 측면에서 파악하느냐에 따른 관점의 차이에 불과하다. 부분과 전체를 개념상으로 보면 크게 '전체[all; (x)]'와 '전체가

아닌 것'으로 대별되며, 후자는 '약간[some; (Ex)]'으로 표기되기도 한
다. 물론, 이런 두 관계에서도 전체가 없는 약간, 약간이 없는 전체는 생
각하기 힘들다.

21. 자유의지와 결정론에서
양립가능론/양립불가능론[14]

21.1 문제의 제기

학계에서 다루는 논쟁점 가운데 '자유의지의 존재여부'에 관한 것처럼 많이 언급되는 것도 그리 많지 않다. 어떤 것을 자유롭게 선택할 수 있는 자유의지 — 선택의 자유 — 가 인간에게 있는지의 여부에 관해서 말이다. 자유의지의 존재여부에 관한 논쟁이 있을 때마다 함께 제기되곤 하는 것이 결정론이다. 결정론은 인과성에 근거한 것으로 여겨져 오며, 그것을 주장하는 사람들에 따라 약간씩 서로 다른 뜻으로 사용되는 경우가 있다. 이런 점에서는 자유의지라는 용어도 마찬가지다. 자유의지도 결정론도 그 의미에 애매성과 모호성을 담고 있다.

　자유의지와 결정론의 관계에 관한 주장도 다양하다. 인간은 자유의지

---

14 이 부분은 김성진과 정인재(2007)가 엮은 책인 『논쟁과 철학』(고려대학교출판부) 가운데 필자의 글인 「자유의지와 결정론 — 양립가능론자와 양립불가능론자의 대립」(353-374)임을 밝힌다. 이 논문과 관련된 선행논문으로는 필자가 1996년에 발표했던 「자유의지와 결정론은 양립가능한가?」(『성곡논총』, 제27집 4권, 115-134)를 들 수 있다. 그 논문은 양립가능성을 옹호하는 측면에서 작성되었지만, 본 논문에서는 양립불가능론자들과 양립가능론자들의 논쟁에 좀 더 초점을 맞추면서 두 견해들에서 드러나는 차이점을 비교, 정리하는 데 힘썼다. 아울러 왜 양립가능론이 더 요청되는지도 시사했다. 아울러 필자의 책인 『확실성탐구』 제7장 (104-126)에도 근거했음을 밝힌다.

를 지닌 특이한 존재라고 주장하는 사람이 있는가 하면, 모든 사건은 그 원인이 있으므로 인간에게는 자유의지가 없다고 주장하는 사람도 있다. 자유의지는 결정론과 서로 양립가능하다고 여기는 사람이 있는가 하면, 그렇게 여기지 않는 사람도 있다. 그래서 철학에서 오래된 논쟁 가운데 하나는 자유의지와 결정론의 관계에 관한 것이다. 그렇다면 자유의지와 결정론은 과연 양립가능한가, 아닌가?

필자는 이 물음에 유념하면서 관련된 학자들의 견해들을 탐색하고자 한다. 필자는 자유의지와 결정론이 양립가능한지의 여부를 논의함에 있어, 우선 그 논쟁점이 어디에서 비롯되었는지를 밝히겠다. 이를 위하여 여러 가지 논거들을 살펴봄과 동시에, 자유의지와 결정론이라는 개념의 교통정리도 시도하겠다. 특히, 강한 결정론과 약한 결정론에 주로 그 초점을 맞추면서 양립불가능성과 양립가능성의 특징들을 밝히는 데 힘쓰겠다. 논의의 편의상, 자유의지와 결정론이 양립불가능하다는 주장과 그 논거를 먼저 다루기로 한다. 왜냐하면 양립가능론자들은 양립불가능론자들의 견해를 비판하면서 자기의 견해를 펴 나가는 경향이 짙기 때문이다.

21.2 양립불가능론: 강한결정론과 자유의지론

두 주장이 함께 옳을 수 있다면 그 주장들은 서로 양립가능한 반면에, 두 주장이 함께 옳을 수 없다면 — 함께 공존할 수 없다면 — 그런 주장들은 서로 양립불가능하다. 이런 점에서 양립불가능이란 표현은 서로 모순을 이룬다는 것을 의미하는 것으로, 두 주장이 양립불가능하다고 함은 서로 배타적임을 뜻한다. 자유의지/결정론 담론에서 양립불가능성 (incompatibility)을 주장하는 사람들은 크게 강한 결정론자들(hard determinists)과 자유의지론자들(libertarians)로 나뉜다.[15]

물론, 결정론 가운데는 자유의지와 결정론이 서로 타협할 수 있다는 견해[reconciling determinism]도 있고, 그렇지 못하다는 견해[nonreconciling determinism]도 있다. 이 가운데 후자인 강한 결정론자들의 주장에 따르면, 발생한 모든 것은 이미 다른 어떤 것에 의해 불가피하게 야기된 것으로 그것의 원인이 있다. 이런 그들의 주장은 아래와 같은 두 가지 논증에 근거하여 이루어지며, 그들의 주장에 의하면 우리가 자유의지로 어떤 일을 선택하거나 행한다는 것은 있을 수 없다.

〈논증 1〉

모든 사건은 원인을 지닌다.

인간의 행위는 일종의 사건이다.

그러므로 인간의 행위는 그 원인을 지닌다.

〈논증 2〉

모든 사건은 불가피하게 이루어진다.

인간의 행위는 일종의 사건이다.

---

15 자유의지와 결정론의 관계에 관한 논의는 크게 양립가능론(compatibilism)과 양립불가능론(incompatibilism)으로 나뉘어 진행되곤 한다. 경우에 따라서는 자유의지와 결정론 사이에 타협이나 조화를 인정하지 않는 결정론(nonreconciling determinism), 타협이나 조화를 인정하는 결정론(reconciling determinism), 자유의지론(libertarianism)으로 나뉘어 논의되기도 한다. 앞의 두 결정론은 강한 결정론(hard determinism)과 약한 결정론(soft determinism)으로 각각 일컬어지기도 한다. 자유의지를 다루는 논문들에서는 강한 결정론이나 약한 결정론이라는 용어와 더불어 전자와 같은 용어들도 많이 사용되지만 그런 결정론들에 관해 학계에서 통용되는 우리말 표현이 아직 없으므로, 본 논문에서는 전자 대신 강한 결정론과 약한 결정론이란 용어를 주로 사용한다.

그러므로 인간의 행위는 불가피하게 이루어진다.

〈논증 1〉과 〈논증 2〉에서 대전제들은 각각 종합명제이면서 아프리오리한 명제(synthetic a priori statement)이다. 대전제들은 검증불가능한 형이상학적인 진술들이기도 하다. 이런 〈논증 1〉과 〈논증 2〉의 결론을 근거로 아래와 같은 주장이 추론된다.

"인간의 행위는 그 원인을 지니며 불가피하게 이루어진다."

위에서 언급된 것과 같은 유형의 결정론에는 어떠한 자유의지도 자리 잡을 수 없다. 자유의지와 결정론이 양립불가능하다는 주장은 예전부터 있어 왔다. 몇몇 대표적인 경우들을 살펴보면[16] 고대 그리스의 원자론자들은 기계론(mechanistic theory)을 옹호하면서, 사건들의 발생은 기계의 운동처럼 서로 관련되어 있어, 의지에 따른 행위란 없다고 했다. 사람의 몸도 원자들의 배열에 불과하며, 몸은 돌과 같은 것보다 좀 더 복

---

[16] 결정론자들 가운데 자유의지와 결정론의 양립불가능성을 펼치는 대표적인 인물들로는 고대 그리스의 원자론자들이 있고, 근세에는 그런 견해가 돌바크(d'Holbach)가 지은 책(1770)인 *System of Nature*(H. D. Robinson 옮김)에 실린 "The illusion of free will"에 드러나 있다. 현대에는 호스퍼스(John Hospers)의 논문들(1965, 1978)인 "What means this freedom?"(S. Hook 엮음. *Determinism and freedom in the age of modern science*. 113-130), "Free will and psychoanalysis"(J. Feinberg 엮음. *Reason and responsibility*. 1978. 354-364), 에드워즈(Paul Edwards)의 논문인 "Hard and soft determinism"(S. Hook. 같은 책. 104-113), 인와겐(Peter van Inwagen)의 논문들(1975, 1994)인 "The incompatibility of free will and determinism"(*Philosophical Studies*, 27, 185-199), "When the will is not free"(*Philosophical Studies*, 75, 95-113), 화인버그(J. Feinberg)가 엮은 책(1996)인 *Reason and responsibility*에 실린 스키너(B. F. Skinner)의 논문인 "Beyond freedom and dignity"(423-430) 등에 그런 견해가 나타나 있다.

잡할 따름이다. 사고한다는 것도 소위 정신원자(mind atom)라는 것들의 운동에 불과하다(Jones, 1952 : 82). 그들의 견해에 따르면, 어떤 일을 하려 할 때 나타나는 정신활동은 선행하는 정신원자들의 운동에 의해 정해진다. 특히, 데모크리토스(Democritus)는 인간의 행위에 대해 결정론적인 특성을 철저히 옹호했다. 모든 운동은 T_1, T_2, T_3, T_4와 같은 시간적으로 연속성을 띤 일련의 계열에 따라 발생하는 것으로 그는 파악했다.

현대철학자인 호스퍼스(John Hospers)는 정신분석학의 견지에서 강한 결정론에 근거한 양립불가능성을 옹호했다. 그는 인간의 행위를 시계바늘에 비유했다. 시계바늘은 시계표면에서 마치 자유로운 듯이 움직인다. 그러나 시계바늘의 움직임은 그 내부에 있는 부속품들에 의해 결정된다. 마찬가지로 인간의 행위도 인간 내부에 있는 강력하면서도 무의식적인 힘에 의해 야기된다는 것이다. 호스퍼스(1965)의 말을 빌리면, "무의식적인 동기와 갈등이 인간의 행위를 야기시킨다"(117). 밑바탕에 숨어 있는 내부의 힘이 우리의 행위를 결정한다. 인간의 행위는 욕구나, 의도나, 숙려(熟慮)에 의해 야기된다고 주장하는 사람들도 있지만, 그에 의하면 이는 잘못된 주장이다. 이런 것들은 모두 다 무의식적인 힘에서 유래하는 산물일 뿐이다. 우리 내부에 자리잡고 있는 무의식적인 힘이 우리가 하는 행위의 원인이 된다. 요컨대, 우리에게는 자유의지가 없으므로, 자유의지와 결정론은 양립할 수 없다.

호스퍼스는 이처럼 자유의지의 유무와 관련된 논쟁에서 강한 결정론을 지지하면서, 소위 약한 결정론(soft determinism) — 자유의지와 결정론은 양립가능하며, 자유로운 행위들은 우리의 경험과 우리가 지향하는 가치에 근거하여 우리 자신의 통제하에서 결정되며 그 결과는 예측가능하다. — 도 결국 강한 결정론으로 환원될 수밖에 없다고 본다. 그의 견해는 에드워즈(Paul Edwards)에 의해 지지된다. 에드워즈(1965)도 "사람들은 근본적으로 자기 자신의 성격을 형성하지는 못한다."(113)고 하면서 강한 결정론을 지지했다. 이런 강한 결정론은 인와겐(Peter van Inwagen)이나 스키너(B. F. Skinner)의 주장에서도 찾아볼 수 있다. 인와겐(1983)은 "만일 결정론이 참이라면, 어떠한 사람도 어떤 것을 선택할 수 없으므로, 도덕적인 책임에 관한 논의가 있으려면 선택할 수 있어야 한다."(105)고 했다. 스키너의 경우도 S-R 이론(자극-반응이론)을 내세우면서 인간의 행위는 그에 선행하는 인과적인 자극이라는 조건들(stimulus conditions)에 의해 나타나는 불가피한 귀결이므로 소위 자율적인 행위란 거의 존재하지 않거나 없다고 했다(Feinberg, 1996 : 430).

'어떠한 사람도 자유의지가 없다.'는 강한 결정론에 근거한 양립불가능론자들의 주장은 다음과 같은 삼단논법에서 추론된다.

만일 결정론이 옳다면 어떠한 사람도 자유의지가 없다.
그런데 결정론이 옳다.
따라서 어떠한 사람도 자유의지가 없다.

한편, 자유의지와 결정론의 양립불가능성을 강조하더라도 강한 결정론과는 다른 처지에서 그것을 옹호하는 사람들도 있다. 캠벨(C. A. Campbell)이나 브로드(C. D. Broad)로 대표되는 자유의지론자들이 이에 해당된다.[17] 캠벨은 자유의지를 자아활동(self-activity)으로 간주했

17 캠벨(C. A. Campbell)은 그의 논문들(1966, 1996)인 "Is 'free will' a pseudo-problem?"(B. Berofsky 엮음. *Free will and determinism*. 112-135), "Has the self 'free will'?"(J. Feinberg 엮음. *Reason and responsibility*. 445-455)에서, 브로드(C. D. Broad)는 그의 논문(1966)인 "Determinism, indeterminism, and libertarianism"(B. Berofsky. 같은 책.

다. 이런 자아활동은 행위자의 성격에 부응하는 그런 행위와는 다르다고 했다. 자아(the self)는 성격을 감시하며 의무감에서 어떤 결심을 하기도 한다는 것이다. 자아활동은 성격에서 유래하는 경향성과는 대비되는 반면에 창조적인 활동과는 깊은 관련을 맺는다. 그래서 그는(1966) "자유의지란 창조적인 활동이라는 성질을 지닐 때만 의미를 지니며, 그 의미는 행위자의 직관성을 띤 실천적인 의식을 통해서만 발견될 수 있다."(134)고 말하기도 했다. 이처럼 그는 자유의지와 결정론의 양립불가능성을 인간이 지닌 창조적 활동을 들어 옹호했다. 자유의지론자들은 자유의지와 결정론은 인간의 의지의 세계에 관한 한 함께 공존할 수 없다고 본다.

자유의지와 관련된 논쟁에서 이제까지 언급한 양립불가능론자들 — 강한 결정론자와 자유의지론자 — 의 견해를 요약하면 다음의 도형과 같이 나타낼 수 있다.

자유의지와 결정론의 비교(1)

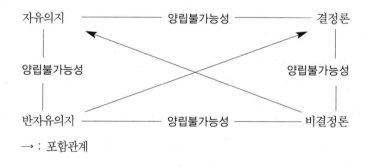

→ : 포함관계

135-159)에서 각각 그들의 주장들 — 자유의지와 결정론의 양립불가능성 — 을 펼쳤다. 사르트르(J. P. Sartre)의 논문(1996)인 "Free will, self construction, and anguish"(J. Feinberg. 같은 책. 456-463)도 자유의지론을 옹호한다.

위의 도형에 나타나 있듯이 자유의지는 결정론과도 반자유의지론과
도 양립불가능하다. 비결정론도 결정론뿐만 아니라 반자유의지론과도
양립불가능하다. 이런 상황들은 화인버그(J. Feinberg)가 그의 책(1996)
에서 지적하였던 다음과 같은 표현들 속에서도 찾아볼 수 있다.

> 비결정론(indeterminism)은 자유의지론(libertarianism)을 포함하게 되고,
> 반자유의지론(anti-libertarianism)은 결정론을 포함한다. 모든 자유의지론
> 자들은 비결정론자들이지만(정의에 의해), 비결정론자들이라고 해서 모두다
> 자유의지론자들은 아니다(414).

그러나 양립불가능론자들의 논증에는 다음과 같은 문제점들이 있다.
우선, 그들이 내세우는 주장이 지니는 설득력의 문제이다. 예컨대, 강한
결정론자인 호스퍼스는 '모든 것은 인과적인 분석으로 귀결된다.'고 주
장하면서, 우리가 말하거나 행하는 것들이 어떻게 나타나는지를 인과적
분석에 의해 밝힐 수 있다고 했다. 그러나 그의 견해는 상당히는 종합명
제이면서 아프리오리한 명제에 근거한다. 그런 명제는 참과 거짓이 객
관적으로 밝혀질 수 없다.

어떤 행위를 하기 전에 곰곰이 생각하는 경우를 들어 강한 결정론을
비판하는 사람들도 있다. 사람들은 흔히 그들의 행위로부터 야기될 수
있는 결과를 예측하여 보기도 한다. 그래서 강한 결정론에 비판적인 사
람들은 자유의지라는 용어는 행위 이전에 찾아볼 수 있는 '합리성을 지
닌 숙려(rational deliberation)'와 관련되어 있다고 본다. 벤과 피터스(S.
I. Benn & R. S. Peters, 1967)의 말을 빌리면, "사람들이 하는 행위와 관
련된 대부분의 설명은 목적성을 띠며 규칙을 따르는 식으로 이루어져
있지 인과성을 지닌 용어로 이루어져 있는 것이 아니다."(354)라는 점

이다.

강한 결정론뿐만 아니라 자유의지론자인 캠벨의 견해에서도 석연치 않은 점이 있다. 자아활동이 결정론과 양립불가능하다는 그의 견해가 그것이다. 자아활동이 자기원인이 되어 창조적 활동으로 이어질 경우, 과연 그런 활동이 결정론과는 아무 관련이 없는 것일까? 자아활동이란 어떤 특성을 지녔으며, 자아활동이 초기에 어떻게 형성되는지에 관한 그들의 견해도 미흡하다.

특히, 강한 결정론자들의 견해에 근거한다면 행복이나 상 · 벌과 같은 것을 설명하는 데 있어 우리는 어려움에 처하게 된다. 상을 받는다는 것은 즐거운 일이나 벌을 받는다는 것은 고통이다. 그런데 이런 것들이 다른 것에 의해 이미 결정되어 있다거나 된다고 하면, 도덕생활을 중요시하며 사람들에게 그런 생활을 권장할 근거가 희박해진다. 더욱이 도덕생활에서 사람들이 지녀야 할 책임문제는 그 근거를 잃게 된다. 그렇다면 이런 견해와 대비되는 양립가능론은 어떤 특징을 지니는지 살펴보기로 한다.

21.3 양립가능론: 약한 결정론

양립가능성이란 말은 두 주장이 동시에 옳을 수 있는 경우에 사용되는 표현으로 그럴 경우, 두 주장은 서로 간에 무모순적이다. 양립가능성이란 서로 간에 배타적임을 뜻하지 않는다. 서로 조화를 이룰 수 있다는 점이다. 결정론을 옹호하는 사람들 가운데서도 결정론과 자유의지는 서로 타협할 수 있다는 견해[reconciling determinism]를 지닌 사람들은, 자유나 자유의지를 인과성에 근거한 결정론과 대비되는 것으로 여기지 않는다. 오히려 결정론에 부합하는 것으로 파악한다.

T. 홉스(Thomas Hobbes, 1588-1679, 영국의 철학자이자 법학자로
『리바이어던』 등을 저술함)

양립가능성에 관한 주장도 다양하다. 근세에 브람헐(Bishop Bramhall
of Derry)과 홉스(Thomas Hobbes) 사이에 벌어졌던 일련의 논쟁에서 볼
수 있듯이, 브람헐과 같은 신학자들이 주장하는 양립가능론 — 물질현
상과 정신현상이 각각 인간의 몸과 마음을 함께 구성한다. 전자는 기계
론적인 인과율에, 후자는 신에 의해 부여된 자유의지에 의해 설명된다.
— 도 있고, 홉스처럼 자유의지와 인과관계를 무모순적인 것으로 간주
하면서 서로를 조화시키려는 양립가능론도 있다. 여기서는 '자유의지와
대비를 이루는 것은 결정론이 아니라 강요(compulsions)나 강제(con-
straints)' 라고 보는 견해를 중심으로 살펴보기로 한다.

이런 견해는 잘못된 언어사용법을 바로잡으려는 일단의 학자들의 견
해에서 드러난다. 홉스는 이런 처지에서 양립가능성에 관한 논의를 제
기하는 데 중요한 역할을 했다. 홉스가 사용한 자유의 의미는 '자유로운
흐름'이나 '자유낙하'와 같은 구절을 사용할 때 나타나는 의미와 비슷
하다. 물은 장애물에 의해 방해를 받지 않는 한 낮은 곳으로 자유롭게
흘러내려 간다. 홉스 자신의 표현에 의한다면,

자유와 필연성은 서로 무모순적이다. 물길을 따라 자유로이 그리고 아래로
필연적으로 흐르는 물처럼, 자발적인 인간의 행위도 마찬가지이다. 인간의

행위는 의지와 자유에 의해 이루어지며, 게다가 그런 의지나 욕망이나 성향에 따른 행위들은 인과적인 연속계열 속에서 원인들에 의해 야기되기 때문이다(1950: 178).

홉스의 이런 견해는 현대에 와서 오코너(D. J. O' Conner)의 표현에서도 잘 드러나 있다. 오코너는 그의 책(1971)에서 "자유로운 행위와 대비되는 것은 원인이 있는 행위가 아니라, 강요된 행위이다(72)."라고 홉스의 견해를 요약해서 정리했다. 자유는 구속이나 강요로부터의 자유를 뜻한다. '자유롭다' 함은 우리가 하고자 하는 바를 실현하는 것을 방해하는 어떤 구속으로부터의 자유를 뜻한다. 자유롭게 흐르는 물이란 자연법칙과 대비되는 것이 아니라 그런 흐름을 방해하는 장애물과 대비되는 것처럼, 자유의지란 결정론과 대비되는 것이 아니라 강요나 강제와 대비된다.

홉스에 의해 제시된 이런 접근방법이 현대에 이르러 여러 사람들에 의해 받아들여지게 된다.[18] 그 가운데서도 특히 논리실증주의자인 슐리

---

18 양립가능성을 나타내는 현대의 대표적인 견해들은 슐리크(Moritz Schlick)가 지은 책인 *Problems of ethics*(R. David 옮김. 1939), 노웰-스미스(P. H. Nowell-Smith)의 논문(1948)인 "Free will and moral responsibility"(*Mind*, 57(225), 45-61), 블랜샤드(B. Blanshard)의 논문(1965)인 "The case for determinism"(S. Hook 엮음. *Determinism and freedom in the age of modern science*. 3-15), 후랑크훠트(H. G. Frankfurt)의 논문들(1969, 1971)인 "Alternate possibilities and moral responsibility"(*The Journal of Philosophy*, 66(23), 829-839)와 "Freedom of the will and the concept of a person"(*The Journal of Philosophy 68(1)*, 5-20), 스테이스(Walter T. Stace)의 논문(1976)인 "The problem of free will"(Burr과 Goldinger 엮음. *Philosophy and contemporary issues*. 23-30), 에이어(Alfred J. Ayer)의 논문(1982)인 "Freedom and necessity"(G. Watson 엮음. *Free will*. 15-23), 울프(Susan Wolf)의 논문(1996)인 "Sanity and the metaphysics of responsibility"(J. Feinberg 엮음. *Reason and responsibility*. 1996. 436-445) 등에서 찾아볼 수 있다.

M. 슐리크(Moritz Schlick, 1882~1936, 독일의 철학자로 *Problems of Ethics* 등을 저술함)

크(Moritz Schlick)의 역할이 크다. 그는 자유의지는 결정론과 대비되는 것이 아니라 강요나 강제와 대비된다는 점을 한층 강하고 명백하게 주장했다. 자유는 인과성으로부터의 면제가 아니다. 슐리크(1939)는 "강제의 반대는 자유다. … 사람이 도덕적으로 자유로운지의 여부에 관한 물음은 결정론과는 별개의 것이다."(150)라고 말했다. 많은 사람들은 비결정론이라는 용어를 자유라는 용어와 혼돈한다. 비결정론이라는 용어의 의미는 자유라는 용어의 의미와 같은 것이 아니다. 그러므로 의미를 잘못 앎에 의해 이런 용어들의 관계로부터 나타나는 혼란을 막기 위해 언어의 교통정리가 요청된다. 곧, 주어진 개념을 올바르게 정의하는 일이 우선 중요하다.

　이런 견해는 스테이스(W. T. Stace)에 의해 계속 이어진다. 스테이스는 많은 철학자들이 자유의지의 의미를 오해하고 있다고 주장한다. 그들이 사용하는 자유의지라는 용어의 용법이 일상인들이 사용하는 '일상적 용법'과는 달리 사용되고 있다는 점에서다. 그에 의하면 주어진 개념에 관한 일상적인 용법이 그 개념의 정의가 옳은지의 여부를 결정짓는 준거가 된다. 그(1976)의 표현에 의하면,

　원인이 없다거나 원인에 의해 결정되지 않았음을 자유의지로 보는 것은 자

유의지에 관한 부정확한 정의임에 틀림없다. 자유로운 행위란 알고 보면 모두 다 욕구나, 동기나, 행위자의 마음속에 있는 어떤 내적인 심리상태에 의해 야기된다(27).

자유의지와 결정론의 관계에 관한 논쟁은 단지 용어사용에 얽매어 있음으로 해서 일어나는 것이며, 용어들의 의미에 관한 혼란으로부터 비롯된다(23). 이런 것은 단지 의미론적인 문제일 뿐이다. 이런 그의 주장은 자유의지와 관련된 문제는 자유의지에 관한 잘못된 의미로 인한 문제가 아니라, 진실을 잘못 밝힘으로써 일어난다는 호스퍼스의 견해와는 사뭇 다르다. 이처럼 스테이스는 자유의지라는 용어의 의미를 정확하게 밝히고 정의하는 일에 힘썼다.

이들의 처지에서 보면, 자유의지라는 용어의 의미는 강한 결정론자들에 의하여 잘못 사용되고 있다. 이들의 주장에 따르면, '자유의 반대는 원인에 의하여 불가피하게 야기된다는 사실이 아니라 강요나 강제이다.' 자유로운 행위와 자유롭지 못한 행위 사이의 차이점은 그 원인이 있고 없고가 아니라 강제인지 아닌지이다. 우리는 여기서 '원인이 있는 행위는 자유롭지 않은 행위와 같은 의미가 아니며, 자유로운 행위는 원인이 없는 행위와 같지 않다.' 라고 생각하는 이들의 견해에 주목할 필요가 있다. 요컨대, 원인이 있는 행위와 자유로운 행위가 서로 대비된다고 보아서는 안 된다. 나아가서 자유의지와, 인과성에 근거한 결정론을 서로 조화시킬 필요가 있다. 강제나, 강요나, 억압에 의해 나타나는 행위는 자유롭지 못하다고 할 수 있지만, 쌓여진 경험과 지향하는 가치에 근거한 스스로의 통제에 의해 나타나는 행위는 자유롭다고 보아야 한다는 점이다.

경험의 세계에서 본다면 인과적인 결합은 경향성이나 개연성에 근거한 항상적인 결합에 불과하다. 그러나 앞에서도 밝혔듯이 '모든 사건은 그 원인을 지니며 불가피하게 이루어진다.'는 명제는 종합적이면서 아 프리오리한 명제이다. 경험계뿐만 아니라 정신계까지도 포함하는 모든 사건으로 확대된다는 데서 그렇다. 경험계에서는 사건이나 현상들 사이 의 관계가 인과관계인지의 여부를 밝혀 주는 기준으로, 일반법칙과의 관련이 요청되기도 한다. "'x가 인과적인가?'라는 질문은 'x가 일단의 법칙들과 관련을 맺고 있는가?'와 같은 물음과 관련되어 있다.(Bunge, 1961 : 434)"는 것이다. 자연법칙인 일반법칙은 '보편적인 경험명제'라 는 사실을 하나의 특징으로 지닌다. 그러므로 인과성이 단순히 사건과 사건의 규칙적인 결합은 아니라는 사실을 밝히기 위해서는, 규칙성을 지닌다 하더라도 보편적인 경험명제인 자연법칙에 의해 그 규칙성이 보 증될 수 있어야 한다. 아울러 인과성을 지닌 진술은 반사실적인 조건문 (counterfactual conditional statement)으로 바꾸어도 참인 것으로 드러나 야 한다.

그러나 의지의 세계에서 말하는 인과결합의 정도는 경험계인 자연세 계에서 요구되는 그런 정도의 인과결합과는 차이가 있다. 그래서 원인 은 결과와, 이유는 행위와 각각 관련시키면서 그 각각의 특징을 말하는 사람들도 있다. 의지에 따른 인간의 행위는 원인이 아닌 이유로써 서술 되어야 한다는 주장이다. 반면에, 이유를 원인 속에 포함시켜 넓게 해석 하는 사람들도 있다. 예컨대, 쉐퍼(Jerome A. Shaffer)는 그런 사실에 관 해 다음과 같이 서술했다.

이유는 기계적인 원인이 아니라 행위의 원인일 수 있다. 물리학에서조차도 더 이상 기계적인 원인이 유일한 원인이 아니다. 당구공이 다른 공을 움직이 거나 달이 밀물과 썰물을 움직이는 그런 방식은 아닐지라도, 우리가 제시하는 이유는 우리를 움직일 수 있다(1968: 104).

이처럼 이유를 원인 속에 포함시켜 원인이라는 용어의 의미를 확대하여 사용하는 것은 상당히는 일상언어적인 용법이라 하겠다. 이유가 행위의 원인일 수 있다는 심리적인 원인론(mental cause theory)에 따른다면, 행위는 이유를 원인으로 삼는 사건이라 할 수 있다(104).

원인이라는 용어를 이처럼 확대하여 사용한다면, 소위 자유로운 행위란 어떤 외적인 강제나 강요 없이 자신이 터득한 경험과 자신이 중시하는 가치에 근거하여 스스로의 통제에 의해 이루어지는 행위라 할 수 있다. 자신이 중시하는 가치는 자신의 신념체제와 사회에서 추구하는 이상이 서로 조화를 이루는 곳에서 형성된다. 그래서 자유로운 선택이나 행위는 어느 정도 예측가능한 선택이나 행위이다. 터득한 경험과 바람직한 가치는 어느 정도 지속성을 지니기 때문이다. 자연법칙과 같은 수준의 보편성을 띤 경험명제는 아닐지라도, 어느 정도 일관성을 지니면서 행위를 야기하는 원인과 비슷한 역할도 한다는 점에서이다.

앞에서 언급한 논거에 의한다면, 자유의지란 결정론과 양립가능하다. 그래서 스테이스(1976)의 말에 따르면, "만일 인간에게 결정론적인 것이 전혀 없다고 한다면, 인간의 행위는 완전히 예측불가능하고 변덕스런 것이 된다"(30). 이처럼 스테이스도 슐리크의 견해를 옹호하면서 '자유의지는 원인에 의해 결정되지 않는 것'을 뜻한다는 양립불가능론자들의 견해에 이의를 제기한다.

이런 경향이 현대에 이르러 자유의지와 결정론의 관계에 관한 논쟁에서 주류를 형성해 나가게 됨은 다음과 같은 일련의 학자들에 의해 계속 뒷받침되기 때문이다. 예컨대, 노웰-스미스(P. H. Nowell-Smith, 1948)는 상 · 벌에 의해 정상적인 사람들의 행동이 변할 수 있음을 그 예로 들면서 자유의지와 도덕적인 책임의 관계를 밝혔다. 특히 그는 결정론에 의지하지 않는 자유의지는 있을 수 없다고 보면서 자유의지와 결정론의 관계에 관한 논쟁에 종지부를 찍으려 했다(45-61). 이어서 블랜샤드 (Brand Blanshard, 1965)는 "최상의 자유의지는 합리적인 결정론(rational determinism)에 근거한다."(15)고 하면서 합리성을 양립가능론에서 필수적인 요인으로 간주했다. 에이어(A. J. Ayer, 1984)도 "'내가 달리 행할 수도 있었는데'라고 말하는 것은 '아무도 내가 한 것을 선택하도록 강요하지는 않았음'을 뜻하는 것이다."(2)라고 하면서, 자유의지의 반대는 강요나 강제임을 옹호했다. 베로흐스키(B. Berofsky, 1987)의 경우는 숙려(熟慮)와 관련된 도덕적인 이성을 중요시하면서, 인격을 지닌 의도적인 행위는 강요된 행위가 아니며, 결정론뿐만 아니라 도덕적인 책임과도 양립가능함을 주장했다. 한편, 후랑크훠트(Harry G. Frankfurt, 1971)는 피조물들이 일반적으로 지니는 욕구, 동기 등 — 그는 이것을 1차적 욕구(first-order desires)라고 불렀다. — 과 구별하여, 반성적 자기평가를 할 수 있는 능력(capacity for reflective self-evaluation)을 2차적 욕구(second-order desires)라고 부르면서, 인간이 지닌 이 능력을 자유의지가 존재한다는 증거로 내세웠다. 그러면서 그는 자유의지와 결정론의 관계에 관한 논쟁에서 중립적인 태도를 취하면서도 한편으로는 양립가능성도 내비쳤다.

이처럼 양립가능론자들은 인간이 지닌 이성과 합리성을 강조하면서 자유의지와 결정론의 양립가능성을 주장하는 경향이 짙다. 자유로운 행위는 행위자의 합리적인 욕구에 의해 이루어지며, 우리 인간은 이성을 통해 옳고 그른 행위를 구별해 낸다. 이런 점에서 자유의지는 결정론과 무모순적이다. 요컨대, 자유의지와 관련된 논쟁에서 이런 양립가능론자들의 견해는 다음의 도형처럼 나타낼 수 있겠다.

자유의지와 결정론의 비교(2)

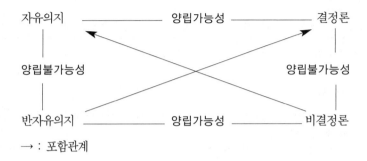

→ : 포함관계

물론, 약한 결정론에 의해 양립가능론을 주장하는 사람들의 경우도 석연치 않은 부분들이 있다. 예컨대, 스테이스가 사용하는 '일상적 용법'이라는 표현에서 드러나는 모호성이다. 그는 '일상적인 용법'이나 '상식적인 용법'이라는 말이 지시하는 기준을 제시하지 않고 있다. 이처럼 그들은 그들이 사용하는 용어들 사이의 관계를 명쾌하게 보여 주지 않는 경우가 있다. 그래서 자유의지와 비결정론, 결정론과 반자유의지, 그리고 반자유의지와 비결정론의 관계가 각각 서로 어떤 관계에 있는지 — 예컨대, 포함관계인지, 함축관계인지 — 도 뚜렷이 나타내는 데 어려움이 있다.

21.4 양립불가능론과 양립가능론의 비교

이제까지 자유의지와 결정론의 관계를 양립불가능론과 양립가능론이라는 두 가지 대립된 견해를 중심으로 살펴보았다. 같은 양립불가능론자들이라 하더라도 자유의지론자들의 접근방식과 강한 결정론자들의 접근방식은 서로 다르며, 같은 강한 결정론자들이라 하더라도 논거에 있어서나 정도차이에서 다르다. 물론, 필자는 이 글의 서두에서 이미 밝혔

양립불가능론과 양립가능론의 비교

양 립 불 가 능 론	양 립 가 능 론
강한 결정론자들의 견해 타협할 수 없는 결정론(nonreconciling determinism)	약한 결정론자들의 견해 타협할 수 있는 결정론(reconciling determinism)
모든 사건은 그 원인이 있으며 그 원인에 의해 불가피하게 발생한다. 인간의 행위도 그 원인이 있으며 그 원인에 의해 불가피하게 발생한다.	자유의지는 인과론에서 벗어나는 것을 뜻하지 않는다. 자유로운 행위는 욕구나, 동기나, 도덕적인 신념체계에 의해 야기되는 것들을 뜻한다.
자유로운 행위는 원인이 없는 행위에 상당한다. 자유의지는 결정론과 양립불가능하다. 자유의지는 결정론과 모순을 이룬다.	자유로운 행위는 원인이 없는 행위가 아니다. 자유의지는 결정론과 양립가능하다. 자유의지는 강제나 강요와 반대된다.
인간에게 선택의 자유란 없다.	인류는 선택의 자유를 지닌다.
결정론은 도덕적인 책임과 양립불가능하다. 결정론과 도덕적인 책임은 서로 조화를 이룰 수 없다. 자유의지는 도덕적인 책임의 필요조건이다. 우리는 우리의 행위들에 관해 책임이 없다. 우리는 우리의 행위를 야기하는 우리의 성격에 대해 책임이 없기 때문이다.	결정론은 도덕적인 책임과 양립가능하다. 결정론과 도덕적인 책임은 서로 조화를 이룰 수 있다. 자유의지는 도덕적인 책임의 필요조건이다. 우리는 양자 택일적인 것들 가운데 어떤 것을 선택할 수 있기 때문에, 우리의 행위에 대해 책임이 있다.
자유의지에 관한 문제는 진실이거나 진심에서 우러난 문제(a real or genuine problem)다.	자유의지에 관한 문제는 용어적이거나, 의미론적이거나 사이비적인 문제(a verbal, semantic, or pseudo problem)다.
교육이란 학생들의 행위에서 나타난 정확한 인과관계를 알게 하는 일종의 기술이다.	교육은 인간의 사고와 행위에 관한 의도적인 변화를 뜻한다.

듯이 양립불가능론을 자유의지론자들의 견해보다는 강한 결정론자들의 견해에 초점을 맞추면서 서술했다. 이제까지 논의되어 온 양립불가능론자들과 양립가능론자들의 견해를 강한 결정론과 약한 결정론을 중심으로 그 특징들을 정리하면 다음의 표와 같다(Ahn, 1999 : 72).

여기서 강한 결정론과 약한 결정론은 자유의지와 결정론의 타협이나 조화를 인정하지 않는 결정론과 인정하는 결정론을 각각 가리킨다. 이 경우에 타협이나 조화를 인정하지 않는 결정론자들인 소위 강한 결정론자들은 양립불가능론을 펼치는 반면에, 약한 결정론자들은 양립가능론을 펼친다.

한편, 자유의지론자들은 양립불가능론자이지만 결정론을 반대한다. 자유의지론자들은 인간의 행위는 자유의지에 의한 것이며, 자유로운 행위는 원인이 없는 행위며, 자유의지는 결정론과 양립불가능함을 내세운다. 그들에 의하면, 자유의지는 도덕적인 책임의 필요조건이며, 우리는 우리의 행위들에 관해 당연히 책임이 있다. 물론, 자유의지와 도덕적 책임은 양립가능하다.

21.5 요약 및 시사점

자유의지와 결정론의 관계에 관한 논의는 크게 양립불가능성과 양립가능성이라는 두 가지 접근방법에 의해 정리된다. 양립불가능론 가운데 강한 결정론을 주장하는 사람들은 '모든 사건은 그 원인을 지니며 불가피하게 이루어지며, 인간의 행위도 그 예외가 아니다.'라고 보면서, 인간에게 자유의지가 없음을 강조한다. 물론, 그런 논거는 종합적이면서 아프리오리한 것에 속하며 그 진위여부는 알 수 없다. 고대 그리스의 원자론자들이 내세우는 기계론이나 현대철학자인 호스퍼스, 에드워즈, 인와겐, 스키너와 같은 학자들의 주장이 이에 속한다. 캠벨이나 브로드와 같은 자유의지론자들도 강한 결정론과는 다른 측면에서 양립불가능론을 펼친다. 그들의 견해에 따르면 인간의 의지는 인과성에 의한 것이 아니며, 자아활동에 근거해 창조적인 활동이 싹트는 의지의 세계에서는 결정론적인 것이 있을 수 없다.

한편, 양립가능성을 주장하는 사람들은 주로 약한 결정론에 근거하여 그들의 견해를 펼친다. 예컨대, 슐리크는 자유의지는 결정론과 대비되는 것이 아니라 강요나 강제와 대비된다는 점을 강하게 제시하였다. 양립가능성을 주장하는 사람들은, 자유로운 행위와 자유롭지 못한 행위 사이의 차이점은 그 원인의 존재여부가 아니라 강제인지 아닌지에서 찾아야 한다고 본다. 원인이 있는 행위는 자유롭지 않은 행위와 같은 의미가 아니며, 자유로운 행위는 원인이 없는 행위와 같지 않다. 강제나 강요나 억압은 자유로운 행위를 방해하는 장애물이다. 이런 견해는 근세의 홉스나, 현대의 노웰-스미스, 스테이스, 에이어, 후랑크훠트, 블랜샤드 등과 같은 철학자에게서 찾아볼 수 있다.

도덕적인 책임과 관련지어서는 양립불가능론자나 양립가능론자나 자유의지가 도덕적인 책임을 위해 필요불가결한 필요조건임을 내세운다. 그러나 양립불가능론자들 가운데 강한 결정론자들은 우리에게 자유의지가 없다고 본 반면에, 양립불가능론에 속하지만 자유의지론자들은 자유의지가 있다고 본다. 그래서 전자는 자유의지가 없으므로 도덕적인 책임도 없다는 견해지만, 후자는 자유의지가 있으므로 행위에 대해 책임을 져야한다는 주장을 펼친다. 물론, 결정론에 속하지만 약한 결정론자들은 양립가능론을 내세운다. 강한 결정론자들이나 자유의지론자들은 결정론은 도덕적인 책임과는 양립불가능하다고 주장하지만 약한 결정론자들은 양립가능하다고 보면서, 도덕적인 선택에 있어 우리에게 결정론적인 요인이 없다고 한다면 그런 선택에 따른 행위는 예측불가능한 변덕에 불과하다고 주장한다.

우리는 가치갈등상태에 빠져 고민하면서 어느 것을 선택하여야 할 처지에 있게 되는 경우가 있다. 선택의 기준이나, 도덕적인 신념체제가 필요한 것은 이런 때이다. 그런 기준이나 신념체제가 지금이나 과거의 세계에 근거하든 우리가 앞으로 추구해야 할 바람직한 세계에 근거하든 말이다. 많은 사람들은 선택할 처지에 있을 때, 자신이 형성해 온 신념체제와 사회에서 추구하는 이상적인 가치를 마음에 두면서 어떤 것을 택하기도 한다. 이런 신념체제와 이상적인 가치는 자연법칙과 같은 수준의 보편성을 띤 경험명제는 아닐지라도 어느 정도 일관성을 지니면서, 선택이나 행위를 야기하는 원인과 비슷한 역할도 한다.

여하튼, 우리에게는 어떤 선택을 할 때에는 그런 선택을 위한 통제원리가 필요하다. 결정론에서는 인과성을 내세우면서 그 근거를 밝힌다. 약한 결정론에서도 우리가 하는 선택의 근거가 인과성과 배치되지 않음을 내세운다. 자유나 자유의지와 대비되는 결정론이 아니라, 강제나 강요, 방해 등과 대비된다는 것이다. 이처럼 약한 결정론자들은 자유의지를 인과성에 근거한 결정론과 대비되는 것으로 여기지 않고, 오히려 결정론에 부합하는 것으로 파악한다. 그들이 뜻하는 자유의지는 우리 자신의 통제와 밀접한 관련을 지닌다. 자유의지는 결정론과 양립가능하다는 이러한 견해가 현대의 자유의지/결정론 담론에서는 더욱 주류를 형성한다.

이분법적인 사고방식은 모순개념이나 반대개념처럼 대비된 개념에 기초하여 우리가 생각하고 판단하는 데서 싹튼다. 그런 생각과 판단은 우리의 행위에 영향을 주기도 한다. 이런 사고방식은 머리말에서도 이미 밝혔듯이 주어진 상황을 간단히 파악하고 정리하는 데 나름대로 유용하다. 대비되는 특성들을 드러내 보임에 의해 우리들의 이해를 돕기도 한다. 하지만 이로 말미암은 부작용도 만만치 않다. 경우에 따라서는 부적절한 사고방식과 그로 말미암은 그릇된 대립을 야기할 수도 있기 때문이다.

대비되는 개념에 속하는 모순개념과 반대개념도 경우에 따라서는 혼돈을 가져올 때도 있다. 모순개념은 '흰색'과 '흰색이 아닌 색'에서 드러나듯이, '두 개념이 있다고 할 경우에 그 가운데 어느 한 개념이 다른 나머지 개념을 부정한 것과 같은 것이 되는 경우'로, 그 사이에 제3의 다른 개념이 개입될 수 없다. 이에 대해 반대개념은 '흰색'과 '검은색'에서 드러나듯이, '두 개념이 그 분량이나 정도에서 서로 상당한 차이를 드러낼 때 일컫는 경우'로 그 사이에 제3의 다른 개념들이 개입된다. 흰색과 검은색의 경우 그 사이에는 빨강, 노랑, 파랑 등이 있기 때문이다.

그러나 대비된 개념인지 아닌지가 분명하지 않아 논전이 야기되는 경우도 적지 않고, 깊이 생각해 보면 주어진 개념들이 서로 반대개념인지 모순개념인지 구별이 잘 안 되는 경우도 있다. 우선, 전자로는, 이 책의 제1부에서 다룬 개념들이 해당된다. 사실/가치, 인간/자연, 이상/현실, 분석판단/종합판단, 창조론/진화론, 음/양, 이(理)/기(氣)가 그것이다. 그래서 음/양, 이/기의 경우는 대립적인 개념이라기보다는 조화를 전제로 하거나 상정하는 개념으로 먼저 파악해야 한다는 주장도 나타나게 되었다.

반대개념인지 모순개념인지 구별이 모호해지는 경우도 있다. 좀 더 근본적으로 숙고해 보면 그런 경우들이 나타난다. 이 책의 제2부와 3부에서 다룬 것 가운데 이에 해당하는 것들이 있다. 삶/죽음; 생물/무생물의 경우를 들어 보자. 삶이 아닌 것이 죽음이고, 생물이 아닌 것이 무생물인지 말이다. 아리스토텔레스는 그렇게 분류했을지라도 화이트헤드는 삶/죽음이나 생물/무생물을 모두 생명의 연속선상에서 이해하였다. 유형의 차이가 아니라 정도의 차이에 불과하다는 점이다. 화이트헤드의 경우, 실재의 단위인 사건은 구체적·동적인 과정(process)이며 끊임없이 발현하는 진화과정을 그 특성으로 한다.

마음/몸; 정신/물체의 경우도 유사한 문제가 발생한다. 심리철학에서 심물동일론과 같은 유물론은 마음상태를 두뇌상태와 동일시한다. 이런 마음-두뇌동일론은 유형물리주의에서 그 특징이 특히 잘 드러난다. 기계기능주의자들은 마음을 일종의 튜링기계에 비유하면서 심적인 상태를 기계표의 내적인 상태와 동일시한다. 수반론과 같은 유물론적인 이원론은 '마음은 몸에 의존하지만 몸으로 환원되지는 않는다'는 견해에 기울어져 있다. 물론, 데카르트의 견해에서 볼 수 있듯이 심신이원론에 근거한 심신상호작용설에서는 정신과 물체를 별개의 실체로 여기지만 말이다.

있음[有. something]/없음[無. nothing]의 경우에서도 문제는 발생한다. 개념적으로는 '있음'을 부정한 것이 '없음'이고 '없음'을 부정한 것이 '있음'이지만, 사실의 세계에서 이런 것이 밝혀질 수 있는 것인지가 의문이다. '있음'에서 '없음'으로, '없음'에서 '있음'으로의 전이가 과연 가능한가? '없음'이란 개념적으로만 존재하는 것이 아닐까? 그렇다면 '있음'과 '없음'은 차라리 반대개념으로 정리해야 할 것이라는 생각도 해 본다. 이 두 개념은 이런 점에서 애매성(ambiguity) — 주어진 개념이 두 가지 이상의 뜻을 지니면서 이리저리 사용되는 것 — 을 지닌 것이기도 하다.

모순개념과 관련된 것들 가운데 상당수는 좀 더 깊이 생각해 보면 반대개념으로 환원될 수 있는 듯이 여겨지기도 한다. 사실의 세계와 관련시켜 설명할 때는 더욱 그렇다. 그럼에도 이 책에서 필자는 「1부 대비개념인가, 아닌가?」, 「2부 반대개념과 그 문제점」, 「3부 모순개념과 그 문제점」으로 나누어 정리해 보았다. 이렇게 구분한 데에는 필자의 편견과 편의성이 개재되어 있게 마련임을 독자들은 이해해 주길 바란다. 여기에서 나타나는 문제점은 필자의 한계로서, 필자는 앞으로 계속해서 수정·보완해 나갈 예정이다.

끝으로 필자가 이 책을 통해 바라는 바는 이분법적인 사고방식이 지닌 소극적인 측면과 그것이 우리의 정치계나 사회에 미치는 영향이다. 이런 사고방식이 지닌 소극적인 측면은 대립적인 생각을 지닌 사람들 사이에 반목이나 적대감을 가중시킨다는 데서 엿볼 수 있다. 이런 경우는 앎의 세계보다 믿음의 세계가 큰 힘을 지니는 후진 사회의 특징이기도 하다. 사람들은 신중히 알려 하지 않고 쉽게 믿는 데 익숙해져 있다. 기술, 경제, 연예계 등에서 선도적인 대열에 진입한 우리나라가 학계나 정치·사회계에서도 선진국이 되려면 이런 측면에서 벗어나야 한다. 대립이 심한, 더욱이 1945년 이래 계속 분단국 상태에 놓여 있는 우리의 처지에선 더욱 그렇다.

●● 참고문헌 ●●

교육출판공사편(1985).『세계철학대사전』. 서울: 교육출판공사.

동아출판사 편(1988).『동아원색세계대백과사전』2, 14, 24, 29권.

민중서림 편집국(1999).『엣센스 국어사전』. 서울: 민중서림.

김명식(1995).「자연중심 환경윤리의 가능성」.『제8회 한민족 철학자연합대회 대회보』(2), 477-498.

김문환(2002).『미학의 중심』. 서울: 서울대학교출판부.

김영철(1988).『윤리학』. 서울: 학연사.

김종의(2005).『음양오행』. 부산: 세종문화사.

김충렬(1977).『중국철학산고』. 서울: 범학도서.

김충렬(1978).『유가의 윤리』. 서울: 배영사.

김태길(1922).『윤리학』. 서울: 박영사.

남상호(1998).「주역의 천인합덕적 방법」.『주역연구』, 2, 101-128.

남상호(2000).「동중서의 천인감응의 방법」.『범한철학』, 22, 177-221.

남상호(2006).「중국철학의 본체론」.『동서철학연구』, 41, 26-49.

董仲舒.『春秋繁露』.「五行相生」.

박창길(2011).「동물보호와 동물복지이론을 통해 본 외부윤리위원의 역할」.『동물실험 윤리교육』(pp. 27-38). 농림수산검역검사본부.

신세호 외(1977).『한국인의 남성 및 여성역할관』. 서울: 한국교육개발원.

안건훈(1996).「자유의지와 결정론은 양립가능한가?」『성곡논총』, 27(4),

115-134.

안건훈(1998). 「아메리칸 인디언의 환경윤리」. 『철학』, 57, 325-344.

안건훈(2001). 『과학·기술 그리고 철학』. 서울: 철학과현실사.

안건훈(2002). 『논리와 탐구』. 춘천: 강원대학교출판부.

안건훈(2004). 「한국에서의 환경철학(1)」. 『환경철학』, 제3집, 1-28.

안건훈(2005a). 『인과성분석』. 서울: 서울대학교출판부.

안건훈(2005b). 『기호논리학과 그 응용』. 서울: 서광사.

안건훈(2006). 『자유의지와 결정론』(아산재단 연구총서 제219집). 파주: 집문당.

안건훈(2007a). 『현대영미철학』. 춘천: 강원대학교출판부.

안건훈(2007b). 『역사와 역사관』. 파주: 서광사.

안건훈(2008a). 『확실성탐구』. 파주: 서광사.

안건훈(2008b). 『철학의 제문제』. 서울: 새문사.

오병남(2004). 『미학강의』. 서울: 서울대학교출판부.

우정규(2000). 「결단이론의 구조, 논점 및 응용」. 『귀납논리와 과학철학』(이초식 외 지음, pp.144-187). 서울: 철학과현실사.

이효재(1977). 「가족구조의 변화와 남녀역할」. 『한국인의 남녀역할관』(pp. 31 -45). 서울: 한국교육개발원.

장기홍 편저(1991). 『진화론과 창조론』. 서울: 한길사.

장회익(2001). 『삶과 온생명』. 서울: 솔

『周易』「繫辭上」.

『朱子大全』권 58, 「答黃道夫」.

최동희 외(1978). 『철학』. 서울: 일신사.

최동희 외(1980). 『철학개론』. 서울: 고려대출판부.

『春秋繁露』「五行相生」.

톰슨성경 편찬위원회(1989). 『톰슨대역 한영성경』. 서울: 기독지혜사.

『退溪全書』권 16.

학원사(1973). 『철학대사전』. 서울: 학원사.

한국사상사연구회(1996). 『조선유학의 학파들』. 서울: 예문서원.

한국철학회 분석철학연구회 편(1977). *Readings in the analytic philosophy*.

한글학회(1997). 『우리말 큰사전』. 서울: 어문각.

허라금(1998). "페미니즘, 남녀모두의 인간성 실현한다: 고정관념의 해체와 새로운 비전지향". 「강대신문」 제822호 학술 5(4월 6일자 신문).

Ahn, G. H.(1991). Are mental state and conscious state coextensive? *Proceedings of the Korea-US bilateral workshop on computers, artificial intelligence and cognitive science*(pp. 274-278). The Korean Society for Cognitive Science.

Ahn, G. H.(1999). *The free will/determinism controversy : Its implications for moral reasoning and education* (Doctoral dissertation, University of Missouri, 1999). In UMI dissertation services. Ann Arbor: A Bell & Howell Co.

Armstrong, D. M.(1962). *Bodily sensations*. London: Routledge & Kegan Paul.

Armstrong, D. M.(1968). *A materialist theory of the mind*. London: Routledge & Kegan Paul.

Armstrong, D. M.(1980a). The nature of mind. In Ned Block(Ed.), *Readings in philosophy of psychology I*(pp. 191-199). Cambridge: Harvard University Press.

Armstrong, D. M.(Ed. and Intro.)(1980b). *Berkeley's philosophical writings*. New York: Collier Macmillan Publishers.

Armstrong, D. M. & Malcolm, N.(1984). *Consciousness and causality: A debate on the nature of mind*. Oxford: Blackwell.

Ayer, A. J.(1982). *Philosophy in the twentieth century*. New York: Random House.

Ayer, A. J.(1984). *Freedom and morality and other essays*. Oxford: Clarendon.

Benn, S. I. & Peters, R. S.(1967). Determinism and the concept of action. In Alston and Brandt(Eds.). *The problem of philosophy*(pp. 351-355). Old Tappan: Allyn and Bacon.

Bentham, J.(1948). *An introduction to the principles of morals and legislation*. (Laurence J. LaFleur, Ed.), New York.(Original work published 1789)

Berofsky, B.(1971). *Determinism*. Princeton: Princeton University Press.

Berofsky, B.(1987). *Freedom from necessity: The metaphysical basic of responsi-

bility. New York : Routledge & Kegan Paul.

Berofsky, B.(1995). *Liberation from self*. New York: Cambridge University Press.

Black, Max(1979). Is scientific neutrality a myth? In Joan Lipscombe & Bill Williams(Eds.), *Are science and technology neutral?* London and Boston.

Blanshard, B.(1965). The case for determinism. In S. Hook (Ed.), *Determinism and freedom in the age of modern science*(pp. 3–15). New York: New York University Press.

Block, N.(Ed.)(1980). *Readings in philosophy of psychology, I*. Cambridge: Harvard University Press.

Block, N.(1980). Introduction: What is functionalism? In Ned Block(Ed.), *Readings in philosophy of psychology I*.(pp. 171–184). Cambridge: Harvard University Press.

Block, N.(1980). Troubles with functionalism. In Ned Block(Ed.), *Readings in philosophy of psychology I*.(pp. 268–305). Cambridge: Harvard University Press.

Bookchin, Murray(1982). *The ecology of freedom*. Palo Alto: Cheshire Books.

Boss, J. A.(1994). The autonomy of moral intelligence. *Educational Theory*, *44(4)*, 399–416.

Boyd, R.(1980). Materialism without reductionism: What physicalism does not entail. In Ned Block(Ed.), *Readings in philosophy of psychology I*(pp. 67–106). Cambridge: Harvard University Press.

Broad, C. D.(1966). Determinism, indeterminism, and libertarianism. In B. Berofsky(Ed.), *Free will and determinism*(pp. 135–159). New York: Harper and Row.

Bunge, Mario(1961). Causality, chance, and laws. *American Scientist*, 49.

Callahan, Daniel(1972). *Abortion: Law, choice, and morality*. New York: Macmillan.

Callicott, J. Baird(1989). *In defense of The Land Ethic: Essays in environmental philosophy*. New York: State University of New York Press.

Campbell, C. A.(1966). Is "free will" a pseudo-problem? In Bernard Berof-sky(Ed.). *Free Will and Determinism* (pp.112-135). New York : Harper & Row.

Campbell, C. A.(1996). Has the self "free will"? In J. Feinberg (Ed.), *Reason and responsibility*(pp. 445-455). Belmont : Wadsworth.

Campbell, J. K.(1997). A compatibilist theory of alternative possibilities, *Philosophical Studies, 88(3)*, 319-330.

Carnap, R.(1959). The old and the new logic. In A. J. Ayer(Ed.), *Logical positivism*(pp. 60-81). New York: Free Press.

Carr, E. H.(1970). *What is history?* Middlesex: Penguin Books.

Copleston, Frederick(1994). 『합리론: 데카르트에서 라이프니츠까지』(김성호 옮김). 서울: 서광사.(원서인 *A history of philosophy(Vol. 4): Descartes to Leibniz*는 1961년에 Maryland주 Westminster에 있는 The Newman Press에서 출판됨)

Copleston, Frederick(1991). 『영국경험론』(이재영 옮김). 서울: 서광사.(원서인 *A histroy of philosophy(Vol. 5): The British philosophers: Hobbes to Hume*은 1959년에 Maryland주 Westminster에 있는 The Newman Press에서 출판됨)

Craig, Edward(1998). *Routledge encyclopedia of philosophy* Vol. 2, Vol. 3, London and New York: Routledge.

Curley, E. M.(1993). 『데카르트와 회의주의』(문성학 옮김). 서울: 고려원. (원서인 *Descartes against the skeptics*는 1978년 Oxford에 있는 Basil Blackwell 출판사에서 출판됨)

Davidson, D.(1960). *Essays on actions and events* Oxford: Oxford Clarendon Press.

DesJardins, J. R.(1999). 『환경윤리의 이론과 전망』(김명식 옮김). 서울: 자작아카데미.(원서인 *Environmental ethics: An introduction to environmental philosophy*는 1998년에 출판됨)

Dewey, J. & Tufts, J. H.(1908). *Ethics.* New York: Capricorn Book.

Dewey, J.(1922). *Human nature and conduct.* New York: Henry Holt and Co.

Dewey, J.(1934). *Art as experience*. New York: Minton, Balch & Co.

Dewey, J.(1938). *Logic: The theory of inquiry*. New York: Henry Holt and Co.

Edwards, P.(1965). Hard and soft determinism. In Sidney Hook(Ed.), *Determinism and freedom in the age of modern science*(pp. 104-113), New York : New York University Press.

Edwards, P.(Ed. in Chief)(1978). *The encyclopedia of philosophy*. 1, 2, 7, 8. New York: The Macmillan & The Free Press.

Erdoes, R.(1976). *Lame deer: Seeker of visions*. New York: Simon and Schuster.

Feinberg, J.(Ed.)(1996). *Reason and responsibility*. Belmont: Wadsworth.

Frankfurt, H. G.(1971). Freedom of the will and the concept of a person. *The Journal of Philosophy, 68(1)*, 5-20.

Garner, R. T. & Rosen, B.(1967). *Moral philosophy: A systematic introduction in normative ethics and metaethics*. New York: Macmillan.

Gorovitz, S., Hintikka, M., Provence, D., & William, R. G.(1979). *Philosophical analysis*. New York: Random House.

Gorovitz, S., Hintikka, M., Provence, D., & Williams, R. G.(1993). 『철학적 분석』(안건훈 옮김). 서울: 고려원.(원서인 *Philosophical analysis(3rd edition)*은 1979년에 Random House에서 출판됨)

Haack, Susan(1979). *Philosophy of logics*. Cambridge: Cambridge University Press.

Hallowell, A. Irving(1960). Ojibwa ontology, behavior, and world view. In S. Diamond(Ed.), *Culture in history: Essays in honor of Paul Radin*. New York: Columbia University Press.

Haydon, G.(1999). Moral motivation. *The Journal of the Philosophy of Education Society of Great Britain, 33(1)*, 101-112.

Heisenberg, W. K.(1995). 『부분과 전체』. (김용준 옮김). 서울: 지식산업사.

Hempel, Carl(1980). The logical analysis of psychology. In Ned Block (Ed.), *Readings in philosophy of psychology*. 1.(pp. 14-23). Cambridge: Harvard University Press.

Hobbes, Thomas(1950). *Leviathan.* (A. D. Lindsey, Intro.). New York: E. P. Dutton and Co.(Original work published 1651.)

Hospers, John(1965). What means this freedom? In Sidney Hook(Ed.). *Determinism and freedom in the age of modern science*(pp. 113-130). New York: New York University Press.

Hospers, John(1973). *An introduction to philosophical analysis.* New York: Routledge & Kegan Paul.

Hospers, John(1978). Free will and psychoanalysis. In J. Feinberg (Ed.), *Reason and responsibility*(pp. 354-364). Encino: Dickenson Publishing.

Hospers, John(1988). *An introduction to philosophical analysis.* Englewood Cliffs: Prentice Hall.

Hume, D. (1978). *A treatise of human nature.* L. A. Selby-Biggs & P. H. Nidditch(Eds.). Oxford: Oxford University Press.

Inwagen, P. v.(1975). The incompatibility of free will and determinism. *Philosophical Studies, 27,* 185-199.

Inwagen, P. v.(1983). *An essay on free will.* Oxford: Oxford University Press.

Inwagen, P. v.(1994). When the will is not free. *Philosophical Studies, 75(1-2),* 95-113.

Irwin, Terence(2009). Facts and values: Weber. *The development of ethics Vol. III.*(pp. 696-698). Oxford: oxford University Press.

James, W.(1907). *Pragmatism.* New York: Green Longman's.

Jones, W. T.(1952). *A history of western philosophy.* New York: Harcourt, Brace and Company.

Kant, I.(1972). 『순수이성비판』(최재희 옮김). 서울: 박영사.(원서인 *Kritik der reinen Vernunft*는 1787년 Riga에서 출판됨)

Kant, I.(1959). *Foundations of the metaphysics of morals.* (Lewis White Beck, Trans.), New York: The Liberal Arts Press.(Original work published 1785)

Kant, I.(1974). *Kritik der Urteilskraft.* Hamburg: Verlag von Felix.(Original work published 1790)

Kaplan, Abraham(1981). *The conduct of inquiry: Methodology for behavioral science*. New York: Harper & Row, Publishers.

Keller, Evelyn Fox(1985). *Refections on gender and science*. New Haven: Yale University Press.

Kenny, Anthony(1991). 『데카르트의 철학』(김성호 옮김). 서울: 서광사.(원서인 *Descartes: A study of his philosophy*는 1968년 New York에 있는 Random House에서 출판됨)

Kim, Jaegwon(1980). Physicalism and the multiple realizability of mental states. In Ned Block(Ed.), *Readings in philosophy of psychology I*(pp. 234-236). Cambridge: Harvard University Press.

Kim, Jaegwon(1999). 『심리철학』(하종호 · 김선희 옮김). 서울: 철학과현실사.(원서인 *Philosophy of mind*는 1996년에 Westview 출판사에서 출판됨)

Lakoff, George(2004). 『도덕의 정치』(손대오 옮김). 서울: 생각하는 백성.(원서인 *Moral politics*는 2002년에 The University of Chicago Press에서 출판됨)

Leibniz, G. W.(1981). *New essays on human understanding*. (Peter Remnant and Jonathan Bennett, Trans. & Eds.). Cambridge: Cambridge University Press.

Leopold, A.(1968). The land ethic. *A sand county almanac*. New York: Oxford University Press.

Loux, Michael J.(Ed.)(1976). *Universals and particulars: Readings in ontology*. Nortre Dame: University of Nortre Dame Press.

Loux, Michael J.(Ed.)(2010). 『형이상학강의』(박제철 옮김). 서울: 아카넷. (원서인 *Metaphysics: A contemporary introduction 3rd Edition*은 2006년에 New York에 있는 Routledge & Kegan Paul에서 출판됨)

Mayr, Ernst(1998). 『진화론 논쟁』(신현철 옮김). 서울: 사이언스 북스.(원서인 *One long argument-Charles Darwin and the genesis of modern evolutionary thought*는 1991년에 Harvard University Press에서 출판됨)

Miller, Patricia H.(1993). *Theories of developmental psychology*. New York: W. H. Freeman and Company.

Monod, Jacques L.(1984). 『우연과 필연』(김용준 옮김). 서울: 삼성출판사.(원서

는 1970년 파리에서 출판됨)

Moore, G. E.(1903). *Principia ethica*. Cambridge.

Nash, R. F.(1989). *The right of nature: A history of environmental ethics*. Madison: The University of Wisconsin Press.

Nowell-Smith, P. H.(1948). Free will and moral responsibility. *Mind, 57(225)*, 45-61.

O'Conner, D. J.(1971). *Free will*. New York: Doubleday & Company.

Owen, R. C., Deetz, J. J. F. and Fisher, A. D.(1967). *The North American Indians*. New York: The Macmillan.

Perry, R. B.(1961). Realms of value. In R. E. Dewey, F. W. Gramlich & D. Loftsgordon(Eds.), *Problems of ethics*(pp. 277-289). New York: Macmillan.

Pulumwood, Val(1992). Feminism and ecofeminism, *The ecologist 22(1)*, 8-13.

Plumwood, V.(2005). Ecofeminist analysis and the culture of ecological denial. 『환경철학』, (4), 123-142.

Putnam, H.(1975). The analytic and the synthetic. *Philosophical papers, Vol. 2*(pp. 33-69). Cambridge: Cambridge University Press.

Putnam, H.(1975). The refutation of conventionalism. *Philosophical papers, Vol. 2*(pp.153-191). Cambridge: Cambridge University Press.

Putnam, H.(1980). Brains and behavior. In Ned Block(Ed.), *Readings in philosophy of psychology I*(pp. 24-36). Cambridge: Harvard University Press.

Putnam, H.(1980). The nature of mental state. In Ned Block(Ed.), *Readings in philosophy of psychology I*(pp. 223-231). Cambridge: Harvard University Press.

Putnam, H.(1990). Objectivity and the science/ethics distinction. *Realism with a human face*(pp. 163-178). Cambridge: Harvard University Press.

Putnam, H.(2003). *The collapse of the fact/value dichotomy*. Cambridge: Harvard University Press.

Quine, W. V.(1953). Two dogmas of empiricism. *From a logical point of view*(pp. 20–46). Cambridge, Mass.: Harvard University Press.

Quine, W. V.(1977). Two dogmas of empiricism. *Readings in the analytic philosophy*(분석철학연구회 엮음, pp. 140–159).

Quine, W. V.(1960). *Word and object*. Cambridge, Mass.: MIT Press.

Ravetz, J. R.(1971). *Scientific knowledge and its social problems*. Oxford: Oxford University Press.

Reuther, Rosemary Radford(1975). *New woman/new earth*. New York: Seabury.

Russell, B.(1945). *A History of Western Philosophy — And its connection with political and social circumstances from the earliest times to the present day*. New York: Simon and Schuster.

Russell, W. M. S. & Burch, R. L.(1959). *Principles of humane experimental technique*. London: Methuen & Co.(Reprinted as a special edition in 1992 by UFAW)

Schlick, Moritz(1939). *Problems of ethics*. (David Rynin, Trans.). New York: Prentice-Hall.

Schacht, Richard(1993). 『근대철학사: 데카르트에서 칸트까지』(정영기 · 최희봉 옮김). 서울: 서광사.(원서인 *Classical modern philosophers: Descartes to Kant*는 1984년에 Routledge & Kegan Paul에서 출판됨)

Searle, John(1980). Minds, brains, and programs, *Behaviorism and brain sciences 3*, 417–457.

Shaffer, J. A.(1968). *Philosophy of mind*. Englewood Cliffs: Prentice-Hall.

Shaffer, J. A.(1983). 『심리철학』(조승옥 옮김). 서울: 종로서적.(원서인 *Philosophy of Mind*는 1968년에 출판됨)

Shamoo, Adil E. & Resnik, David B.(2003). *Responsible conduct of research*. New york: Oxford University Press.

Shannon, T. A. and DiGiacomo, J. J.(1990). 『생의 윤리학이란』(황경식과 김상득 옮김). 서울: 서광사.(원서인 *An introduction to bioethics*는 1979년에 출판됨)

Shoemaker, S.(1980). Functionalism and qualia. In Ned Block(Ed.), *Readings in philosophy of psychology I*(pp. 251-267). Cambridge: Harvard University Press.

Skinner, B. F.(1980). Selections from science and human behavior. In Ned Block(Ed.), *Readings in philosophy of psychology I*(pp. 37-47). Cambridge: Harvard University Press.

Skinner, B. F.(1996). Beyond freedom and dignity. In J. Feinberg (Ed.), *Reason and responsibility*(pp. 423-430). Belmont : Wadsworth Publishing.

Smart, J. J. C.(1959). Sensations and brain processes. *Philosophical Review, 68*, 141-156.

Snyder, G.(1972). Energy is eternal delight. *The New York Times*(Jan. 12).

Stace, W. T.(1976). The problem of free will. In Burr & Goldinger (2nd Eds.). *Philosophy and contemporary issues*(pp. 23-30). New York: Macmillan.

Strawson, P. F.(1979). *Individuals — An essay in descriptive metaphysics —*. London: University Paperbacks.

Taylor, C.(1982). Responsibility for self. In G. Watson(Ed.), *Free will* (pp. 111-126). New York: Oxford University Press.

Taylor, Paul(1986). *Respect for Nature*. Princeton: Princeton University Press.

Udall, S.(1972). First Americans, first ecologists. *Look to the mountain top*(pp. 1-6). San Jose: Gousha Publications.

White, M.(1955). *The age of analysis*. Boston: Houghton Mifflin.

White, M.(1987). 『언어와 분석의 시대: 20세기의 철학자들』(신일철 옮김). 서울: 서광사.(원서인 *The age of analysis*는 1955년에 출판됨)